墨人博士作品全集【全60冊】

第十冊　人的生死榮辱

墨人著

文史哲出版社印行

國家圖書館出版品預行編目資料

墨人博士作品全集 / 墨人著 -- 初版 -- 臺北
市：文史哲, 民 100.12
頁： 公分
ISBN 978-957-549-987-7 (全套 60 冊：平裝)

1.現代文學 2. 中國文學 3.別集

848.6 100022602

墨人博士作品全集【全60冊】

第十冊 人的生死榮辱

著 者：墨 人
出 版 者：文 史 哲 出 版 社
http://www.lapen.com.tw
登記證字號：行政院新聞局版臺業字五三三七號
發 行 人：彭 正 雄
發 行 所：文 史 哲 出 版 社
印 刷 者：文 史 哲 出 版 社
臺北市羅斯福路一段七十二巷四號
郵政劃撥帳號：一六一八〇一七五
電話886-2-23511028 · 傳真886-2-23965656

【全60冊】定價新臺幣 36,800 元

中華民國一百年（2011）十二月初版

ISBN 978-957-549-987-7 08992

墨人博士著作品全集 總目

一、散文類

二、長篇小說

三、中短篇小說散文合集

四、詩詞及論評

附：外篇

墨人的一部文學千秋史

張萬熙先生，筆名墨人，江西九江人，民國九年生。為一位享譽國內外名小說家、詩人、學者。歷任軍、公、教職。六十五歲始自從國民大會簡任一級加年功俸的資料組長兼圖書館長公職崗位退休，但已是中國文壇上一位閃亮的巨星。出版有：《全唐詩尋幽探微》、《紅樓夢的寫作技巧》、二百九十多萬字的大長篇小說《紅塵》、《白雪青山》、《春梅小史》；詩集：《哀祖國》；散文集：《小園昨夜又東風》……。民國五十年、五十一年連續以短篇小說，兩次入選維也納納富出版公司出版的《世界最佳小說選集》。七十歲時自東吳大學中文系教席二度退休，仍著述不輟，為國寶級文學家。墨人博士在臺勤於創作六十多年（在大陸時期已創作十年），並以其精通儒、釋、道之學養，綜理戎機、參贊政務、作育英才，更以其對傳統文學的精湛造詣，與對新文藝的創作，在國際上贏得無數榮譽，如：美國世界大學榮譽文學博士、美國馬奎士國際大學榮譽文學博士、美國艾因斯坦國際學院榮譽人文學博士（包括哲學、文學、藝術、語言四類）、英國劍橋國際傳記中心副總裁（代表亞洲）、英國莎士比亞詩、小說與人文學獎得主，現在出版《全集》中。

壹、家世・堂號

張萬熙先生，江西省德化人（今九江），先祖玉公，明末時以提督將軍身份鎮守雁門關，蒙古騎兵入侵，戰死於東昌，後封爲「河間王」。其子輔公，進士出身，歷任文官。後亦奉召領兵「三定交趾」，因戰功而封爲「定興王」。其子貞公亦有兵權，因受奸人陷害，自蘇州嘉定（即今上海市一區），謫居潯陽（今江西九江）。祖宗牌位對聯爲：嘉定源流遠，潯陽歲月長；右書「清河郡」、左寫「百忍堂」。

貳、來臺灣的過程

民國三十八年，時局甚亂，張萬熙先生攜家帶眷，在兵荒馬亂人心惶惶時，張先生從湖南長沙火車站，先將一千多度的近視眼弱妻，與四個七歲以下子女，從車窗口塞進車廂，自己則擠在廁所內動彈不得，千辛萬苦的從湖南長沙搭火車南下廣州，從廣州登商輪來臺。七月三日抵基隆，由同學顧天一先生，接到臺北縣永和鎮鄉下暫住。

參、在臺灣一甲子奮鬥的過程

一、初到臺灣的生活

家小安頓妥後，張萬熙先生先到臺北萬華，一家新創刊的《經濟快報》擔任主編，但因財務不濟，四個月不到便草草結束。幸而另謀新職，舉家遷往左營擔任海軍總司令辦公室秘書，負責紀錄整理所有軍務會報紀錄。

民國四十六年，張先生自左營來臺北任職國防部史政局編纂《北伐戰史》（歷時五年多浩大工程，編成綠布面精裝本、封面燙金字《北伐戰史》叢書），完成後在「八二三」炮戰前夕又調任國防部總政治部，主管陸、海、空、聯勤文宣業務，四十七歲自軍中正式退役後轉任文官，在臺北市中山堂的國民大會主編研究世界各國憲法政治的十六開大本的《憲政思潮》，作者、譯者都是台灣大學、政治大學的教授、系主任，首開政治學術化先例。

張先生從左營遷到臺北大直海軍眷舍，只是由克難的甘蔗板隔間眷舍改爲磚牆眷舍，大小一般，但邊間有一片不小的空地，子女也大了，不能再擠在一間房屋內，因此，張先生加蓋了三間竹屋安頓他們。但眷舍右上方山上是一大片白色天主教公墓，在心理上有一種「與鬼爲鄰」的感覺。張夫人有一千多度的近視眼，她看不清楚，子女看見嘴裡不講，心裡都不舒服。張先生自軍中假退役後，只拿八成俸。

張先生因爲有稿費、版稅，還有些積蓄，除在左營被姓譚的同學騙走二百銀元外，剩下的積蓄還可以做點別的事。因爲住左營時在銀行裡存了不少舊臺幣，那時左營中學附近的土地只要三塊多錢一坪，張先生可以買一萬多坪。但那時政府的口號是「一年準備，兩年反攻，三年掃蕩，五年成功。」張先生信以爲真，三十歲左右的人還是「少不更事」，平時又忙著上班、寫作，實在不懂政治、經濟大事，以爲政府和「最高領袖」不會騙人，五年以內真的可以回大陸，張先生又有「戰士授田證」。沒想到一改用新臺幣，張先生就損失一半存款，呼天不應。但天理不容，姓譚的同學不但無后，也死了三十多年，更沒沒無聞。張先生作人、看人的準則是：無論幹什麼都是「誠信」第一，因果比法律更公平、更準。欺人不可欺心，否則自食其果。

二、退休後的寫作生活

張先生四十七歲自軍職退休後，轉任台北市中山堂國大會主編十六開大本研究各國憲法政治的《憲政思潮》十八年，時任簡任一級資料組長兼圖書館長。並在東吳大學兼任副教授二十年、香港廣大學院指導教授、講座教授、指導論文寫作、不必上課。六十四歲時即請求自公職提前退休，以業務重要不准，但取得國民大會秘書長（北京朝陽大學法律系畢業）何宜武先生的首肯，六十五歲依法退休。當時國民大會、立法院、監察院簡任一級主管多延至七十歲退休，因所主管業務富有政治性，與單純的行政工作不同，六十五歲時張先生雖達法定退休年齡，還是延長了四個月才正式退休，何秘書長宜武大惑不解地問張先生：「別人請求延長退休而不可得，你為什麼反而要求退休？」張先生答以「專心寫作」，何秘書長才坦然不疑。退休後日夜寫作，因胸有成竹，很快完成了一百九十多萬字的大長篇小說《紅塵》，在鼎盛時期的《臺灣新生報》連載四年多，開中國新聞史中報紙連載最大長篇小說先河。但報社還不敢出版，經讀者熱烈反映，才出版前三大冊。當年十二月即獲行政院新聞局「著作金鼎獎」與嘉新文化基金會「優良著作獎」，亦無前例。《台灣新生報》又出九十三章至一百二十二章，只好名為《續集》。墨人在書前題五言律詩一首：

浩劫未埋身，揮淚寫紅塵，非名非利客，孰晉孰秦人？
毀譽何清問？吉凶自有因。天心應可測，憂道不憂貧。

二〇〇四年初，巴黎 youfeng 書局出版豪華典雅的法文本《紅塵》，亦開「五四」以來中文作家大長篇小說進入西方文學世界重鎮先河。時為巴黎舉辦「中國文化年」期間，兩岸作家多由政府資助出席，張先生未獲任何資助，亦未出席，但法文本《紅塵》卻在會場展出，實為一大諷刺。張先生一生「只問耕耘，不問收穫」的寫作態度，七十多年來始終如一，不受任何外在因素影響。

肆、特殊事蹟與貢獻

一、《紅塵》出版與中法文學交流

《紅塵》寫作時間跨度長達一世紀，由清朝末年的北京龍氏家族的翰林第開始，寫到八國聯軍、滿清覆亡、民國初建、八年抗日、國共分治下的大陸與臺灣，續談臺灣的建設發展、開放大陸探親等政策。空間廣度更遍及大陸、臺灣、日本、緬甸、印度，是一部中外罕見的當代文學鉅著。墨人五十七歲時應邀出席在西方文藝復興聖地佛羅倫斯所舉辦的首屆國際文藝交流大會，會後環遊地球一周。七十歲時應邀訪問中國大陸四十天，次年即出版《大陸文學之旅》。《紅塵》一書最早於臺灣新生報連載四年多，並由該報連出三版，臺灣新生報易主後，將版權交由昭明出版社出版定本六卷。由於本書以百年來外患內亂的血淚史為背景，寫出中國人在歷史劇變下所顯露的生命態度、文化認知、人性的進取與沉淪，引起中外許多讀者極大共鳴與回響。

旅法學者王家煜博士是法國研究中國思想的權威，曾參與中國古典文學的法文百科全書翻譯工作，他認為深入的文化交流仍必須透過文學，而其關鍵就在於翻譯工作。從五四運動以來，中西文化交流一直是西書中譯的單向發展。直到九十年代文建會提出「中書外譯」計畫，臺灣作家才逐漸被介紹到西方，如此文學鉅著的翻譯，算是一個開始。

王家煜在巴黎大學任教中國上古思想史，他指出《紅塵》一書中所引用的詩詞以及蘊含中國思想的博大精深，是翻譯過程中最費工夫的部分。爲此，他遍尋參考資料，並與學者、詩人討論，歷時十年終於完成《紅塵》的翻譯工作，本書得以出版，感到無比的欣慰。他笑著說，這可說是「十年寒窗」。

《紅塵》法文譯本分上下兩大冊，已由法國最重要的中法文書局「友豐書店」出版。友豐負責人潘立輝謙沖寡言，三十年多來，因對中法文化交流有重大貢獻而獲得法國授予文化「騎士勳章」的榮譽。他於五年前開始成立出版部，成爲歐洲一家以出版中國圖書法文譯著爲主業的華人出版社。

潘立輝表示，王家煜先生的法文譯筆典雅、優美而流暢，使他收到「紅塵」譯稿時，愛得不忍釋手，他以一星期的時間一口氣看完，經常讀到凌晨四點。他表示出版此書不惜成本，不太可能賺錢，卻感到十分驕傲，因爲本書能讓不懂中文的旅法華人子弟，更瞭解自己文化根源的可貴之處，同時，本書的寫作技巧必對法國文壇有極大影響。

二、不擅作生意

張先生在六十五歲退休之前，完全是公餘寫作，在軍人、公務員生活中，張先生遭遇的挫折不少。軍職方面，張先生只升到中校就不做了，因爲過去稱張先生爲前輩、老長官的人都成爲張先生的上司，張先生怎麼能做？因爲張先生的現職是軍聞社資料室主任（他在南京時即任國防部新創立的「軍事新聞總社」實際編輯主任，因言守元先生是軍校六期老大哥，未學新聞，不在編輯之列）。但張先生以不求官，只求假退役，不擋人官路，這才退了下來。那時養來亨雞風氣盛行，在南京軍聞總社任外勤記者的姚秉凡先生頭腦靈活，他即時養來亨雞，張先生也「東施效顰」，結果將過去稿費積蓄全都賠光。

三、家庭生活與運動養生

張先生大兒子考取中國廣播公司編譯，結婚生子，廿七年後才退休，長孫修明取得美國南加州大學電機碩士學位，之後即在美國任電機工程師。五個子女均各婚嫁，小兒子選良以獎學金取得美國華盛頓大學化學工程博士，媳蔡傳惠爲伊利諾理工學院材料科學碩士，兩孫亦已大學畢業就業，落地生根。

張先生兩老活到九十一、九十二歲還能照顧自己。（近年以一印尼女「外勞」代做家事）張先生一伏案寫作四、五小時都不休息，與臺大外文系畢業的長子選翰兩人都信佛，六十五歲退休後即吃全素。低血壓十多年來都在五十五至五十九之間，高血壓則在一百一十左右，走路「行如風」，年輕人很多都跟不上張先生，比起初來臺灣時毫不遜色，這和張先生運動有關。因爲張先生住大直後山海軍眷舍八年，眷舍右上方有一大片白色天主教公墓，諸事不順，公家宿舍小，又當西曬，張先生靠稿費維持七口之家和五個子女的教育費。三伏天右手墊塡著毛巾，背後電扇長吹，三年下來，得了風濕病，手都舉不起來，花了不少錢都未治好。後來章斗航教授告訴張先生，圓山飯店前五百完人塚廣場上，有一位山西省主席閻錫山的保鑣王延年先生在教太極拳，勸張先生天一亮就趕到那裡學拳，一定可以治好。張先生一向從善如流，第二天清早就向王延年先生報名請教，王先生有教無類，收張先生這個年已四十的學生，王先生先不教拳，只教基本軟身功攀腿，卻受益非淺。

四、耿直的公務員性格

張先生任職時向來是「不在其位，不謀其政」。後來升簡任一級組長，有一位「地下律師」的專員，平時鑽研六法全書，混吃混喝，與西門町混混都有來往，他的前任為大畫家齊白石女婿，平日公私不分，是非不明，借錢不還，沒有口德，人緣太差，又常約那位「地下律師」專員到家中打牌。那專員平日不簽到，甚至將簽到簿撕毀他都不哼一聲，因為為他多報年齡，屆齡退休時想更改年齡，但是得罪人太多，金錢方面更不清楚，所以不准再改年齡，組長由張先生繼任。

張先生第一次主持組務會報時，那位地下律師就在會報中攻擊圖書科長，張先生立即申斥，並宣佈記過。簽報上去處長都不敢得罪那地下律師，又說這是小事，想馬虎過去，張先生以秘書處名譽紀律為重，非記過不可，讓他去法院告張先生好了。何宜武祕書長是學法的，他看了張先生簽呈同意記過，那位地下律師「專員」不但不敢告，只暗中找一位不明事理的國大「代表」來找張先生的麻煩。因事先有人告訴他，張先生完全不理那位代表，他站在張先生辦公室門口不敢進來，幾分鐘後悄然而退。人不怕鬼，鬼就怕人。諺云：「一正壓三邪」，這是經驗之談。直到張先生退休，那位專員都不敢惹事生非，西門町流氓也沒有找張先生的麻煩，當年的代表十之八九已上「西天」，張先生活到九十二歲還走路「行如風」，一坐到書桌，能連續寫作四、五小時而不倦，不然張先生怎麼能在兩岸出版約三千萬字的作品？

（原載新文豐《紮根台灣六十年》，墨人民國一百年十一月十三日校正）

墨人博士作品全集

文學是千秋藝業
秦皇漢武今何在
李白杜甫仍風流

全集共分四大類
一、散文類　六小類
三、文學理論類
四、新詩古典詩詞類

我出生於一個「萬般皆下品，惟有讀書高」的傳統文化家庭，且深受佛家思想影響，因祖母信佛，兩個姑母先後出家，大姑母是帶著賠嫁的錢購買依山傍水風景很好，上名山廬山的必經之地的「天后宮」出家的，小姑母的廟則在鬧中取靜的市區。我是父母求神拜佛後出生的男子，並寄名佛下，乳名聖保，上有二姊下有一妹都夭折了，在那個重男輕女的時代！我自然水漲船高了。我記得四、五歲時一位面目清秀，三十來歲文質彬彬的李瞎子替我算命，母親問李瞎子，我的命根穩不穩？能不能養大成人？李瞎子說我十歲行運，幼年難免多病，可以養大成人，但是會遠走高飛。母親聽了憂喜交集，在那個時代不但妻以夫貴。也以子貴，有兒子在身邊就多了一層保障。母親的心理壓力很大，李瞎子的「遠走高飛」那句話可不是一句好話。

到現在八十多年了，我還記得十分清楚。母親暗自憂心。何況科舉已經廢了，不必「進京趕考」，更不會「當兵吃糧」，安安穩穩作個太平紳士或是教書先生不是很好嗎？我們張家又是大族，人多勢眾，不會受人欺侮，何況二伯父的話此法律更有權威，人人敬仰，去外地「打流」又有什麼好處？因此我剛滿六歲就正式拜孔夫子入學啓蒙，從《三字經》、《百家姓》、《千字文》、《千家詩》、《論語》、《大學》、《中庸》……《孟子》、《詩經》、《左傳》讀完了都要整本背，在十幾位學生中，也只有我一人能背，我背書如唱歌，窗外還有人偷聽，他們實在缺少娛樂。除了我父親下雨天會吹吹笛子、簫，消遣之外，沒有別的娛樂，我自幼歡喜絲竹之音，但是很少聽到。讀書的人也只有我們三房、二房兩兄弟，二伯父在城裡當紳士，偶爾下鄉排難解紛，他是一族之長，更受人尊敬，因爲他大公無私，又有一百八十公分左右的身高，眉眼自有威嚴，能言善道，他的話比法律更有效力，加之民性純樸，真是「夜不閉戶，道不失遺」。只有「夏都」廬山才有這麼好的治安。我十二歲前就讀完了四書、詩經、左傳、千家詩。我最喜歡的是《千家詩》和《詩經》。

關關雎鳩，在河之洲，
窈窕淑女，君子好逑。

我覺得這種詩和講話差不多，可是更有韻味。我就喜歡這個調調。《千家詩》我也喜歡，我背得更熟。開頭那首七言絕句詩就很好懂：

雲淡風清近午天，傍花隨柳過前川。
時人不識余心樂，將謂偷閒學少年。

老師不會作詩，也不講解，只教學生背，我覺得這種詩和講話差不多，但是更有韻味。我也了解大意，我以讀書爲樂，不以爲苦。這時老師方教我四聲平仄，他所知也止於此。

我也喜歡《詩經》，這是中國最古老的詩歌文學，是集中國北方詩歌的大成。可惜三千多首被孔子刪得只剩三百首。孔子的目的是：「詩三百，一言以蔽之，曰思無邪。」孔老夫子將《詩經》當作教條。詩是人的思想情感的自然流露，是最可以表現人性的。先民質樸，孔子既然知道「食色性也」，對先民的集體創作的詩歌就不必要求太嚴，以免喪失許多文學遺產和地域特性。楚辭和詩經不同，就是地域特性和風俗民情的不同。文學藝術不是求其同，而是求其異。這樣才會多彩多姿。文學不應成爲政治工具，但可以移風易俗，亦可淨化人心。我十二歲以前所受的基礎教育，獲益良多，但也出現了一大危機，沒有老師能再教下去。幸而有一位年近二十歲的姓王的學生在廬山一未立案的國學院求學，他問我想不想去？我自然想去，但廬山夏涼，冬天太冷，父親知道我的心意，並不反對，他對新式的人手是刀尺的教育沒有興趣，我便在飄雪的寒冬同姓王的爬上廬山，我生在平原，這是第一次爬上高山。

在廬山我有幸遇到一位湖南岳陽籍的閻毅字任之的好老師，他只有三十二歲，飽讀詩書，與民國初期的江西大詩人散原老人唱和，他的王字也寫的好。有一天他要六七十位年齡大小不一的學生各寫一首絕句給他看，我寫了一首五絕交上去，廬山松樹不少，我生在平原是看不到松樹的，我是即景生情，信手寫來，想不到閻老師特別將我從大教室調到他的書房去，在他右邊靠牆壁另加一桌一椅，教我讀書寫字，並且將我的名字「熹」改為「熙」，視我如子。原來是他很欣賞我那首五絕中的「疏松月影亂」這一句。我只有十二歲，不懂人情世故，也不了解他的深意。時任漢口市長張群的侄子張繼文還小我一歲，卻是個天不怕、地不怕的小太保，江西省主席熊式輝的兩個小舅子大我幾歲，閻老師的侄子卻高齡二十八歲。學歷也很懸殊，有上過大學的、高中的，多是對國學有興趣，支持學校的袞袞諸公也都是有心人士，新式學校教育日漸西化，國粹將難傳承，所以創辦了這樣一個尚未立案的國學院，也未大張旗鼓正式掛牌招生，但聞風而至的要人子弟不少，校方也本著「有教無類」的原則施教，閻老師也是義務施教，他與隱居廬山的要人嚴立三先生也有交往。（抗日戰爭一開始嚴立三即出山任湖北省主席，諸閻老師任省政府秘書，此是後話。）同學中權貴子弟亦多，我雖不是當代權貴子弟，但九江先組玉公以提督將軍身分抵抗蒙古騎兵入侵雁門關戰死東昌(雁門關內北京以西縣名，一九九〇年我應邀訪問大陸四十天時去過。)而封河間王；其子輔公。以進士身分出仕，後亦應昭領兵三定交趾而封定興王；其子貞公亦有兵權，因受政客讒害而自嘉定謫居潯陽。大詩人白居易亦曾謫爲江州司馬，我另一筆名即用江州司馬。我是黃帝第五子揮的後裔，他因善造弓箭而賜姓張。遠祖張良是推薦韓信爲劉邦擊敗楚霸王項羽的漢初三傑之首。他有知人之明，深知劉邦可以共患難，不能共安樂，所以悄然引退，作逍遙遊，不像韓信爲劉邦拼命打天下，立下汗馬功勞，雖封三齊王卻死於未央宮呂后之手。這就是不知進退的後果。我很敬佩張良這位遠祖，抗日戰爭初期（一九三八）我爲不作「亡國奴」，即輾轉赴臨時首都武昌以優異成績考取軍校，一位落榜的姓熊的同學帶我們過江去漢口。中共未公開招生的「抗日大學」（當時國共合作抗日，中共在漢口以「抗大」名義吸收人才。）辦事處參觀，接待我們的是一位讀完大學二年級才貌雙全，口才奇佳的女生獨對我說負責保送我免試進「抗大」一期，因未提其他同學，我不去。一年後我又在軍校提前一個月畢業，因我又考取陪都重慶中央政府培養高級軍政幹部的中央訓練團，而特設的新聞「新聞研究班」第一期，與我同期的有爲新詩奉獻心力的覃子豪兄（可惜五十二歲早逝）和中央社東京分社主任兼國際記者協會主席的李嘉兄。他在我訪問東京時曾與我合影留念，並親贈我精裝《日本專欄》三本。他七十歲時過世，這兩張照片我都編入「全集」一百九十多萬字的空前大長篇小說（紅塵）照片類中。而今在台同學只有兩位了。

民國二十八年（一九三九）九月我以軍官、記者雙重身分，奉派到第三戰區最前線的第三十二集團軍上官雲相總部所在地，唐宋八大家之一，又是大政治家王安石，尊稱王荊公的家鄉臨川，（屬撫州市）作軍事記者，時年十九歲，因第一篇戰地特寫《臨川新貌》經第三戰區長官都主辦的行銷甚廣的《前線日報》發表，隨即由淪陷區上海市美國人經營的《大美晚報》轉載，而轉為文學創作，因我已意識到新聞性的作品易成「明日黃花」，文學創作則可大可久，我為了寫大長篇《紅塵》、六十四歲時就請求提前退休，學法出身的秘書長何宜武先生大惑不解，他對我說：

「別人想幹你這個工作我都不給他，你為什麼要退？」我幹了十幾年他只知道我是個奉公守法的張萬熙，不知道我是「作家」墨人，有一次國立師範大學校長劉真先生告訴他張萬熙就是墨人，劉校長看了我在當時的「中國時報」發表的幾篇有關中國文化的理論文章，他希望我繼續寫，劉校長真是有心人。沒想到他在何宜武秘書長面前過獎，使我不能提前退休，要我幹到六十五歲多四個月才退了下來。現在事隔二十多年我才提這件事。鼎盛時期的（台灣新生報）連載四年多的拙作《紅塵》出版前三冊時就同時獲得新聞局著作金鼎獎和嘉新文化基金會「優良著作獎」，劉真校長也是嘉新文化基金會的評審委員之一，他一定也是投贊成票的。「世有伯樂而後有千里馬」。我九十二歲了，現在經濟雖不景氣，但我還是重讀重校了拙作「全集」我一向只問耕耘不問收穫，我歷任軍、公、教三種性質不同的職務，經過重重考核關卡，寫作七十三年，經過編者的考核更多，我自己從來不辦出版社。我重視分工合作。我頭腦清醒，是非分明，歷史人物中我更敬佩遠祖張良，不是劉邦。張良的進退自如我更歎服。在政治角力場中要保持頭腦清醒，人性尊嚴並非易事。我們張姓歷代名人甚多，我對遠祖張良的進退自如尤為歎服，因此我將民國四十年在台灣出生的幼子依譜序取名選良。他早年留美取得化學工程博士學位，雖有獎學金，但生活仍然艱苦，美國地方大，出入非有汽車不可，這就不是獎學金所能應付的，我不能不額外支持，他取得化學工程博士學位與取得材料科學碩士學位的媳婦蔡傳惠雙雙回台北探親，且各有所成，幼子曾研究生產了飛機太空船用的抗高溫的纖維，媳婦則是一家公司的經理，下屬多是白人，兩孫亦各有專長，在台北出生的長孫是美國南加州大學的電機碩士，在經濟不景氣中亦獲任工程師，我不要第三代走這條文學小徑，是現實客觀環境的教訓，我何必讓第三代跟我一樣忍受生活的煎熬，這會使有文學良心的人精神崩潰的。我因經常運動，又吃全素二十多年，九十二歲還能連寫四、五小時而不倦。我寫作了七十多年，也苦中有樂，但心臟強，又無高血壓，一是得天獨厚，二是生活自我節制，我到現在血壓還是60—110之間，沒有變動，寫作也少戴老花眼鏡，走路仍然「行如風」，十分輕快，我在國民大會主編《憲政思潮》十八年，看到不少在大陸選出來的老代表，走路兩腳在地上蹉跎，這就來日不多了。個人的健康與否看他走路就可以判斷，作家寫作如在八十歲以後還不戴老花眼鏡，沒有高血壓，長命百歲絕無問題。如再能看輕名利，不在意得失，自然是仙翁了。健康長壽對任何人都很重要，對詩人作家更重要。

一九九〇年我七十歲應邀訪問大陸四十天作「文學之旅」時，首站北京，我先看望已九十高齡的老前輩散文作家，大家閨秀型的風範，平易近人，不慍不火的冰心，她也「勞改」過，但仍心平氣和。本來我也想看看老舍，但老舍已投湖而死，他的公子舒乙是中國現代文學館的副館長，他也出面接待我，還送了我一本他編寫的《老舍之死》，隨後又出席了北京詩人作家與我的座談會，參加七十賤辰的慶生宴，彈指之間卻已二十多年了。我訪問大陸四十天，次年即由台北「文史哲出版社」出版照片文字俱備的四二五頁的《大陸文學之旅》。不虛此行。大陸文友看了這本書的無不驚異，他們想不到我七十一高齡還有這樣的快筆，而又公正詳實。他們不知我行前的準備工作花了多少時間，也不知道我一開筆就很快。

我拜會的第二位是跌斷了右臂的詩人艾青，他住協和醫院，我們一見如故，他是浙江金華人，卻體格高大，性情直爽如燕趙之士，完全不像南方金華人。我們一見面他就緊握著我的手不放，侃侃而談，我不知道他編《詩刊》時選過我的新詩。在此之前我交往過的詩人作家不少，沒有像他如此豪放真誠，我告別時他突然放聲大哭，陪我去看他的北京新華社社長族侄張選國先生，陪我四十天作《大陸文學之旅》的廣州電視台深圳站站長高麗華女士，文字攝影記者譚海屏先生等多人，不但我為艾青感傷，陪同我去看艾青的人也心有戚戚焉，所幸他去世後安葬在八寶山中共要人公墓，他是大陸唯一的詩人作家有此殊榮。台灣單身詩人同上校軍文黃仲琮先生，死後屍臭才有人知道，他小我二歲，如我不生前買好八坪墓地，連子女也只好將我兩老草草火化，這是與我共患難一生的老伴死也不甘心的，抗日戰爭時她父親就是我單獨送上江西南城北門外義山土葬的。這是中國人「入土為安」的共識。也許有讀者會問這和文學創作有什麼關係？但文學創作不是單純的文字工作，而是作者整個文化觀、文學觀，人生觀的具體表現，不可分離。詩人作家不能「瞎子摸象」，還要有「舉一反三」的能力。我做人很低調。寫作也不唱高調，但也會作不平之鳴、仗義直言。我不鄉愿，我重視一步一個腳印，「打高空」可以譁眾邀寵於一時，但「旁觀者清」，讀者中藏龍臥虎，那些不輕易表態的多是高人。高人一旦直言不隱，會使洋洋自得者現出原形。作品一旦公諸於世，一切後果都要由作者自己負責，這也是天經地義的事。

我寫作七十多年無功無祿，我因熬夜寫作頭暈住馬偕醫院一個星期也沒有人知道，更不像大陸的當代作家、詩人是有給制，有同教授的待過，而稿費、版稅都歸作者所有。依據民國九十八年一月十日「中國時報」A十四版「二〇〇八年中國作家富豪榜單」二十五名收入人民幣的數字統計，第一高的郭敬明一年是一千三百萬人民幣，第二名鄭淵潔是一千一百萬人民幣，第三名楊紅櫻是九百八十萬人民幣。最少的第二十五名的李西閩也有一百萬人民幣，以人民幣與台幣最近的匯率近一比四・五而言，現在大陸作家一年的收入就如此之多，是我一九九〇年應邀訪問大陸四十天作文學之旅時所未想像到的，而現在的台灣作家與我年紀相近的二十年前即已停筆，原因之一是發表出版兩難，二是年齡太大了。民國九十八年（二〇〇九）以前就有張漱菡（本名欣禾）、尹雪曼、劉枋、王書川、艾雯、嚴友梅六位去世，嚴友梅還小我四、五歲，小我兩歲的小說家楊念慈則行動不便，鬍鬚相當長，可以賣老了。我托天佑，又自我節制，二十多年來吃全素，又未停止運動，也未停筆，最近在台北榮民總醫院驗血檢查，健康正常。我也有我的養生之道，每天吃枸杞子明目，吃南瓜子抑制攝護腺肥大，多走路、少坐車，伏案寫作四、五小時而不疲倦，此非一日之功。

民國九十八（二〇〇九）己丑，是我來台六十周年，這六十年來只搬過兩次家，第一次從左營搬到台北大直海軍眷舍，在那一大片天主教白色公墓之下，我原先不重視風水，也無錢自購住宅，想不到鄰居的子女有得神經病的，有在金門車禍死亡的，大人有坐牢的，有槍斃的，也有得神經病的，我退役養雞也賠光了過去稿費的積蓄，讀台大外文系的大兒子也生病，我則諸事不順，直到搬到大屯山下坐北朝南的兩層樓的獨門獨院自宅後，自然諸事順遂，我退休後更能安心寫作，遠離台北市區，真是「市遠無兼味，地僻客來稀。」同里鄰的多是市井小民，但治安很好，誰也不知道我是爬格子的，連警察先生也不光顧舍下，除了近十年常有人打電話來騙我，幸未上大當外，我安心過自己的生活。當年「移民潮」去不了美國的也會去加拿大，我是「美國人」的祖父，我不移民美國，更別說去加拿大了。娑婆世界無常，早年即移民美國的琦君（本名潘希真）、彭歌，最後還是回到台灣來了，這不能說台灣是「天堂」，以我的體驗而言是台北市氣候宜人，夏天三十四度以上的日子少，冬天十度以下的日子也很少，老年人更不能適應零度以下的氣溫，我只有冬天上大屯山、七星山頂才能見雪。有高血壓、心臟病的老人更不能適應。我不想做美國公民，做台灣平民六十多年，也沒有自卑感。

娑婆世界是一個無常的世界，天有不測風雲，人有旦夕禍福，老子早說過：「福兮禍所倚，禍兮福所伏。」禍福無門，唯人自招。我一生不起歪念，更不損人利己，與人爲善。雖常吃暗虧，只當作上了一課。這個花花世界是我學不完的大教室，萬丈紅塵其中也有黑洞，我心存善念，更不造文字孽，不投機取巧，不違背良知，蒼天自有公斷，我本著文學良心寫作，盡其在我而已，讀者是最好的裁判。

民國一〇〇年（二〇一一）辛卯七月二十九日下午六時二十三分於紅塵寄廬

1951 年墨人 31 歲與夫人曾麗春女士（30 歲）結婚十周年紀念合影於左營

墨人博士七十壽辰與夫人曾麗春女士合影。此照為大翻譯家、文學理論家黃文範先生所攝，並在照片背後題「南山北海惟仁者壽」。

民國二十九年（1940）作者墨人在江西南城戎裝照。

1939 年墨人即自戰時陪都四川重慶奉派至江西臨川王安石家鄉，第三戰區前線任軍事記者創辦軍報，提供抗日官兵精神食糧。時年 19 歲。

2010 年「五四」作者墨人 91 歲在花蓮和南寺家人合影

2003 年 8 月 26 日作者墨人（中）在含鄱口觀山景點與作者長女韻華、長子選翰、三女韻湘、二女韻真合影。

2005 年 2 月作者次子選良（右一）回台北與父（右二）及作者夫人（中）三女韻湘（左二）二女韻真（左一）合影。

作者墨人在書房留影，時年八十五歲。

《墨人博士大長篇小說〈紅塵〉法文譯本封面照片》

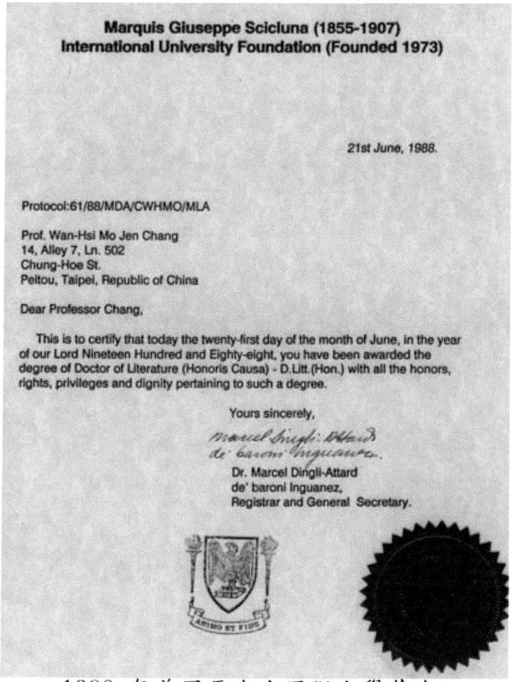

Marquis Giuseppe Scicluna (1855-1907)
International University Foundation (Founded 1973)

21st June, 1988.

Protocol:61/88/MDA/CWHMO/MLA

Prof. Wan-Hsi Mo Jen Chang
14, Alley 7, Ln. 502
Chung-Hoe St.
Peitou, Taipei, Republic of China

Dear Professor Chang,

This is to certify that today the twenty-first day of the month of June, in the year of our Lord Nineteen Hundred and Eighty-eight, you have been awarded the degree of Doctor of Literature (Honoris Causa) - D.Litt.(Hon.) with all the honors, rights, privileges and dignity pertaining to such a degree.

Yours sincerely,

Dr. Marcel Dingli-Attard
de' baroni Inguanez,
Registrar and General Secretary.

ANIMO ET FIDE

1988 年美國馬奎士國際大學基金會，授予張萬熙墨人教授榮譽文學博士學位證書。

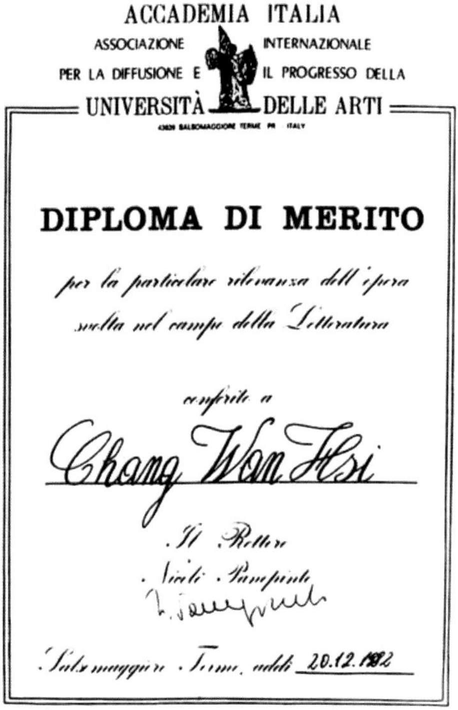

ACCADEMIA ITALIA
ASSOCIAZIONE INTERNAZIONALE
PER LA DIFFUSIONE E IL PROGRESSO DELLA
UNIVERSITÀ DELLE ARTI

DIPLOMA DI MERITO

per la particolare rilevanza dell'opera svolta nel campo della Letteratura

conferito a

Chang Wan Hsi

Il Rettore
Nicola Pampinto

Salsomaggiore Terme, addì 20.12.1982

義大利出版英、法、德、義四種文字的「國際文學史」的 ACCADEMIA ITALIA, 1982 年授予墨人的文學功績證書。

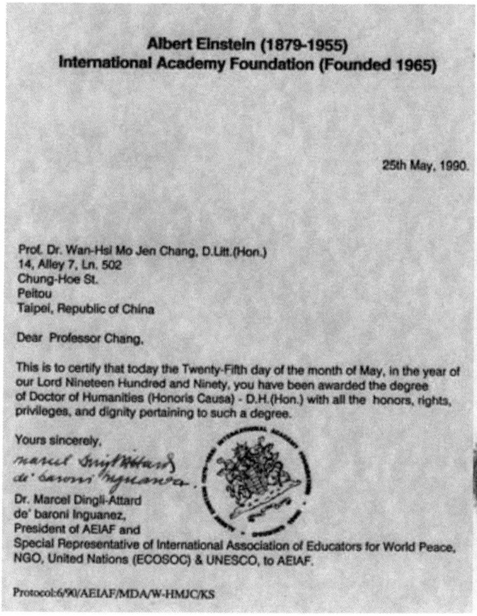

Albert Einstein (1879-1955)
International Academy Foundation (Founded 1965)

25th May, 1990.

Prof. Dr. Wan-Hsi Mo Jen Chang, D.Litt.(Hon.)
14, Alley 7, Ln. 502
Chung-Hoe St.
Peitou
Taipei, Republic of China

Dear Professor Chang,

This is to certify that today the Twenty-Fifth day of the month of May, in the year of our Lord Nineteen Hundred and Ninety, you have been awarded the degree of Doctor of Humanities (Honoris Causa) - D.H.(Hon.) with all the honors, rights, privileges, and dignity pertaining to such a degree.

Yours sincerely,

Dr. Marcel Dingli-Attard
de' baroni Inguanez,
President of AEIAF and
Special Representative of International Association of Educators for World Peace, NGO, United Nations (ECOSOC) & UNESCO, to AEIAF.

Protocol:6/90/AEIAF/MDA/W-HMJC/KS

1990 年美國愛因斯坦國際學院基金會授予張萬熙墨人教授榮譽人文學（含哲學文學藝術語言四種）博士學位

WORLD UNIVERSITY ROUNDTABLE
In Corporate Affiliation with the World University
Greetings
In recognition of Distinguished Achievement within the principles and purposes of the World University development, the Trustees of the Corporation, upon the nomination of the Secretariat, confer doctoral membership and this honorary award upon
Chang Wan-Hsi (Mo Jen)
The Cultural Doctorate in Literature
with all rights and privileges there to pertaining.

Witness our hand and seal at the International Secretariat Regional Campus, Benson, Arizona
April 17, 1989
President of the Board of Trustees
Secretary of the Board of Trustees

1989 年美國世界大學授予張萬熙墨人榮譽文學博士學位，文化大學創辦人張其昀（曉峰）先生亦獲此榮譽。

1999 年 10 月張萬熙墨人博士榮登英國劍橋國際傳記中心《二十世二千位傑出學者》第一版證書。

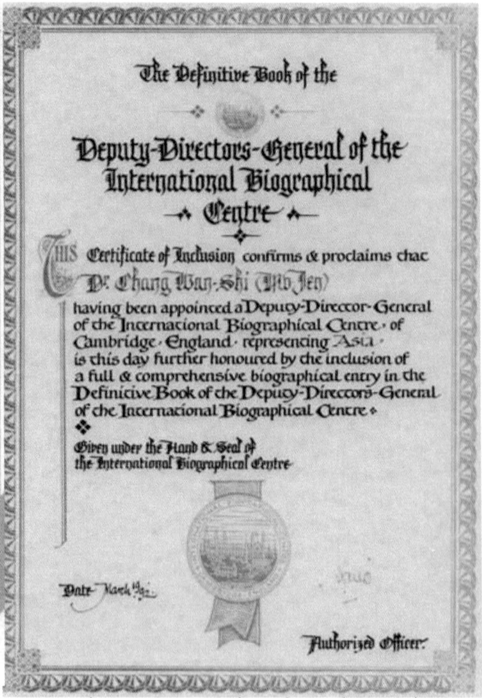

1992 英國劍橋國際傳記中心（I.B.C.）任張萬熙墨人博士為代表亞洲的副總裁。

2009 年 3 月 16 日英國劍橋國傳記中心總裁與總編輯聯合授予張萬熙墨人博士國際莎士比亞文學成就獎。

International Biographical Centre Cambridge CB2 3QP England
Telephone: +44 (0) 1353 646600 Facsimile: +44 (0) 1353 646601

IBC

REF : LAA/MED/MW-13640

13 November 2002

Dr Chang Wan-Hsi (Mo Jen) DDG
14 Alley 7, Lane 502
Chung Ho Street
Peitou
Taipei
Taiwan

Dear Dr Chang

Please find enclosed the Medal in respect of the **Lifetime Achievement Award** which I hope meets with your approval.

Yours sincerely

MICHELLE WHITEHALL
Personal Assistant to the Director General

Enc

英國劍橋國傳記中心(I.B.C.)2002 年頒發詩人作家張萬熙（墨人）博士終身成就獎，英文信及金牌正反面照片墨人早年即被 I.B.C.推選為副總裁。

人的生死榮辱 目次

中　輯

下 輯

上輯

十年得失寸心知

臺人

民國四十年到民國六十年這二十年間，是文學的豐收季。所謂「五十年代文學」，應該是指這一段時間（一九五一—一九七〇）。通常三十年為一代（generation），這一代的文學在中國文學史上具有十分重要的地位，作家多、作品多，如果整理出版，最好不要滄海遺珠，應以文學史家的態度處理；即使是編編書目，亦應如此。

民國四十年以前，我專心寫詩，四十年以後，則以小說為多。在五十年代期間，二十年中我出版了兩本詩集，十三部長篇小說—最早的一部長篇小說「閃爍的星辰」於民國四十二年由高雄大業書店分兩部出版，共三十多萬字，開民營書店出版巨大長篇小說的風氣之先（第二部長篇「黑森林」亦早於四十四年由香港亞洲出版社出版），因為那時寫長篇的人很少，出版短篇小說也是薄薄的一本。我的第一個短篇小說「最後的選擇」也是四十二年由高雄百成書店出版的，想不到書出之後百成書店失火，錢是先拿了，書卻燒光了，這本書大概流到市面的最少。短篇小說在這期間我一共出了九本，散文集則只出版「鱗爪集」一本。另外還在商務出版了文藝理論「紅樓夢的寫作技巧」。這二十年中總共出版了二十六本。這是五十年代我個人留下的一點雪泥鴻爪。[redacted]

[redacted]年我雖然出版了長篇小說「心猿」，但這本書是在[redacted]的，還是五十年代的作品。[redacted]的長篇[redacted]有「鳳凰谷」，另外[redacted]一本傳記小說「詩人革命家胡漢民傳」。散文集倒出版了四本，詩集只出版了「山之禮讚」一本。因爲我想把文學創作生活告一段落，因此[redacted]年在中華書局出了一套五本「墨人自選集」，收入了長篇小說「白雪青山」、「蠶姑」、「鳳凰谷」、「江水悠悠」、及「短篇小說、詩選」。

如果說五十年代是我的多產時期，六十一年以後則是我的歉收時期。爲什麼會有這種情形？一是文藝風氣變了，不但我寫得少，和我同一時期的作家，幾乎都進入[redacted]擱筆狀態，這是原因之一；第二個原因是，當了公務員，天天上班，還得[redacted]課，時間分散太多，不能集中使用，這種情形之下，是極其不利於長篇創作的。五十年代，尤其是退役以後，有時我一年可以寫兩三個長篇，但六十一年以後直到[redacted]，我只寫了兩個長篇，這就是當公務員的損失；第三個原因是我對[redacted]寫作的厭[redacted]，幾十年的創作生涯，在精神物質兩方面都[redacted]能不厭倦的[redacted]很少。

五十年代以後，雖然創作少了，但我並沒有[redacted]浪費我的零碎時間。我覺得文學不過是文化的花朵，文化的根基不深不厚，花朵便開不大，也開不久。因此我決心對中國文化作探本尋源的工作。十年下來，總算沒有白費心力。我發現中國文化是以宇宙為中心的真面目，以宇宙為中心思想自然涵蓋了人文，人文主義則不能涵蓋宇宙萬象。中國文化本來是有機體，講究 integration 的，但是[illegible]走了太久的單行道，因此喪失了統合功能。所以我寫了「中國文化的三條根」、「宇宙為心人為本」、「中國文化的宇宙觀」、「人與宇宙自然法則」、「李約瑟與中國文化」等文[illegible]

在「中國文化的三條根」一文中，我便說過要復興中國文化[illegible]我對天文學家、物理學家、化學家、數學家的期望，大於人文主義者。果然，[illegible]年八月二十七日中央社東京分社從東京發出一則電訊，報導我國出席東京國際高能物理會議的清華大學教授楊銀圳先生在會中提出一篇十二頁的論文「分子與引力統一理論」，他的理論基礎是「以數學和幾何學方法，研究對涵蓋人與宇宙的法則的新觀念」，這個新觀念的提出，引起了許多世界知名的物理學家的很大的注意，包括幾名諾貝爾獎金得主，但是「有人指出，楊銀圳教授的理論，向世界物理學上提出了一個『大問題』，但是由於它的革命性質，可能要使全世界的物理學家以一段時間去了解他的新觀點。」

楊先生的理論，對世界物理學家是一個新觀點，但是我們老祖宗早在幾千年前就建立了一套「人與宇宙的法則」的完整理論體系，而且能統合運用。中國文化就是天、地、人三合一的文化，而且有「合」的方法。人本來是宇宙中的一份子，宇宙的引力對人的影響太大，由於這種引力的關係，我們的老祖宗不但知道天下大勢的演變，更知道個人的榮枯得失，這就是根據分子與引力的公式而推算出來的。

另外一件使我高興的事是英國生化學家、史學家「中國科技史」作者李約瑟（Dr. Joseph Needham），在香港中文大學新亞書院和金耀基先生的一席話，他說他幾十年來的研究工作，是替中國文化向輕視中國科學思想的西方討回一個公道。他對道家對中國文化貢獻的肯定，也是撥開兩千年來中國文化雲霧而見青天的一大見證。

楊銀圳、李約瑟兩位都是科學家。楊先生的研究，證明中國固有文化有顛撲不破的眞理；李約瑟博士從中國科技成就中，證明了中國文化有科學功能。他們兩位也證實了我所強調的中國文化的宇宙中心思想，超越人文而又涵蓋人文的宇宙中心思想。中國文化和西方文化最大的不同之處是科學與人文並不產生矛盾，並不衝突，其最大關鍵就在於中國固有文化有統合功能。我們的祖先還知道如何統合，但現代中國人卻已茫然，因此西方文化所發生的流弊我們也已發生。

就我個人來說，這十年間在文學創作方面我是歉收的，但在中國文化的探本尋源方面，我總算沒有繳白卷。在[redacted]裡面所收的一些有關中國文化的文章，是觀念的提出、看法的確定。至於中國固有的以宇宙爲中心思想的文化遺產的整理與闡揚，還須留待八十歲以後再專心去作，在八十歲以前，我還要在文學創作方面繼續付出心血，二十年的時間，完成一兩部大部頭的作品，不算是什麼奢望。然後再以十年二十年時間作整理發揚固有文化典籍，重新建立中國文化形象，大概也不難辦到。現在我還不能作這麼艱巨的工作，一是我個人的經濟條件不夠，二是客觀條件也不容易配合。

這十年來我對我個人在文學創作方面的損失，我一點也不後悔；對於中國固有文化的「探驪得珠」，則有深深的喜悅。對國家、個人也有更深的信心，既不盲目的樂觀，更不幼稚的悲觀；最少對我個人的榮枯得失早已了然於心。

這本散文集裡都是談論文化和文學創作，未來我想定名為「中國文化的真面目」或「文化與文學」，但那樣太嚴肅了一點，可能使出版人太虧血本。現在大家所想出版的多半是消閒性的[illegible]

民國六十九年五月二十二日臺北

十年得失寸心知

宇宙爲心人之本

——中國文化的眞面目

要認識中國文化的眞面目，必須上溯中國文化的源頭。中國文化的源頭在那裡？那就是六經之首的易經，易經之所以列爲六經之首，除了按產生的時代先後次序而外，最主要的是易經是統合群經的中國文化的根本。中國文化的最大功能是統合（integration），特別具有這種統合功能的，六經之內的是易經，六經之外的是道德經。

我們研究易經的人多從人文主義的觀點出發，因此不大能發現易經的科學價值，甚至認爲它是一部專講卜筮的玄學；而以人文觀點去敷陳附會，則有治絲益棼的趨向。倒是西方的科學家能突破玄學的外衣，和人文主義的桎梏，而以科學的態度和科學的方法研究易經，反而能探驪得珠。所以德國微積分發明家、哲學家、作家萊布尼茲（Leibniz 1646—1716）說伏羲是世界上最古老最偉大的數學家；一九四九年出版的德國人魏理賢（Richard Wihalm）和美國人白仁斯（Cary F. Baynes）所譯解的周易，有歐洲心理學權威榮恩（C. G. Jung）作序，序中有言：「如人類世界有知慧可言，則中國易經即爲唯一的智慧寶典。我們在科學方面所得的定律，十九都是短命的，而易經歷數千年之久，依然具有價值，且已駕乎因果律之上，而與近日的原子物理，頗多類似的地方。」他們從科學觀點研究易經，所以他們了解易經的科學價值。因爲易經本來就是科學的，而它在科學方面的永恒性，又比近代西方科學家所作的定律高明，易經的陰陽互變、生生不息的道理是顛撲不破的。因爲易經不是單純的科學，而是演繹宇宙形成、發展的自然法則的，是以宇宙爲中心，統合科學、人文的一門大學問。所以人文主義者多半只能看到人文部份，科學家也多半只能看到科學部份，而未能徹底了解易經的統合之妙。但在今天的中國，人文主義者還未能揭開易經的玄學的外衣，甚至今人把它當作卜筮迷信的時候，科學家的印證就顯得特別重要了。

易經演繹宇宙形成，發展的自然法則不是從無極開始，而是從太極開始的。所謂太極就是天地尚未形成，星球尚未凝固之前的混沌狀態，但有質能存在。所謂「能」，在易經裡就是「乾陽」，所謂「質」，在易經裡就是「坤陰」，但這種陰陽不是截然劃分，互不相干，而是可以互變的。易經是從乾卦開始而後坤卦，宇宙分了乾坤，也就是天地之始，以後一切的演變，都從乾坤二卦而來，也就是陰陽互變，生生不息，無窮無盡。這種演變的自然法則，老子稱之爲「道」。這就是中國文化的活水源頭，也是宇宙自然法則，所以放諸四海而皆準，百世以俟聖人而不惑。「創世紀」無法相提並論，阿爾瑪的大主教獪施爾在一六五〇年武斷地說宇宙創始於紀元前四千零四年，更不值識者一笑。因爲今天的科學已經證明地球、月球，乃至太陽的年齡大約在四十億年左右；而地球人類的化石已經有幾十萬年了。根據易經推算地球一元共爲十二萬九千六百年，所謂一元，也就是一個周天之數，地球之有冰河時期，是必然的演變。

中國文化的宇宙觀是世界上最科學，最具知性，最經得起考驗的，沒有半點迷信色彩。

易經向來稱爲儒家之學，是因爲孔子贊十翼。所謂十翼，包括彖辭、大象、小象、文言上、文言下、繫詞上、繫辭下、說卦、序卦、雜卦等十項。孔子是人文（或稱人本）主義者，自然他有他的偉大貢獻。但他是一個有自知之明的學者。他說過：「假我數年，五十以學易，可以無大過矣。」所以他雖刪詩書（詩經原有三千多篇，他刪掉十分之九，現僅剩三百篇），著禮樂、作春秋，但他不敢動易經，只能贊，而不敢刪。因爲他不大了解宇宙發展形成的自然法則。所以他說過「朝聞道夕死可矣」這句話。可見他對於「道」這種知識是多麼渴求？但他了不了解「道」呢？根據莊子的話說：「孔子行年五十有一而不聞道，乃之沛見老聃。」這和孔子自己的話來對證，可見孔子並未聞「道」。莊子的所謂「道」，是和老子一脈相承的。道也者，一陰一陽也。用現代話說就是宇宙形成發展的自然法則。孔子到了五十一歲還不明白這個道理，所以他一再去請教老子，每次他都有所獲，因爲老子並不壟斷知識學術。

有一次，孔子見了老子之後，出來告訴顏回說：

「丘之於道也，其猶醯雞與！微夫子之發吾覆也，吾不知天地之大全也。」

所謂醯雞，是甕中酒上的蠛蠓；所謂「天地之大全也」，就是宇宙的本體和萬象。由此也可見老子對於宇宙形成發展的自然法則是十分清楚的。

老子對易經雖然沒有贊一詞，但是他了不了解易經呢？他對於宇宙形成、發展的自然法則又知道多少呢？他除了說過「無名天地之始，有名萬物之母」這兩句話證明他對天地未形成之前的太極狀態十分了解之外，他對宇宙發展的層次也很清楚。他說：

「道生一、一生二、二生三、三生萬物，萬物負陰以抱陽，沖氣以爲和。」

這就是宇宙發展的層次和作用，也是八卦構成的原理。

他在混成章裏有更具體的解釋：

「有物混成，先天地生，寂兮寥兮，獨立而不改，周行而不殆，可以爲天下母。吾不知其名字之曰道。強名之曰大。大曰逝、逝曰遠、遠曰返。故道大、天大、地大、王亦大；域中有四大，而王居其一焉。人法地、地法天、天法道、道法自然。」

這一番話不啻替易經作了一個通盤註解，也是替中國天、地、人三合一的文化，以宇宙爲中心，以人爲本的統合文化，作了一個最體的說明。世界上有那一個國家的文化具有這樣和諧、協調、互爲體用，因果相循，生生不息的統合功能呢？

中國文化本來是以宇宙爲中心，以人爲本的天、地、人三合一的文化。我們的老祖宗研究宇宙萬象除了仰視俯察（如伏羲）的科學精神（實感走向）之外，另一研究方法就是「冥觀走向」，這種「冥觀走向」黃帝就十分重視。莊子外篇「在宥」曾有很清楚的記載：

「黃帝立爲天子十九年，令行天下，聞廣成子在於空同之上，故往見之，曰：『我聞吾子達於至道，敢問至道之精？吾欲取天下之精，以佐五穀，以養民人；吾又欲官陰陽，以遂群生，吾之奈何？』廣成子曰：『而所欲問者，物之質也；而所欲官者，物之殘也。……』黃帝退，捐天下，築房室，席白茅，閒居三月，復往邀之。廣成子南首而臥，黃帝順下風膝行而進，再拜稽首曰：『吾聞子達於至道，敢問，治身奈何可以長久？』廣成子蹶然而起曰：『善哉問乎！來，吾語女至道。至道之精，窈窈冥冥；至道之極，昏昏默默。無視無聽，抱神以靜，形將自正。……我守其一，以處其和，故我修身千二百歲矣，吾形來嘗衰。』黃帝再拜稽首曰：「廣成子之謂天矣！』廣成子曰：「來、余語女。彼其物無窮，而人皆以爲終；彼其物無測，而人皆以爲極。得吾道者上爲皇而下爲王；……吾與日月參光，吾與天地爲常！……』」

這是我們的老祖宗窮宇宙奧秘的「冥觀走向」，黃帝身體力行的一段記載。而其中最值得注意的是廣成子講的也是「質」「能」問題。「彼其物無窮，而人皆以爲終」。「彼物無窮」者「能」也，「終」者「質」也，也就是陽與陰。能是無形的，質是有形的，一般人往往只見其「有」，不見其「無」，殊不知質能可以互變，陰陽可以相生。「彼其物無測，而人皆以爲極。」不但是文句的對稱美，也是與上兩句的相對論，其實也是講的「能」與「質」的問題。是科學的，不是玄學的。至於「吾與日月參光，吾與天地爲常」是一種「天地人合一」的境界，和「故我修身千二百歲矣，吾形未嘗衰。」都是「參天地之化育」的結果。今人不知人與天地的密切關係，更不知運用此種關係，遂以爲玄。現代最進步的醫生近來才知道「細胞療法」，其實我們的老祖宗早就知道運用「電能」，隨時「充電」了。這也是十分科學而非玄學的。

老子也重視「冥觀走向」，他對易經了解的透徹，對宇宙自然法則的洞悉，這種「冥觀走向」大有裨益，它和伏羲的「實感走向」可以相輔相成，相得益彰。道德經第一章就是「觀妙」，第二章是「觀徼」，這就是冥觀反照所產生的奧妙，所得到的知識。「谷神章」就是講冥觀修持方法的。道德經中講修持的很多，各章往往互相呼應，前後貫通。「復命章」就是很實在很具體的天地人息息相通的冥觀修持的方法。在「天道」章裏他一開頭就說：

「不出戶，知天下；不窺牖，見天道。其出彌遠，其知彌少，是以聖人，不行而知，不見而名，不爲而成。」

這就是「冥觀」產生「實感」的最好說明。

所以印度的「冥觀走向」文化傳入中國，和中國文化沒有什麼衝突。中國文化不但早有「冥觀走向」，而且境界更高。這就是佛教入中國則中國之的道理。就以佛家「冥觀走向」的六通來說，早在莊子的「天道」中就有「明於天，通於聖，六通四辟於帝王之德者，其自爲也，昧然無不靜者矣。」的說法。而老子所傳的仙宗六通更爲具體。這六通是：一、靈通、二、性通、三、他心通、四、天眼通、五、天耳通、六、宿命通。這是「冥觀走向」的具體方法。佛家的六通與我們道家仙宗的六通甚爲近似，即：一、神境智證通（神通）。二、天眼智證通（天眼通）、三、天耳智證通（天耳通）、四、他心智證通（他心通）、五、宿住隨意智證通（宿命通）、六、漏盡智證通（漏盡通）。由此可知印度「冥觀走向」文化和中國「冥觀走向」文化有暗通巧合之處。但中國的「冥觀走向」文化有它的積極性，其目標是「與日月參光，與天地爲常」，而成爲無所不知，無所不能、無所不在的長生不老的大羅金山，但不脫離現實。佛家的「冥觀走向」是死後成佛，脫離塵世，趨向涅槃。這就是中國和印度兩種「冥觀走向」大致相同，而精神小異的文化特質。中國「冥觀走向」文化富有創造性，追求更高的文化層次，永久的文化層次。因此中國文化可大可久，生生不息。因爲它是以宇宙爲中心，以人爲本，統合「冥觀走向」、「實感走向」、「人文走向」而爲一的天地人三者合一的有機體的文化，如果中國不是過早偏向於人文主義的單獨發展，中國人老早就上了月球，輪不到美國人了。那世界大同的政治理想，一個王道世界，可能由於中國文化的統合功能而實現的。

原載六十七年（一九七八）一月二十七、八日中華日報

畧人註：一九四九年以後，中国政經苦難，但近採取市場經濟，富民強国路線，成為十三億多人口的世界最大市場，未來世界「四塊金磚」之首，讓盛世再現，較我二十多年前的預期提早了十多年。

二〇〇五年九月廿四日[illegible]

中國文化的三條根

我們雖然身為中國人，生在中國，住在中國，然而自「五、四」以來，我們不斷地受到西方文化的衝擊，全盤西化論者更徹底否定了中國文化，彷佛中國文化只是裹小脚，娶小老婆，產生貪官汚吏，……此外一無是處。這種人身在外國却賣弄中國哲學、文學，回到中國又靠洋學者招搖，儼然學術權威。十年前在一次會議中，方東美先生曾把這種搖擺學術與政治之間的投機份子，罵得狗血噴頭，罵了上個鐘頭還意猶未盡。當時我還以為方教授火氣太大，現在回想起來，覺得他一點也不過火。一個眞有學術良心，道德勇氣的讀書人，本應該如此，只是現在大多數的讀書人都變成了孔子所謂的「德之賊也」的鄉愿，甚至趨炎附勢，因此正氣蕩然。由於眞正的知識份子不肯講話，不敢講話，因此學術投機、政治投機之風變本加厲，起而效尤者頗不乏人，因而在美國便以李白、杜甫唬洋人，在臺灣又以艾略特、佛魯斯特唬自己的同胞，和對自己的文學以及西方文學都缺少眞知的青年人。這種投機作風在臺灣居然大行其道，因而更助長了崇洋媚外否定中國文化的歪風，使我們這些身在中國的中國人，彷彿身在異城。

最近有件事却使我非常高興。這就是發表於十一月十二、十三兩天中國時報「人間」副刊陳曉林先生作的「青青子衿」之十：「不廢江河萬古流」一文。這篇大作給我相當大的衝擊，它不但是一位有良心有血性有知識尊嚴和人格尊嚴的青年朋友的心聲，也是對西方文化和中國文化有眞知灼見的學術理論，比之方東美先生那次的義正辭嚴疾言厲色的怒罵同樣具有份量。可惜的是方東美先生那次的聽衆只有十幾個人，而今他已作古，好在他著作等身，他已經爲這一代的中國知識份子、眞正的學者，塑造了一個不忮、不求、不惑、不計利害、淡泊、寧靜的典型。我雖然和他只有一「會」之緣，我想方先生的門生故舊很多，大概不會不同意我的看法。

陳曉林先生是年輕的一代，從他的作品當中我也可以想見其風骨，這該是苦難的中國最迫切需要的知識份子。

我只知道陳曉林先生是在臺灣大學學機械的，他人文科學方面知識之豐富，令人佩服，他的不走偏鋒尤其難得。他的眞知在於對東西文化本質的了解，而不是現代「知識販子」的拾人牙慧以欺人。他所提到的印度、希伯來的「冥觀走向」、近代西方的「實感走向」和中國「人文走向」，從文化特徵來看是一點不錯，但是中國不僅是「人文走向」，而是「冥觀走向」、「實感走向」

、「人文走向」三者俱備，而且互爲體用。不過中國文化自漢武帝以降，「人文走向」一枝獨秀，尤以儒家思想獨佔鰲頭，這種一柱擎天的「人文主義」，有其優點，也有其弱點。優點是倫理社會的建立，是走向「世界大同」王道政治的法門，但是走得太早太快了一點，在從前那種「中國即天下」、「中國即世界」的那種世界觀之下，比較容易辦到；但是事實上中國並不是整個世界，中國之外還有很多國家，所以近代西方國家的「實感走向」一旦侵入「人文走向」的範圍，單獨的「人文走向」便不能得心應手，甚至處於下風，就正是「秀才遇到兵有理說不清了。」所以印度的「冥觀走向」可以影響中國文化，但不像近代西方國家「實感走向」的衝突那麼尖銳，因爲中國古代知識份子的「陽儒陰道」思想應付印度的「冥觀走向」文化綽有餘裕，因爲道家的境界比印度的「冥觀走向」文化更高，所以佛教入中國則中國之，而不露絲毫形跡（專家學者自然可尋出來龍去脈）。「冥觀走向」文化，除了有一套有系統的理論之外，還涉及修特方法，但這不是玄學，而是科學，所以道家思想也涵蓋了「實感走向」，英人李約瑟著的「中國之科技與文明」，就是這樣產生的。當中國人發明黃曆、指南針和火藥時，近代西方國家不少還在茹毛飲血階段，還談不到「實感走向」文化，中國的天文鐘也早出西方六個世紀，更別提「人文走向」文化了。

既然中國道家思想涵蓋了「實感走向」，那我們爲什麼有點受不住近代西方國家「實感走向」文化的衝擊？這有兩個原因：一是中國道家「實感走向」思想壓抑太久，二是西方「實感走向」文化來得突然，而且聲勢汹汹。

中國文化本來不是走單行道的，而是「冥觀走向」、「實感走向」、「人文走向」三線平行的，也正如一隻鼎的三隻脚，是非常穩當的，但三隻脚有兩隻是我們自己綁起來或廢棄掉的，尤其是「實感走向」爲士大夫所不齒，他們把「實感走向」視爲「奇技」，把「冥觀走向」視爲「怪力亂神」，連文學創作都視爲雕蟲小技，士大夫不爲也的。這樣一來，「實感走向」停滯了一兩千年，科學自然落後，物質文明自然趕不上西方國家。

要使中國文化發揚光大，要恢復中華民族的自尊心、自信心，必須恢復民族文化的平衡，不要光走單行道，要走三線大道。也就是天、地、人合一的文化，亦即「冥觀走向」、「實感走向」、「人文走向」合一的文化，而且不僅僅是平行，還要互爲體用。

中國天、地、人合一的文化淵源於易經，而黃帝是個很好的實行家，老子的道德經又吸收了易經的精髓而出神入化。易經是講宇宙自然法則的，講陰陽變化的，易者易也。八卦不是迷信，愛因斯坦的相對論，電腦的二進位，無一不在八卦涵蓋之中。西方人的最新科學，是中國人幾千年前的舊理論，這種理論爲什麼放諸四海，傳之千秋萬世而皆準？因爲這是宇宙自然法則。是眞理，所以顚撲不破，無法推翻。無論科學怎麼發達，有誰能改變太陽和金、木、水、火、土……

這些星球運行的軌道和方向?因爲易經是科學的，所以德國微積分發明家、哲學家、作家萊普尼茲(Leibniz 1646—1716)說中國的伏羲是世界上最偉大的數學家。其實伏羲不但是世界上最偉大的數學家，也是世界上最偉大的天文學家、物理學家、化學家、哲學家。易經是統合的，不是片斷的分離的。

老子的宇宙本體論，相對論，就是出自易經，不過由於一般人不了解易經，因而對於老子的「冥觀走向」產生很大的誤解，把他的「無爲」視爲消極，把「道德經」原文也曲解誤解得可怕，其實老子是最了解宇宙本體眞象的，他由「冥觀」產生「實感」，一點也不玄，一點也不虛無。如「觀妙章」裡的「無名天地之始」，這句話有不少人把它當作咒語、天書，其實這句話是最具體沒有的，當天地未形成之前，宇宙是一片混沌的氣體(也就是太極)，無所謂太陽，無所謂地球，所以「無名」。等到成象成形之後，才有太陽、地球這種名詞，乃至動物植物名稱，因此才有下一句「有名萬物之母」，這是最「實感」不過的，證之現代科學，幾乎是一種常識，地球、月球到現在也不過四十億年左右。以現代科學印證，你能說老子是虛無主義者嗎?你能不承認老子是天文學家嗎?而西方「實感走向」文化知道這種天體情況不過是近代的事，而老子在兩千年前早就知道了，到底誰是科學先進呢?只有我們這些崇洋媚外，數典忘祖的不肖子孫才否定自己，這並不表示他們的前進，適足以表示他們的無知。

老子的思想是源自易經，所以他的「道德經」不單講人文，而講天地人三者合一。但老子是以宇宙為中心，所以他的學說眞的可大可久，萬古常新，科學愈發達，時間愈久、愈能發現他的價值。「道德經」中的「冥觀走向」有些是涉及「順天應人」的修持的，由於這種修持也是科學的，所以涵蓋了「實感走向」，「冥觀」與「實感」的合一，以之應用於「人文」，便能經世救民，便產生了歷史上許多著名的天文學家、軍事學家、醫學家、政治家……。蘇秦、張儀、張良、張衡、諸葛亮、李淳風、劉基，都是此中人物。可惜，這些了不起的知識份子，都被玄學的外衣扭曲了他們的眞正形象。

由於我們中國文化寶典易經是「冥觀」、「實感」、「人文」三者統合（integration）的，而道德經又對這種三合一學說發揮得淋漓盡致，所以中國文化是一種平衡、協調的高級文化，彈性很大，包容性也很大，所以在春秋戰國時我們就達到一個文化高潮；印度「冥觀走向」文化最後也融入中華文化體系之中，今天近代西方「實感走向」文化，不但不能毀滅我們三合一的文化，對於我們的「冥感走向」和「實感走向」當有加强的作用。但是今天的危機是我們不了解自己的文化，很多知識份子在西方「實感走向」文化中迷失了，不知自己來自何處？身在何處？因而作了西方「實感文化」的附庸，甚至作了他們的弄臣而不自知，這才眞是數典忘祖。

總統　蔣公提倡倫理、民主、科學，有相輔相成彌補文化失調的深意，但一般人只把它當作教條，而不知其眞意。其實「倫理」、「民主」就是「人文走向」、「科學」就是「實感走向」，這是中國固有的文化，如果我們能再配合「冥觀走向」，那就是眞正天地人三合一的文化，如果這種文化的再統合成功，中國文化對世界文化會再有無可比擬的貢獻，這是西方單行道的文化所絕對辦不到的。

最後我要特別向中國知識份子呼籲，認識自己的文化，了解自己的文化，發揚自己的文化。而我對於天文學家、物理學家、化學家、數學家的期望更大於人文主義者，只有他們能以科學方法印證我們的文化寶典，以人爲中心的人文主義者，多半只望文生義，甚至誤解、曲解，這是不能發現學術價値，解決實際問題的。所以歷史上撥亂反治的人物往往是道家，而不是儒家，或者是陽儒陰道人物。因爲他們的知識是統合的，而不是片斷的、分離的。走單行道必然產生文化失調。西方如此，東方亦復如此。

中華民國六十六年丁巳亥月初稿

原載六十六年十二月六日中國時報

中國文化的宇宙觀

中國文化之被誤解、曲解，乃至貶值，肇因於清末民初的西風東漸；對中國文化的全盤否定，卻始於「五四」。時至今日，中國文化的眞面目已不復見，甚至以訛傳訛，一些並無學術根據的神話，反而被誤爲那就是中國的荒誕不經的古老文化，這是一種非常可怕而又可惜的誤解、曲解。

柏楊先生的大作「我們需要沉思」，在他的作品當中是一篇比較嚴肅的作品，知性的作品。可惜開頭引用了一個很不嚴肅的中國神話，這個神話對柏楊先生的大作絲毫無損，反而可以增加文章的「可讀性」。我這不是反駁柏楊先生，而是怕一班年輕人可能誤認爲那就是中國文化的宇宙觀。

其實中國人的宇宙觀是最科學的，最經得起考驗的，絕非阿爾瑪的大主教猶施爾先生說的

「宇宙創始於紀元前四千〇四年」那樣幼稚、無知而武斷，亦非「創世紀」那樣的無法自圓其說。現在科學已經證明地球的年齡在四十億年左右，宇宙的形成怎麼只有四千零四年呢？這比中國神話還差得太遠了！這是西方人的無知。中國最古老的一部文化寶典易經是在極科學、極知性的情況下產生的。伏羲是「仰則觀象於天，俯則觀法於地，觀鳥獸之文，與地之宜，近取諸身，遠取諸物……」而成八卦的，八卦是演繹宇宙形成、發展的自然法則的，講究質能變化的，二進位、相對論自在其中。所以愛因斯坦的相對論，對於了解中國文化根源的人來說，他知道得已經太晚了！一點也不稀奇。而牛頓的「動者恒動，靜者恒靜」定律，根本就不能成立，自然經不起考驗，非垮不可。因爲宇宙是生生不息，沒有一刻靜止的，不但太極生兩儀，兩儀生四象，四象生八卦，而且一直是陰陽互變，相長相消，永不靜止的。易者易也，易就是變易，怎麼會是動者恒動，靜者恒靜呢？這個道理我們的老祖宗早就瞭如指掌了。

關於宇宙的形成、發展，老子在道德經混成章第二十五中講得非常清楚具體：

「有物混成，先天地生，寂兮寥兮，獨立而不改，周行而不殆，可以爲天下母。」

所謂「有物混成」，就是「太極狀態」，是星球未形成之前的宇宙渾然一體的狀態，這種狀態今天的科學家已經了解，是一種氣團還沒有旋轉凝聚成爲實體不能獨立存在的狀態，這種狀態是在星球之先存在的，所以說「先天地生」。下面的「寂兮寥兮，獨立而不改，周行而不殆，可以爲天下母。」者，都是形容宇宙未分天地之前的一種狀態和怎樣發展的。寂兮寥兮是二種無聲無象的狀態。別的星球也許大家還不清楚，月球的情形大家已經相當了解，月球的引力不但沒有地球大，講話彼此也不容易聽見，這不是寂兮寥兮是什麼？何況月球還是一個實體，不是虛無縹緲的無極狀態。「獨立而不改，周行而不殆」，是說明這種質能的存在和旋轉不息。由於始終在陰陽互變，旋轉不息，所以到了某一階段，就形成星球，而有萬物，所以說「可以爲天下母。」這就是中國文化的根源。

中國文化的宇宙觀是十分科學而具體的，沒有半點迷信色彩。中國文化不但以宇宙爲中心，而且涵蓋人文。老子以他的宇宙觀用之於人事，用之於個人的修持，由於大家不了解宇宙形成、發展的自然法則，把他在個人修持方面的「無爲」，誤爲「消極」，這一觀點上的錯誤，可能是漢武帝罷黜黃老的一大原因，但他偏偏又好神仙方士，這就是捨本逐末了。

其實老子的「無爲」，只是要人不要違反宇宙運行發展的自然法則。不是教人消極、睡大覺，或是清談誤國。這一點是不能不重新加以體認的，也是我們應該對中國文化重新估價的時候。

中國文化的發展不是像「文明的躍升」作者布羅諾斯基所說的「如果沒有人文，不可能有哲學，甚至不可能有良好的科學。對自然的了解是以對人性的了解爲目標，和對了解在自然中的人類情慾爲目標。」中國文化的根源是以宇宙爲中心，而統合天地人爲一的和諧協調的可大可久的文化。比布羅諾斯基的見解高明多了。相反的，中國不但重視人文，而是這一兩千年來我們太重視人文了，太重視一部份的人文了，連孔子的六藝都沒有顧全，所以才發生文化失調現象，才有近代科學的落後，才有西方思想對儒家思想的反動，才有今天的崇洋媚外，才有硬要把洋人的帽子戴在中國人的腦袋上的可笑而可恥的事情發生。

現在是我們重新認識中國文化的時候了。解決中國問題絕不可以盲目崇洋，取法乎下，那會治絲益亂的。

原載六十七年一月六日聯合報

李約瑟與中國文化

——金耀基先生「科學、社會與人文」讀後

我十分高興能讀到金耀基先生與「中國科技史」作者李約瑟博士（Dr. Joseph Needhan）一次面對面的學術性談話錄「科學、社會與人文」。這篇談話不僅有對中西文化的重新衡量評估作用，尤其是對中國文化的再認識評估，特別是對道家對中國文化的貢獻的肯定，是撥開近兩千年來中國文化雲霧而見青天的一大見證。

綜觀紀錄全文，可歸納爲以下幾個重點：

一、李約瑟博士完全肯定了道家對中國文化的貢獻，肯定了道家在中國文化中的傑出地位。他說：

「我之喜歡道家，最基本的原因是：道家是純中國的……特別是道家許多基本觀念與中國早期科學的發展最有關係。在研究中國科技史的過程中，我發現凡是與中國科學與技術有關的東西，一定會同時發現有道家的思想，道家的迹印在。」

他爲了表示對道家的崇敬，特別把自己的姓和老子李耳連在一起，他認爲老子是道家「開山宗師」。

關於這一點我要補充說明一下，中國最早的道家是廣成子，而後黃帝，而後老子，在思想上他們是一脈相承的，但老子對道家的思想的闡揚最爲透徹，也最有系統，他把宇宙的形成，發展的層次解釋得十分清楚，人與宇宙的關係，乃至人怎樣修持才能達到與天地合一的境界，也有交代。因此，道教形成之後，乃奉他爲「祖師」。道教是講究修持的，但有宗教色彩，與道家「學究天人」，有層次之分。這一點希望李約瑟博士能更深入了解。

另外有一點更重要的是：老子的思想除了與廣成子，黃帝一脈相承外，他的學術依據是六經之首的易經，這才是中國學術文化的根源。他的「道德經」是以宇宙觀涵蓋人生觀，不是以人生觀涵蓋宇宙觀，這是他和孔子思想境界層次不同的地方，因此孔子的學說發展成爲中國的人文主義，老子的學說還是以宇宙爲中心。以宇宙爲中心的思想是客觀的，科學的，這就是中國的科技爲什麼特別與道家有關的最好註解。可惜的是老子的學術思想被中國士大夫誤解曲解得太可怕了。如果不是李約瑟博士以一個外國學者的身份，以史學家的方法，著作「中國科技史」，而又特別表示他對老子的崇敬，對老子在中國文化中的地位予以肯定，老子還會含冤莫白。這一點更希望李約瑟博士能深入了解。

二、李約瑟博士「認爲道家思想是傳統中國的科技發展的重要的源頭活水」。他的看法十分正確，我在前節中已予詮釋，不贅。

三、李約瑟博士認爲「中國文化中並沒有一個創造主的神學思想體系，中國的思想家，基本上不相信一個上帝指導宇宙的看法。中國人所講的天，或道，實際上是一種「宇宙秩序」，道（或天道可譯爲『自然的秩序』）。中國思想，特別是道家思想所講的『無爲』，並非說什麼都不做，它主要是指順乎自然，不違逆自然法則之意……道家與其他中國思想的確不像西方基督教思想是以勝利者的姿態對待自然的，誠如 Lyun White, Marco Pollis 等人的研究指出，西方人有一種絕對佔有與破壞的心態。反之，在中國思想中，人的地位是被肯定的；人是人心，但人並非高高在自然之上。事實上，中國人把天、地、人看做三位一體，是處於一種和諧的秩序之中。」

以上這段話，可以看出李約瑟博士對中國文化了解之深，中西文化的分野也就在這裡。所以中國文化能發展成爲一種王道文化，西方文化卻發展成爲一種霸道文化。

中西文化的根本差異是西方文化思想中有一個創造主的神學思想體系，聖經的創世紀就強調這個創造主如何萬能，甚至把一根男人的肋骨可以變成女人。順祂者生，逆祂者死，這就是一種霸道思想。但今天已經進入太空時代，我不知道那些話何以自圓其說？

中國文化不然。中國「易經」「道德經」對宇宙的形成、發展的說法是極其客觀而科學的。如「太極生兩儀，兩儀生四象，四象生八卦，……」「道生一、一生二、二生三、三生萬物。」所謂太極，是天地未分、星球未形成之前的宇宙狀態，也就是老子在道德經混成章裡所說的「有物混成，先天地生」的宇宙狀態。直到今天，科學愈是昌明，天文學愈是發達，愈能證明「易經」「道德經」的宇宙觀是顛撲不破的。這也就是爲什麼中國的天文鐘早出西方六個世紀的道理。

中國道家非常了解「宇宙秩序」。老子的「無爲」絕非「睡懶覺」，而是不違背自然法則，順乎自然法則發展的意思。是極其科學，具有極高的智慧的。而國人不解其義，反而誤解曲解。前此曾看到一位「學者」的大作說老子是「反智的」，其實是他沒有讀懂道德經。老子說「大智若愚」，他只是不贊成人類耍小聰明而已。本來，讀不懂易經，自然也難懂道德經，尤其是人文主義者，更難突破。李約瑟先生是一位科學家，尤其是一位傑出的生化學家，他又鑽研中國科技史，這兩方面的專門知識，的確有助於他對中國道家的了解，因而引起他對老子的特別崇敬。

李約瑟博士不愧是老子的異國知音。

四、李約瑟博士認爲中國科學之所以不能從「中古科學」跨進「現代科學」，是緣於中國的社會政治結構，也就是「封建官僚主義」(feudal bureaucratism)。這也是一針見血的看法。我國自漢武帝「罷黜黃老申韓……」以後，道家的地位一落千丈，科學家被視爲旁門左道，在社會上不能同那些官僚平起平坐。道家科學家在政治上社會上被壓抑排斥，科學怎能繼續發展？長久以來，自然落後。中國知識份子即使具有道家思想學問，再也不敢以道家面目示人，而以儒家作僞裝，這也就是「陽儒陰道」。李約瑟博士大概還不太了解這一點，所以他說中國科學家像一般知識份子一樣很少信仰道教。不過「道教」的層次較低，宗教是對不知不覺或後知後覺的群衆而設的，在先知先覺者中很難發揮作用。而唐朝的大詩人李白就不能說他不信道教。

五、李約瑟博士幾十年所從事的工作，是一樁公道(act of justice)。他覺得「西方對中國文化是不公道的，現代西方最驕傲的是科技，西方人長久以來，以爲中國是沒有科技的，這是極大的不公道，我想我們的工作是對中國文化盡了一份公道。」

而我認爲他不僅是替中國文化向西方討回公道，也替道家在中國討回公道，尤其是替老子討回公道。

在前幾年我曾經寫過「中國文化的三條根」、「宇宙爲心人爲本——中國文化的眞面目」、

「中國文化的宇宙觀」、「人與宇宙自然法則」等文發表，除了立即得到對眞教授的電話鼓勵之外，並沒有得到其他人的支援，甚至有人反駁我，我因爲對方根本沒有跳出人文主義的圈子的能力，所以懶得答覆，在「中國文化的三條根」一文中，我就說過我對天文學家、物理學家、化學家的期望遠大於人文主義者，果然，一位英國的生化學家李約瑟對於中國道家文化的了解就遠高於我們的人文主義者之上，還是令我喜出望外的事。

最後我還想說明一點，中國道家對中國文化的貢獻並不止於科學；在政治、軍事方面也有傑出的表現。他們不但能創造長治久安的局面，也是撥亂反治的高手。歷史上的范蠡、張良、諸葛亮、李淳風、袁天罡、劉伯溫，都是道家中人。我個人甚至認爲曾國藩也是「陽儒陰道」的。

我是一個從事文學創作的人，人微言輕，不敢譁衆取寵。看了金耀基先生和李約瑟的對話，實有不能已於言者，故不揣冒昧，在辦公室草此短文，讀者幸勿罪我。

六十九年三月十五日臺北

原載六十九年三月二十一日聯合報副刊

文藝界的「洋」癎瘋

歪嘴吹喇叭，一團斜氣

最近十多年來，由於政府經建的成就，大家生活水準提得相當高，吃得好，住得好，因此有些人一方面飽暖思淫慾，有些人却要標新立異，搖搖擺擺說說風涼話，譁衆邀寵，表示自己思想前進、不同凡響。這正和從前的大世家子弟，在家裡茶來伸手，飯來張口，無事時搓搓麻將，逛逛窰子，聽聽京戲、大鼓、評書，回到家來還要大發牢騷，說這也不好，那也不好，甚至罵老頭子是守財奴，老頑固，發誓自己不要這個家，要單槍匹馬出去打天下。結果出去不到三個月，便滿身蝨子灰頭灰臉的夾着尾巴溜回來。我看過這種「思想前進不同凡響」的大世家子弟。

一般知識水準不高的人，有這種敗家子傾向還不足深怪，最令人不解的是那些自命現代的喝過洋水的高級知識份子，尤其是「文藝界」人士，不論講話或是寫文章，總是唯洋人是尚，彷彿中國人是劣等民族，五千年的文化一無是處，一定要把它打進茅厠坑裡才甘心。他們的前輩胡適先生等，早在「五、四」時代就是打倒「孔家店」，要大家把線裝書丟進茅厠坑裡，是中國全盤西化的急先鋒。結果是「孔家店」被他們砸得稀爛，但用什麼來代替呢？是「胡適思想」嗎？不是，因為「胡適思想」不成體系。在孔子的人文主義一枝獨秀的中國文化被他們打出一個大缺口之後，「胡適思想」既不能填補這個大缺口，[redacted]正好趕了上來。蒼蠅不鑽沒有縫的蛋，他們在中國找到這麼一個大缺口，自然要鑽進來繁殖。結果中國不但沒有「全盤西化」，反而[redacted]了。如果胡先生對中國「三合一」的文化[redacted]了解，我想他不會這麼莽撞，因為他到底是小腳放大的「改組派」，多少還揹了一點孔子的人文（也可以說是人本）主義的包袱。可惜的是，他只抓住了中國文化的一隻單獨走了太久的痛腳，對於其他兩隻藏在背後綁着了的天足都沒有看見，因此他要動手術把這隻腫了的痛腳鋸掉。這一隻腳是被他們鋸掉了，而綁在背後的兩隻腳又起不了作用，因此[redacted]使中國遭受了空前的苦難。

我這樣說一定有人罵我對胡老前輩大不敬。我要聲明我對胡老前輩沒有絲毫不敬之心。他提倡新文學運動，考證紅樓夢，是他的貢獻，但我也不能不說明一個大家都不敢說的事實。那就是提倡是一回事，實踐又是一回事，考證是一回事，創作又是一回事。就新文學本身來講，胡先生只是喊喊口號，沒有創作。雖然他有一本「嘗試集」新詩，但他不能算是一個詩人，因爲「嘗試集」在創作藝術上來說，不夠水準。他既不是詩人（在氣質上也不是），更不是小說家，連散文家也算不上。眞正對新文學有貢獻的是那些埋頭創作的詩人和作家。當然，他是學者，是哲學家」，但他不會了解易經，不會了解道德經。易經是中國文化的根源，是講宇宙形成，發展的自然法則的，中國文化的三條根都在裡面，老子以宇宙爲中心發揮此種天地人三合一的學說，有獨到之處。道德經有它完整的宇宙本體論，相對論體系，如果胡先生完全了解中國文化的根源，我相信他不會專攻中國文化的痛脚。因爲所謂「德」先生，是人文主義的範圍，所謂「賽」先生，也早在八卦之中。中國文化完全具備這兩個條件。中國的歷代安邦定國的知識份子都是從這方面入手的，只有吳三桂之流的武夫才借用外力。結果是滿清一統中國江山。幸好滿清沒有毀滅中國文化。再說，中國的專制政治是從夏禹以後才漸漸發展起來的。夏禹以前是「禪讓」，「禪讓」是最好的「德」先生，比花錢競選更副衆望。他因爲並未眞正了解中國文化，所以他不從發揚我們的「賽」先生「德」先生入手，硬要借人家的帽子戴在自己的頭上，也不問這帽子是大是小？作爲一個哲學家，他的「中國哲學史綱」也只能寫半部，這不是偶然的。他最成功的地方還是在學術與政治之間的「搖擺」，因此，眞正的哲學家和文學家都沒有他吃得開。偏巧，他又遇上了那個以假當眞的不識貨的時代，他眞是「聖之時者也」。他的安徽同鄉同行方東美教授就是一個「書呆子」，縱然學問實在，也只能教教書，到老還被胡派排擠。因爲方東美教授不跳扭扭舞，方方正正，不搖不擺。

我爲什麼要提到胡老前輩呢？那倒不是因爲他死了，不會講話。作爲一個學者和文人，不必自己講話，他的著作就是最好的發言人，死諸葛都可以嚇走活司馬懿，何況我這個後生晚輩。相反的，倒是因爲胡先生的「全盤西化」和「搖擺」作風影響很大，所以到現在還有人在學他「搖擺」，到現在還在大發「洋」瘋癲，影響所及，眞要把奄奄一息的中國文化連根剷除，所以我才不能不把他抬出來作個引子。

由於胡先生的提倡，「五、四」以後的中國文學是新了，但是這種新，不完全是「橫的移植」，大部份還是「縱的繼承」，最少，意識形態還沒有完全改變。直到三十年代，新文學的思想意識形態才有急劇的轉變，發起「洋」瘋癲來，這個「洋」瘋癲的病源是在俄國。當時「普羅文學」甚囂塵上，於是你也「普羅」，我也「普羅」，誰不「普羅」，誰就思想落伍，誰就是「布爾喬亞」，他的作品就不配稱爲文學。因此，本來是「布爾喬亞」出身的年輕人，也無病呻吟起來。[redacted]

往事歷歷如在眼前，[redacted]使國家和個人都付出了無比的代價。

這是「五、四」以後的「洋」癲瘋所造成的後果。

[redacted]年[redacted]來灣的作家雖然不多，但由於這少數作家的披荆斬棘，開荒播種，[redacted]建立起了純文學，這是一場辛苦的奮鬥創造出來的成果，如果循着這條路線發展下來，中國文學會有更大的豐收。不幸的是，[redacted]中國文壇又發生了新的「洋」癲瘋！先是意識流、存在主義，使人暈頭轉向，衝破了反[redacted]純文學的堤防，使一部份老作家徬徨、停筆，使青年人着了魔，到處是[redacted]，思想意識模糊渾沌，文句顛顛倒倒的詩和小說，他們強調反傳統，打破主題，不要故事，那些「洋」癲瘋的理論家却引經據典，言之有物，作那些「洋」癲瘋作者的導師，護航人。那些「洋」癲瘋的作品，在文學本身造成了嘔吐，在思想意識上達到了反傳統的目的，表面上是反對文學創作傳統，實際上是反對中國文化傳統，[redacted]

[redacted]。果然，[redacted]，這一隱象已經變成了顯象，有人披着「鄉土文學」的外衣，進行分裂；有人打着「社會寫實主義」的招牌，顛倒倫常，製造社會矛盾；[redacted]，更有人以「二分法」和什麼「中國現代詩大系」、「中國現代小說大系」等等來否定當年那些辛辛苦苦，披荊斬棘，開荒播種，建立起來的[redacted]純文學，否定那些揹着中國文化傳統的老作家。（甚至漢奸胡蘭成的[redacted]否定抗日戰爭，歪曲中國文化的「山河歲月」也在臺灣公開發行。）這是「連根拔」的一招，[redacted]在臺灣也產生了很大的效果。[redacted]純文學作品也消聲匿跡。代之而起的是硬抬硬捧出來的泛性論的[redacted]的逆子虐待父親「戀母仇父」的亂倫小說「家變」[redacted]以及縮小了範圍扭曲了社會形態的所謂「鄉土文學」。[redacted]。

文學，所以他們要發「洋」癲瘋。他們的老前輩梁實秋先生是學西洋文學的，也教了一輩子西洋文學，我們怎麼沒有看到他發過一次「洋」癲瘋，而且他寫的是道道地地的一脈相承的中國文學作品，難道那些發「洋」癲瘋的人西洋文學造詣高過梁實秋先生嗎？再則林語堂先生是在美國唯一的以英文寫作賺取美元的中國職業作家，我們怎麼也沒有看過他發「洋」癲瘋呢？難道今天的「洋」癲瘋理論家、作家，西洋文學造詣也高過他們嗎？

還有一位熊式一先生，他在英國二三十年，也以英文的王寶釧享譽英國二三十年，今年四月我在舊金山到東京的飛機上碰到一位穿長袍而且是銅鈕扣的老先生，看起來像我們祖父輩的老古板，比我這個江西晚輩更中國、更土，本來我不知道這位老先生是誰？後來經我駐美陸軍副武官韓上校特別介紹，我才知道這位老古板就是熊式一先生，一個喝足了洋水的道道地地的中國人，從裡到外都是中國的象徵，我們也沒有看見他發過「洋」癲瘋，難道今天發「洋」癲瘋的人西洋文學的造詣也比他高，學問也比他好？這些學西洋文學的前輩還不夠後生晚輩學的嗎？他們不以作中國人而自卑，他們身上散發的是中國人的智慧。只有不事創作，好發議論的胡適先生才[illegible]假洋

[redacted]而一個眞正的作家是不屑爲的。因爲胡適的流風所及，才有等而下之的「洋」癇瘋發生，可是卻把我們這些土頭土腦的中國人害慘了。

[redacted]以近十多年又發起「洋」癇瘋來。[redacted]他們已經猖狂到目中無人，在[redacted]文壇大搖大擺昂首闊步了。胡適先生畢竟是「改組派」，多少揹了一點中國文化傳統的包袱，他並沒有完全丟掉這些包袱，所以有些地方他還有原則。因此有些地方還有可敬可愛之處。今天這些發「洋」癇瘋的人，和中國傳統文化已經很少牽連，多是無根的一代，他們有奶便是娘，毫無原則，不講道義。如於[redacted]，從前回臺灣時，報紙副刊編者、雜誌編者把她捧上了天，記者先生圍着她團團轉，鋒頭之健不下於今天的陳[redacted]。久居國內埋頭寫[redacted]的作純文學的作家從來沒有享過這種殊榮；而她發表的卻是反中國文化傳統的[redacted]品，[redacted]其實他們固然不懂中國文化，[redacted]是盲目、衝動、投機。但是對中國的損害卻很大，正所謂「成事不足，敗事有餘」。[redacted]

儘管今天發「洋」癇瘋的人要把在臺灣的維護中國文化傳統的[redacted]作家完全否定，用所謂「文藝大系」排除他們，用包藏禍心的西洋文藝理論和二分法打倒他們，可是這些作家所編的「中華民國文藝史」照樣把他們編進去，甚至把[redacted]仍在中國大陸的作家也編了進去，雖然這二十多年來他們並沒有作品。這一點共產黨作得到嗎？他們連抗戰的歷史都

珍視中國文化傳統的人實在太忠厚了，忠厚得使發「洋」癇瘋的人把[redacted]們看成文盲，看成白癡！一向樂於與人為善，一向反求諸己的像我這樣一個[redacted]白癡的人，在擱筆冷靜地反省了十年，旁觀了十年之久的今天，也終於按捺不住了。起初，我還以為我這個中國土腦袋不靈，現在我完全明白是有人在發「洋」癇瘋，在耍鬼把戲了。

我是一個從事創作沒有出息的人，向來不願意高談理論，不願意擺光說不練的「天橋把式。」胡適先生是最早談新文學理論的人，請問他的文學作品在那裡？他算第幾流的詩人？第幾流的小說家？曹雪芹、吳敬梓、李白、杜甫、屈原……他們那一位又是文學理論家？那一位聽過佛洛伊德？聽過「意識流」？聽過「存在主義」？[redacted]和[redacted]他們更不懂ＡＢＣ，他們卻能用中國方塊字寫出震爍古今中外的文學作品。不懂ＡＢＣ的大詩人作家卻沒有一個人否定自己的文化，要求一切都學胡人。[redacted]，沒有喝過洋水的曹雪芹開的藥方[redacted]們懂嗎？曹雪芹替元春算命是怎麼算法，[redacted]懂嗎？你[redacted]洋

知識學問是公器，最好不要壟斷，更不要以洋人唬中國人。在課室裡向學生吹吹牛可以，但不要把西洋的文學理論變成指導中國作家的創作原則（世界上有那一位偉大的作家是靠讀別人的文學理論讀出來的？）尤其不可以包藏禍心，知識份子應該有一點道德良心。

羊癇瘋本來是口吐白沫的，但是服過西方迷幻藥的「洋」癇瘋，經過化學變化之後，口裡吐出來的卻是紅沫，而他們反而罵人家是色盲，罵人家扣帽子，這就不是意氣之爭，這就是別有用心了。[redacted]世界上自古至今就沒有一個十全十美的政府。[redacted]但紐約停電一夜，趁黑搶劫的單是被警察逮住的就有三四千人，我過紐約時住在華爾道夫對面的 Doral Plaza Hotel，晚上不到九點鐘，大街上就發生搶劫，無人過問，白天公開搶劫的也時有所聞，種族歧視，不平等待遇更比比皆是，美國式的民主政治又好到那裡？[redacted]誰能成為理論家，誰能發「洋」癇瘋？共產黨允許我們這麼作嗎？胡適先生對共產黨算[redacted]

文學是文化的花朵，中國文化如果被「洋」癲瘋澈底摧毀了，以後絕不可能再有屬於中國文化系統的文學[redacted]。茲事體大，非同兒戲，希望大家不要以為有了目前的經建成就，而忽視了一股強大的、起了化學變化的文化逆流、[redacted]要保護我們五千年的文化，必須探本求源[redacted]。中國文化的價值，是在於中國文化的統合（integration），不是單線發展。任何單線發展的文化，到了某一階段必然會發生失調現象。為了中國文化綿綿不息，發揚光大，我們應該從大處遠處着手，這是一個根本問題，[redacted]。希望國內外高明，冷靜思考，貢獻眞知灼見，使中國文化平衡發展。

△　△　△

我傻乎乎地說了這麼多眞話，看到了拙作的朋友可能替我暗捏一把冷汗，因為大家都知道眼面前的情況，這對我將有兩種嚴重的後果。第一是所有發過「洋」癲瘋的人都會明槍暗箭四面八方向我攻來，把我貶得一文不值，甚至送我一頂帽子。這一點沒有什麼關係，因為我本來就不是「文藝界」的要人，一向是團體照相讓別人站在前面，簽名簽在別人後面，吃酒不坐首席，開會不當主席，生平也沒有作個要人狀，本來就沒有票面價值，再貶也貶低不到那裡去；至於送帽子，那也是別人的事，我向來沒有戴帽子的習慣，氣溫在零度以下，我也不戴。我行我素，幾十年如一日。第二是遭到封鎖。這很可能，抗戰時我就遭過封鎖。但這也沒有多大關係，我自動退出詩壇已經三十多年，這十年來我也懶得提筆，我還是活得很有意義，我是爲自己而生活，不是爲了別人的喝采而生活，我不是戲臺上的小丑。我不重視虛名浮利，我只問是非。何況我轉[illegible]九十平生遇過不少危險，見過不少風浪，這[illegible]十年是多活了的，已經夠本了。

老子說：「生而不有，爲而不恃，長而不宰。」我雖然塗鴉了[illegible]年，但我從來不敢做詩人作家狀。我是本着中國人的良知[illegible]寫[illegible]作的。

原載六十六年十二月十四、十五、十六日新生報

二〇〇六年十二月二十日重校訂正

民國六十九年（一九八〇）編入[illegible]散文集[illegible]

民國一〇〇年1月8日下午五時十五分三校

淺談當前文學問題

中國三合一的文化自漢武帝而後變成了單線發展的文化，人文主義一枝獨秀，在當時的中國是一種走向王道政治的趨向，未必不合時宜。但是這種單線發展的文化走到清末民初，終於發生了嚴重的失調現象。由於八國聯軍之役，才發現自己的科學落後。八國聯軍不僅震撼了愛新覺羅王朝，也打垮了我們的民族自尊心和自信心，以爲中國樣樣都不如人，非重新改造全盤西化不可，及至「五四」，胡適這班接受西方教育的人，大聲疾呼，打倒「孔家店」，把線裝書丟進茅厠坑去。由於對儒家思想的反動，因而帶來了中國文化全盤否定的惡果，對中國民族自尊心，自信心的澈底摧殘。這一極其慘重的破壞，使全中國人都遭了殃，反應最快，表現最尖銳的自然是文學，因爲文學是屬於人文的。

本來胡適他們提倡新文學不是壞事，但是由於受「全盤西化」這一大思潮支配，西方人文思想，文學理論，便毫無選擇地搬了過來。[redacted]自然也隨著這一大浪潮滾滾而來，在毫無防禦的情況之下，[redacted]文學理論、作品便如水銀瀉地，滲透中國文壇，因而才有三十年代左翼作家、作品的產生。當時全國各地書店的文學書籍，充斥著俄國作家和中國左翼作家的作品，和今天臺灣書店充斥著「伊底帕斯情結」以及所謂「社會寫實主義」、存在主義之類的作品如出一轍。這對於思想成熟，知識層面較深的人固然[redacted]影響，但對於一般愛好文學，求知慾強，對中國文化缺少了解，對西洋文化缺少判斷能力的年輕讀者，卻會產生無比的作用。等到他們完全了解，完全成熟，揚棄這些錯誤的思想，不正確的導引，[redacted]已經犯了不少錯誤，產生了不少的惡果了。一個人的成長，往往要經過一段很長的歷程，經過一番痛苦的掙扎，才會完全成熟；一個作家的成長，更不容易。吸收、創作；創作、吸收；反覆鍛鍊，痛苦掙扎，不到四五十歲以後，不能成熟。但等他成熟以後，所產生的作品，往往具有深度，具有理性，不是年輕的讀者囫圇吞棗式的閱讀所能完全體會了解的。就年輕的讀者來講，一些標新立異、譁衆取寵，甚至文字不通的作品，往往能夠廣受年輕人的歡迎，因為他們就歡喜這個調調。這是青年讀者的普遍心理，我們也都是過來人。但是一些成熟的作家，對中西文化有較深的體認，對文學本身有獨到的見解，那就絕不會為了爭取年輕的讀者去寫那些[redacted]的作品了。[redacted]就文學作品在年輕的讀者群中的影響力而言，老作家反而不如初出茅廬的作家的影響那麼普遍，那麼具有廣大[redacted]。但老作家的影響卻深而遠，不過這些讀者，因爲自己具有相當深度，所以他們不會一窩蜂地去捧他們所喜愛的尊敬的作家，更不會去找他簽名、拍照留念。他們有機會時可以和他們所喜愛尊敬的作家促膝長談，並且提供自己的看法，他是這種作家的知己和諍友，不是捧明星一般的群衆。這種作家才是眞正的作家，這種讀者才是眞正的讀者。但是這種作家和讀者畢竟是少數，所以不會造成一時轟動洛陽紙貴的「票房價值」。商人也不會賺大錢，但是市場穩定，讀者穩定，這種作品比較能經得起考驗，它不是肥皂泡樣的作品，而是垂之久遠的作品，不過在現實社會，尤其是工商業社會，這種作家比較吃虧，新聞記者也不會包圍他們，尤其是那些淡泊名利，獨立特行的作家，他們有他們自己的世界。他們雖然身在濁世，可是思想心靈却超出濁世很遠很遠。他們是孤獨的，唯其孤獨，所以才能產生智慧，這是中國文化的冥觀走向。唯有超越於濁世之外，心靈游於宇宙天地之間，才能產生更高級的哲學、科學，和文學。伏羲氏仰觀俯察宇宙萬象，沉思默想，遊心其間，所以他才能了解宇宙形成、發展的奧秘而成八卦。老子上承其緒，潛心修爲，洞悉宇宙的奧秘，和天地人三者之間的關係，所以成「道德經」。文長雖不過五千言，而天地間一切大學問均在其中。不偏不倚，互爲體用，一片和諧，沒有衝突，能知其一，能用其一，則治大國如烹小鮮。可惜當年「五四」諸君子，不大了解中國文化極深的層面，貿然高喊「全盤西化」，摧毀了中國文化的表層——孔子的人文主義，弄得一發不可收拾，一敗塗地。[redacted]

[redacted]三十年代的[redacted]左傾文學[redacted]臺獨的文學病根也源於此。[redacted]

~~七十年代的外來思想與扎根人文主義思想衝突、反動的[redacted]並非偶然~~

語云「取法乎上，僅得乎中。」而我們「五四」以後的人文取向，是取法乎下，文學更是如此。所以有人大力宣揚、提倡「伊底帕斯情結」式的弑父娶母的禽獸文學。這就是取法乎下的結果。

[redacted]國內作家對這一類型、趨向的文學曾經展開批判，並編輯成「當前文學問題總批判」一書，執筆者多達四十餘人。但都是就事論事，因此與現實發生密切關係。而海外人士不大了解眞相，難免產生誤解、曲解。

其實這是一個文化問題，根本問題，枝枝節節的解決還不是根本的解決[redacted]。根本的解決之道，不能單從人文方面着手，必須對基本上是「三合一」的中國文化的「統合」功能，重新認識，重新估價，重新統合，進而發揚光大，才能徹底解決自漢武帝以來的單線發展的人文主義文化所產生的文化失調現象。

西方文化是頭痛醫頭，脚痛醫脚，「五四」以後我們所採用的是西方的頭痛醫頭，脚痛醫脚的辦法，脚醫不好就把它鋸掉，但是「五四」以來，我們所患的是頭痛病，文學更是偏頭痛，西方的辦法醫不好中國的頭痛病，只有把病情加重加深，現在這個病已經很深了，照西方的辦法，只有把頭砍掉。但是腳鋸了還只是殘廢，頭砍掉了便沒有吃飯的傢伙，這是當前最值得大家深思熟慮的問題」。盲目崇洋全盤西化者應該[illegible]，尤其是研究西方人文的中國學者，不可再邯鄲學步，中國已經被「洋」搞瘋糟踏得神智不清了！

原載六十六年十二月二十五日聯合報

文化・社會形態與當代文學創作

——一九七八年五月在亞洲文學會議宣讀之論文

一、文學創作與文化根源、社會背景

沒有文化的國家和地區，不會有文學作品；同理，只有文化水準很高的國家和地區，才會產生高水準的文學作品。文學是文化的寧馨兒，沒有文化，何有文學？

中國是一個具有五千年悠久歷史文化的國家。中國最早的文學作品是詩經。詩經原有三千多篇，是中國先民的作品，經孔子刪過之後，只剩下三百篇。但是中國最早的文化實典却不是詩經而是易經。易經是先有卦象而後始有文字，先是伏羲（太昊）氏「仰則觀象於天、俯則觀法於地、觀鳥獸之文、與地之宜、近取諸身、遠取諸物、……」而畫八卦的。由此可見，中國文化的產

生不是出於神話，而是本諸科學求證的精神與統合（integration）方法。伏羲是何許人也？據辭海記載，他是三皇之一，不但畫八卦，而且「造書契，敎民佃漁畜牧，都陳，在位一百五十年，傳十五世，凡一千二百六十年」。伏羲成八卦之後，才由文王作卦辭，周公作爻辭，孔子贊十翼。它不但是六經之首也是中國文化的根源。一種以宇宙爲中心，以人爲本，統合科學與人文的高深且優良的文化根源。

由易經發展而成的兩大學說，一是老子的宇宙中心思想和相對論的天地人三合一的「道德經」，這一學說和易經一脈相承，息息相關。易經是從太極開始，不是從無極開始。老子對宇宙形成，發展的自然法則和層次了解得非常淸楚。所以他說：

「無名天地之始，有名萬物之母。」

「道生一，一生二，二生三，三生萬物。」

「有物混成，先天地生，寂兮寥兮，獨立而不改，周行而不殆，可以爲天下母。吾不知其名，字之曰道。强名之曰大。大曰逝、逝曰遠、遠曰返。故道大、天大、地大、王亦大；域中有四大、而王居其一焉。人法地、地法天、天法道、道法自然。」

以上的這些話可以說是對易經的通盤註釋。

但是由於老子不單講人文，不捨本逐末，不免曲高和寡，而他敎人與天地溝通的修持方法又是順乎自然法則的「無爲」，不要以人力反其道而行，因此後人誤解甚至曲解他的「無爲」就是「消極」。這是後人的無知才造成學術上的最大誤解，其實是「無爲」而才有「大爲」，所以他說「治大國若烹小鮮」。這是知識層次問題，方法問題，而不是基本原則問題和學理問題。

另一由易經發展而成的重要學說就是孔子的人文主義。由於孔子着重人際關係，比較淺近，易於了解，實行，所以孔子學說自漢武帝以後大行其道。如果單從學術觀點來講，孔子對於宇宙形成，發展的自然法則的了解和老子還有一大段距離。所以他多次請教老子，他自己也說：

「丘之於道也，其猶醯雞與！微夫子之發吾覆也，吾不知天地之大全也。」

這裡的所謂「夫子」就是指老子。

中國的這兩大學說，對於中國文學作品的影響，至深且鉅。可以這麼說，在佛學傳入中國之前的中國文學作品，是非儒即道，亦儒亦道，相激相盪，相輔相成，開出了燦爛輝煌的文學花朵。在中國文學史上兩位最具代表性的人物，一是李白、一是杜甫。這時佛學尚未形成中國文化鼎足而三之勢。李白是一位道家思想十分濃厚的詩人，而杜甫則完全是儒家人本主義的代表，他的憂時憂國、忠君愛國的詩篇，與李白的「生而不有，爲而不恃、長而不宰」的飄逸洒脫作品，同樣不朽。佛學傳入中國之後，印度的「冥觀走向」文化，與道家的冥觀修持方法有暗通巧合之處，但中國的「冥觀走向」更富有創造性，建設性，中國人追求的是更高的文化層次，永久的文化層次。老子的冥觀修持的境界是「不出戶，知天下；不窺牖，見天道。」廣成子（比黃帝老子更早）的境界是「吾與日月參光，與天地爲常。」這都是一種天地人合一的境界，不是追求虛無，這就是中印兩種冥觀走向大致相同（見老子所傳的仙宗六通與佛家的六通）而目標互異的文化特質。佛教入中國則中國之也就是佛學與中國文化的結合。佛學與中國文化結合之後，自然對中國文學發生影響，但這不是衝突，而是冥觀走向部份的和諧，所不同的是最後境界，不過一般人早已分不出來。

現在我隨手舉出道家、儒家、佛家三種文化思想對文學作品的影響及其各具特性的三首詩來，以供參證：

一是道家陳摶的「歸隱」：

十年蹤跡走紅塵，回首青山入夢頻。
紫綬縱榮爭及睡，朱門雖富不如貧。
愁聞劍戟扶危主，悶聽笙歌聒醉人。
携取舊書歸舊隱，野花啼鳥一般春。

據辭海記載，陳摶是宋眞源人，字圖南，自號扶搖子，生於唐際，五代時，居華山修道，服氣辟穀，寢處恆百餘日不起，自晉、漢以後，每聞一朝革命，輒顰蹙數日，及聞太祖登極，笑曰

：「天下自此定矣。」太宗時，賜號希夷先生，著有指元篇。

由此可知，他是一位經由修持得道的高人，已經到了老子的「不出戶，知天下，不窺牖，見天道。」以及廣成子的「與日月參光，與天地爲常」的境界。因爲他「通」了，所以他無所不知。他詩中的「睡」不是我們俗人的睡後一無所知的睡，而是冥觀走向的參悟，出神。道家如此，佛家亦如此，這是道釋兩家修持的方法和途徑，是達到「六通」的不二法門。

陳摶是知識份子，是道家中的出世派，不是諸葛亮、劉基他們那樣的入世派，他的「歸隱」詩，表現了他的人生觀、宇宙觀。「野花啼鳥一般春」，就是一種「和光同塵」，天地人合一的意境。他聽說太祖登極，笑曰：「天下自此定矣！」這是以宇宙爲中心，了解自然法則（道家所謂天機），學究天人的知識層次，是人文主義者所無法達到的一種知識層次。

二是儒家杜荀鶴的「時世行」：

夫因兵亂守蓬茅，麻苧裙衫鬢髮焦。
桑柘廢來猶納稅，田園荒蕪尚徵苗；
時挑野菜和根煮，旋斫生柴帶葉燒。
任是深山最深處，也應無計避征徭。

據辭海記載杜荀鶴是唐末萬年人，字彥之，號九華山人，大順進士，入梁，官知制誥，恃勢欲盡殺仇家，事未發，疾卒。荀鶴工詩，尤長於宮詞，世號晚唐格，著有唐風集。他這首「時世行」完全是描寫民間疾苦的詩，和杜甫的「兵車行」、「石壕吏」、「垂老別」等等作品，都表現了儒家的人本主義精神。至於他自號九華山人，並不能認定他是道家，正如蘇東坡自號「東坡居士」並不是佛家一樣。

三是佛家禪宗東土六祖慧能的詩偈：

菩提本非樹，明鏡亦非臺。
本來無一物，何處惹塵埃？

慧能不是知識份子，比起神秀來學問差得多，但是他就由於這首明心見性的詩，五祖弘忍禪師便將衣缽傳給他，而不傳給神秀。何以如此？因爲他這首詩得到佛家眞諦，一個「無」字。這種「無」的哲學，實在就是中國的「無極」。「無極」也者，「太極」的先階也，宇宙形成之前的狀態也。這種狀態就是無形無象。進入「太極」之後就是「有」，有形有象，萬物生焉，才有人類，才有文明。中國人老早知道「無」的哲學，所以老子說「有生於無」。但是文化是從「有」開始，所以易經一開頭就是乾坤二卦，而後生生不息，變化無窮，這不但是宇宙形成發展的法則，也是人事變遷的軌道。道家注重宇宙自然法則，儒家注重人際關係，佛家的最高境界就是六祖慧能的那首詩偈所展示的無極狀態，一切歸於「無」，歸於「空」。但是這其間有質能互變關係，不了解這種互變關係，不能解決問題，易經是專講這種互變關係，而且注重統合運用的。這是中國文化的特點，也是中國人的智慧結晶。而最能把握這種文化特性的是道家。（不是道教和一般道士）

文學是文化的花朵，文化是文學的根源。所以某種文化形態便會產生某種文學作品。上面我所引的三首詩，就是文學與文化的關係的具體說明。

除了文化根源關係文學創作至深且鉅外，社會背景，則是文學創作的溫床。文學是反映現實的，怎樣的社會便產生怎樣的文學作品。如杜甫的「兵車行」等，就是反映當時的兵荒馬亂；而杜荀鶴的「時世行」，則表現了唐末和五代的社會形態和社會背景。

以上是文學的前提問題，所以我不能不多費點篇幅。

二、當前的中國文化、社會型態

漢武帝以後，中國文化走的是單線道，那就是孔子的人文主義一枝獨秀。由於人文主義的過分發展，因而忽視了中國文化的固有的科學精神，和中國文化的統合功能。日積月累，造成了中國科學的停滯，終於落後，直到「五四」運動發生，一些留學歐美的知識份子，感慨於中國科學的落後，政治的不民主，乃大賦德先生（Democracy）與賽先生（Science）。其實中國文化早已涵蓋了德先生和賽先生，只是由於「五四」運動諸君子，並未澈底了解中國固有文化，而又急於想改造中國，因此不免矯枉過正，因而造成了對儒家思想人文主義的大反動，因而喊出了打倒「孔家店」的口號，此中最具影響力的自然是胡適先生。但是他們的「全盤西化」目的並沒有達到，與「全盤西化」以俱來的[redacted]，却[redacted]中國大陸[redacted]！因為「胡適思想」不成體系，不但不能代替中國的固有文化，也不能代替孔子的人文主義，更不能抵抗[redacted]，他所介紹的杜威（John Dewey, 1859—1952）實用主義哲學，不如孔子的人文主義博大精深，更無法與中國的當有統合功能的以「宇宙為心人為本」的固有文化相提並論。以之針對中國當時的社會病態，作為提出改革的口號，促請國人注意科學精神則可，但不能作為改革中國社會問題的方案。因為西方的文化是「化整為零」所以只能「頭痛醫頭，脚痛醫脚」，缺乏統合功能；中國的文化是「化零為整」，頭痛不一定醫頭，脚痛不一定醫脚，而是醫其病根，求其全身的健康，根據生化原理，統合運用，而澈底解決。可惜的是，中國固有文化精義，喪失已久，一般腐儒無法當此重任，也不能攖西化論者之鋒，因此中國文化又遭遇了一次殘酷的閹割，連孔子的人文主義也閹割得殘缺不全。[redacted]的中國文化形態：一種尚未完全恢復的孔子的人文主義，再加上並不健全，也不適合中國的西方[redacted]主義，以[redacted]

[redacted]的中國文化形態如此，社會形態又如何呢？社會形態是文化形態的顯象，它當然不會脫離文化形態的範疇。[redacted]臺灣省已由農業社會蛻變到工商業社會，經濟快速的成長發展，帶來了社會的繁榮和進步。但是這種物質文明的進步，並不能完全彌補精神生活的空虛。臺灣在經濟上的成就，物質生活的富裕，[redacted]而缺少中[redacted]固有文化的結合功能，因此西方社會所發生的精神空虛、生活苦悶的偏枯現象，[redacted]社會也或多或少地發生了，不[redacted]

三、當代的中國文學作品

了解了中國文化根源、社會背景、和當前的中[redacted]文化、社會形態，再探討當代的[redacted]文學作品，便可探驪得珠了。

由於中[redacted]固有文化遭遇了西方文[redacted]和[redacted]主義的雙重衝擊和摧殘，所以「五四」以後的文學作品，無論在形式上和內容方面，都漸漸脫離了中國傳統文學的軌道。能夠表現中國固有文化精神和文學特色的作品是愈來愈少了！

首先該談到的是新文學從開始至三十年代（約自一九一七至一九三○年）的文學作品，這是中國新文學運動的萌芽時期，這一時期的作品，大多努力於形式上的突破傳統，在內容方面大致還能與中國文學傳統銜接，但是由於創作技巧的不夠成熟，所以沒有什麼特殊的成就，胡適的「嘗試集」就是這一時期的作品。可以說這是一個邯鄲學步的階段。

到了三十年代（約自一九三○至一九四九），中國文學作品在內容上發生了重大的變化，在思想意識形態方面有了很大的偏差，與孔子的人文主義直接而嚴重地衝突。這就是共產主義使人了文學領域，霸佔了中國文壇，這一時期自由的、愛國的、民族主義的作家，多被共產黨的人海、文海戰術各個擊破，或噤若寒蟬。這一時期的文學作品主題大多是反封建、反傳統、[redacted]反資本[redacted]、[redacted]，強調[redacted]鬥爭和內部矛盾的。[redacted]這不但對作家和文學本身造成了重大的人性傷害，對中國固有文化，尤其是孔子的人文主義，更是致命的摧殘。

一九四九年，少數自由的、[redacted]愛國的作家，[redacted]播遷臺灣，痛定思痛，辛苦地開拓了自由的、[redacted]愛國的、傳統的文學園地，直到民國五十五年左右（一九六六），這一形勢還未改變。這一時期文學作品主題，大多是自由、傳統、愛國、[redacted]更加上抗日，而在技巧上也日趨成熟（初期的作品自然難免八股），不少從大陸來臺的作家，已經達到了個人的創作顛峯和在文學上的重大成就，因而更重視文學藝術價值的追求。

[redacted]年以後，由於政治安定，經濟日趨繁榮，這一形勢也開始轉變，先是西方存在主義和意識流的文學理論，作品侵入文壇，造成了反傳統的旋風，在文壇上造成了暈頭轉向的嘔吐。使青年人目迷五色，無所適從，乃至盲從；使老作家停筆觀望。近年以來，佛洛依德的泛性論和仇父戀母的伊底帕斯複雜情緒（Oedipus Complex），也侵[illegible]了[redacted]文壇。

佛洛依德（Sigmund Freud 1856—1939）是一位維也納的精神病醫生，和維也納大學教授，是我們老祖母時代的人物，他的精神分析是以病歷作為依據，尤其是三個概括性的病歷：「多拉病歷」、「一個五歲孩子的恐懼病的分析」、「忌鼠者病歷」最具有代表性。由此我們可以知道這是「病態」，而非「常態」。[redacted]怎麼能以偏概全？至於伊底帕斯複雜情緒（或複雜性格），本是源於希臘悲劇故事而命名的。伊底帕斯是提比斯一位無辜的王子，神喻命卦說他會弒父娶母，於是他父親把他的腳刺破，拋棄山野，讓他暴露飢餓而死，但是他被陌生人發現而且把他養大，終於在別人不知情下回來應了預言，娶了皇后，這皇后就是他的母親。他知道實情後，挖掉了自己的雙眼，自我放逐，到處漂流，以示懺悔。

而[redacted]「作家」和「理論家」卻大力鼓吹泛性論和伊底帕斯複雜情緒，以表示其新知識和新思想，而譁眾邀寵。其實這是老掉了牙的學說，何新之有？這種泛性論和仇父戀母的文學思想，與孔子的人文主義眞是背道而馳，[redacted]不了解中國固有的以宇宙爲中心思想的自然法則。

馬克斯只看見工業革命後西方資本主義社會的病態，便以爲共產主義可以解決一切社會問題，結果給人類帶來了空前的浩刼，佛洛依德的病歷分析，只是個案，[redacted]不能以偏概全，伊底帕斯的挖眼懺悔，不正是說明人性正常的一面？不正是對泛性論和仇父戀母學說的否定？動物當中烏鴉尚且反哺，馬兒亦不與母交，人類難道不如禽獸？

胡適由於並未澈底了解中國文化，他只看到儒家的人文主義忽視科學的流弊，便以偏概全地打倒「孔家店」，這不但摧毀了孔子的人文主義，也斷送了他所標榜的自由、民主。這個代價實在太大、太大！什麼是知識份子的責任？這就是知識份子的責任。胡適雖然不能算是一位作家，但是這一事實值得當代中國作家和理論家深切反省。我們絕不能爲了「標新立異」，強作頂天立地的解人，而毀盡如今已殘缺不全的中[redacted]文化，因而也毀[redacted]了中國文學。

這二三十年來，[redacted]臺灣地區作家，無論在作品的質和量方面，[redacted]超過以往任何時期的

[redacted]作家，連三十年代的作家也瞠乎其後。臺灣作家人數之多，陣容之盛，[redacted]是前所未有。[redacted]是[redacted]而[redacted]年來的臺灣[redacted]文學，也有淪爲西洋文學附庸的趨勢，但願能懸崖勒馬，[redacted]亡羊捕牢，猶未爲晚。

四、中國文學前途展望

文學作品不同於工業產品，可以依照別國的藍圖加以複製。那些按照佛洛依德學說複製的文學作品，或以文學作品印證西方其他文學理論的作者，都缺少文學創作的獨立性和判斷能力。文學作品雖無時空限制，有它的世界性，作家本身也具有世界性，但這種世界性，是指作品價值突破空間的範疇，而爲全世界所公認。而作家要想成爲世界人，首先要使他的作品具有特性，不是共同性。所謂特性，一是文化的特性，一是個人的特性。文化的特性，即作者能表現他所隸屬的民族文化的特點特色，此種文化特性不同於其他民族文化；個人的特性，即是作者能夠表現他個人的與衆不同的特殊氣質。文學作品的可貴在此。文學作品不同於工業產品亦在此。工業產品求其同，講究規格，講究品質管制，一個廠牌模型的產品，必然是同一標準，同一品質，否則是偸工減料；而文學作品不然，東方人不能依照西方人的思想形態創作；日本人，韓國人也不能依照中國人的思想形態創作；同樣的，張三也不能依照李四的理論來創作。文學作品不是求其同，而是求其異。這種異，就是民族文化的特殊內涵和性質，個人的與生俱來的特殊氣質。能夠表現這種「特殊」的作者，就算盡了創作的能事。

中國是一個歷史悠久的國家，中國文化是獨樹一幟的文化，不但在人文方面表現了多采多姿的感性，在科學精神方面更表現了它的澄清透澈的理性和知性。而它的最大功能是化零為整的「統合」。這種「統合功能」更是中華文化的至寶。可惜中國之寶已經喪失了很多。中華民國的文[redacted]中國文學創作的活水源頭，取之不盡，用之不竭。

中國文學有輝煌的歷史，有豐富的創作源泉，新文學運動到現在不過六十年，文學西化，雖然帶來了形式的革新，可是也損失了不少我們自己的文化精華，改變了不少我們自己的思想形態。其間能吸收西方的優點而又能表現自己的長處的作家[redacted]不多，但大多數是吸取西方的糟粕，揚棄自己的精華。此類作品的風格和內容是不中不西，非驢非馬。作者雖存心國際化，向西方認同，但西方人卻認為是東施效顰。這不但是作者個人的浪費損失，也是中國文學的浪費和損失。

作為一個中國人，不能不了解中國文化；作為一個中國作家，更不能不了解中國文化。一個在文化上無根的作家，絕對寫不出震鑠古今中外的作品。曹雪芹、吳敬梓、沈三白……都是道道地地的中國作家，他們的作品所表現的，完全是中國文化形態，中國社會形態，乃至個人的思想意識形態。他們的作品之所以不朽，並不是因爲他們懂得佛洛依德，他們是連ABC都不認識的中國作家。

中國文學何去何從？中國文學前途又是怎樣一幅遠景？如果中國作家不了解中國文化，而又盲目地否定自己的文化，一味附從西洋，那中國文學的前途必然十分暗淡，成爲西洋文學的附庸；如果中國作家能深入研究中國文化，體認中國文化，再取人之長，予以統合運用，中國文學前途必然光明燦爛，中國文學史上必然會再出現幾個曹雪芹[redacted]孫寶中……

中國文化是博大精深的，中國人是富有文學天才的，當代的中國文學作品雖然有一種不好的傾向，但是當代中國作家的努力和成就是不可抹煞的。價值的判斷工作我們寧可留待後人來作，不必先自我肯定，但是我相信隔了一個時代，揭去一層面紗，後人必然會發現當代的中國文學不都是商品、贋品、舶來品，其中自有表現中國文化精神和特色的精品。

原載一九七八年英文「亞洲文化」季刊春季號

民國六十八年三月一日出版的中文「出版與研究」四十一期

二〇〇六年七月二十六日校訂

人與宇宙自然法則

——楊銀圳教授「分子與引力統一理論」的印證

中央社東京分社主任李嘉學長於八月二十七日從東京發出一則電訊。報導我國出席東京國際高能物理會議的清華大學教授楊銀圳先生在會中提出一篇十二頁的論文「分子與引力統一理論」，引起了許多世界知名的物理學家的很大的注意，包括幾名諾貝爾獎的得主。

但「有些人指出，楊銀圳教授的理論，向世界物理學上提出了一個『大問題』，但是由於它的革命性質，可能要使全世界的物理學家以一段時間去了解他的新觀點。」

這條新聞特別引起我的注意，因這是我期待已久的事。我在「中國文化的三條根」那篇拙作中，就呼籲中國知識份子，認識自己的文化，了解自己的文化。「而我對於天文學家、物理學家、化學家、數學家的期望更大於人文主義者，只有他們能以科學方法印證我們的文化實典。果然，現在楊銀圳教授「以數學和幾何學方法，研究對涵蓋人與宇宙的法則的新觀念」，而提出了「分子與引力統一理論」。

但這種理論對世界物理學家還是一個「新觀點」，還需要一段時間去了解楊先生的理論。而我們的老祖宗早在幾千年前就建立了一套「人與宇宙的法則」的完整理論體系，而且能夠統合運用。我在「中國文化的宇宙觀」、「宇宙爲心人爲本——中國文化的眞面目」、「游於三種走向之間」這幾篇拙作中，都直接或間接地繼續加以闡明。

在「宇宙爲心人爲本」一文中，一開頭我就說：

「要認識中國文化的眞面目，必須上溯中國文化的源頭。中國文化的源頭在那裏？那就是六經之首的易經，易經之所以列爲六經之首，除了按產生的時代先後次序而外，最主要的是易經是統合群經的中國文化的根本，中國文化的最大功能是統合（integration），特別具有這種統合功能的，六經之內的是易經，六經之外的是道德經。

易經講的是質能互變、相對論，而且能統合這種宇宙自然法則，告訴我們怎樣了解天、地、人三者的關係；老子的道德經，對宇宙的形成、發展，和相對論以及人與宇宙的關係有更具體的發揮。他在道德經混成章說：

「有物混成，先天地生，寂兮寥兮，獨立而不改，周行而不殆，可以爲天下母。吾不知其名，字之曰道。强名之曰大。大曰逝、逝曰遠、遠曰返。故道大、天大、地大、王亦大。域中有四大，而居其一焉。人法天、地法天、天法道、道法自然。」

老子對宇宙形成，發展的層次以及人與宇宙自然法則在道德經中都有很好的解釋。易經的所謂乾坤，就是陰陽，也就是質能；老子的所謂「道」，就是太極，就是宇宙形成之前的混沌狀態。所謂「道生一，一生二……」就是一種陰陽變化的發展程序。

我們的老祖宗就根據質能變化的自然法則和相對論又發明了一種人與宇宙法則的實用科技，也就是「分子與引力的統一」運用的科技——命學。根據這種時、空交織的方程式，可以判斷任何人的窮、通、壽、夭、吉、凶、禍、福。這是人與宇宙自然法則相互關聯的應用科學，不是迷信。

人類行爲法則，道德標準，往往因時因地而異，而宇宙自然法則不受人類行爲法則約束。我們的交通規則，可以要車輛走就走，停就停，但是不能要地球停止不動，也不能要地球改變軌道方向運轉，更不能規定太陽黑子爆炸的周期，因爲星球與星球間的引力不是人力可以左右的，而人類却不得不受星球引力的左右。這就是中國命學——研究人與宇宙法則，也就是分子與引力的統合運用的一門科技。

到現在很多人還不大了解這種道理，包括科學家和江湖術士在內。反對者似乎振振有詞，斥爲迷信。人類有個通病：對於不了解的事物，不是斥爲迷信，便是盲目崇拜，而不肯認眞研究。依據陰陽變化和相對論發展而成的科技，也就是分子與引力的統合運用的應用科學——命學，如易經、道德經遭到同樣的誤解、歪曲，良堪浩歎。

我爲了求證，曾以時空交織的方程式，與古人蘇東坡，近人齊白石的年譜印證，發現他們一生的窮、通，乃至大限之期，分毫不差，這是分子受引力左右的鐵證（見拙作「蘇東坡的造化」及「齊白石的藝事與命運」兩文）。我個人的命運亦復如此，將來我百年之後，我會發表我自己的造化評鑑。

我希望楊銀圳教授能發表「分子與引力統一理論」論文，我當仔細拜讀。他的理論在世界物理學上是個「大問題」，是一種「新觀點」，但在以宇宙爲中心的中國古代文化中，既不是大問題，也不算新觀點，而且我們的老祖宗不僅早就了解「分子與引力的統一」，而且能統合運用。但楊教授對於中國固有文化的科學思想和方法的印證，將有無可比擬的貢獻，對於中國文化復興，以及恢復中國人的自尊心，將大有裨益。如果楊教授能自己研究、參證易經、道德經，那他在科學方面的境界可能更高。我希望其他的物理學家、數學家、化學家、天文學家，也能參證運用我們老祖宗的科學思想和方法，使中國以「宇宙爲心人爲本」的固有文化，再來一次大統合，這才能眞正發揚中國文化。

原載幼獅文藝六十七年十二月號

二〇〇六年丙戌十一月二十六日校

劉

蘇東坡的造化

唐宋八大家當中，蘇東坡的作品是我所喜愛的。三蘇中也以他的名氣最大，歷九百餘年而不衰。何以如此？如果就作品論作品，可以寫出一本書來，但這只是「現象」的研究，不是全盤而徹底的了解，但如果了解蘇東坡的「造化」，那就等於以顯微鏡或X光來透視蘇東坡了。從他的性格、事業、行爲、婚姻……等等，都可以找出答案。

蘇東坡生於宋仁宗景祐三年丙子十二月十九日乙卯時，景祐三年是西曆一〇三六－一〇三七年，距現在九百多年。他的四柱是丙子、辛丑、癸亥、乙卯。大運是壬寅、癸卯、甲辰、乙巳、丙午、丁未、戊申。四歲起運。根據他的四柱和大運，同蘇東坡年譜印證，一切「天機」、「奧妙」，盡在其中。

蘇東坡博學多才，大家都知道，但他懂命理兼通易數，恐怕知者不多。據東坡志林云：

「韓退之詩，我生之辰，月宿南斗。乃知退之以磨蝎爲身宮。僕以磨蝎爲命宮，生平多得謗譽，殆同病也。」

由此可知，蘇東坡即使不精通命學，亦解命理原則。在他戊寅年六十三歲時，因很久沒有接到他弟弟子由的信，「憂不去心，以周易筮之，得渙。」足見他也懂得從象、理、數中以解吉凶。

從蘇東坡的命運看來，四柱組合不大理想，月干辛爲偏印，本可生身，但爲年干丙財所破，丙辛合而不化，所以四十四歲行丙運時，丟官坐牢，偏印雖可生身，但梟神奪食，他四柱的精華就在時柱乙卯，食神天透地藏，卯爲天乙、文昌、長生、而月柱干支偏印又透又藏，對食神大爲不利，他官場失利，都因文字賈禍。一生事業失敗，都敗在梟神手裡。何況他身坐傷官，本已不利於官場；又坐劫財，不但不利妻宮，一生又窮困時多，晚年更加潦倒。他唯一得天獨厚的地方是時支天乙文昌同位，又坐長生，所以不但聰明絕頂，生時得享文名，死後亦流傳千古。凡作家具備此種條件者是實至名歸，非浪得虛名者可比，作品自有不朽的價値。

蘇東坡十四歲以前的壬寅運，不是好運，但年幼尚在求學期間，無妨。十四歲到二十三歲癸卯運是大好運，所以青少年時期他就嶄露頭角，二十一歲丙申年在卯運中，天乙、文昌同位，又居長生，所以中了進士，極爲歐陽修所賞識。二十四至三十三歲甲辰運，欠佳，在事業方面不過是當縣府的主簿、僉判，此十年中三十歲丁巳年結髮妻王氏卒於京師，這是他第一次尅妻。他身坐刼財，又巳亥相冲，所以在這一年死了太太。三十一歲丙午，雙財破偏印，子午又冲，他父親蘇洵又死了。

三十四至四十三歲，乙巳運，乙爲食神，但月柱干支都有偏印，梟神奪食，加上三十六歲這一年又是辛亥，干爲梟神，支藏傷官，這一年他就因爲身任諫官，因王荆公欲變科舉，奉命獻言，而得罪了王荆公一班人，就降到開封府當推官。他一看情勢不妙，又請求外放杭州當通判，這個通判當了四年，直到乙運完了。在杭州他有一件韻事，就是三十九歲甲寅那一年，他納朝雲爲妾，寅爲沐浴，甲寅進入巳運，巳亥又冲，沐浴妻官逢冲，又逢天乙貴人，所以有此韻事。而且朝雲對他一生的精神生活，慰藉最多，是大運貴人得力之故。因爲巳運有貴人幫助，所以這年他又調知密州，由幕僚升爲獨當一面的主官。美中不足的是巳臨大耗，所以在密州他「齋廚索然」，十分窮困。四十二歲丁巳又改知徐州，也是巳亥冲動的緣故。

四十四歲己未進入丙運，丙是正財，財破偏印，這年三月改知湖州，到任謝表又惹了禍，「就逮赴獄」、「親戚故人皆驚散」、「州郡望風遣吏卒圍船搜取長幼幾怖死」。既去，婦女責罵曰：「是好著書，書成何所得？而怖我如此！」「悉取焚之」。這又是文字賈禍的實例。十二月二十日，「太皇太后升遐，以某罪人，不許成服。」十二月二十九日，「謫黃州團練副使，本州安置。」實際就是「察看」，以觀後效。一進入丙運，蘇東坡就得罪丟官、下獄。雙財破印，力量之大，於此可見。

在黃州五年，他的生活情形如何？據他「答李端叔書」中說：

「得罪以來，深自閉塞，扁舟草屨，放浪山水間，與樵漁雜處，往往爲醉人所推罵，輒自喜漸不爲人識，平生親友，無一字見及，有書與之，亦不作答，自幸庶幾免矣。」眞是戰戰兢兢，如臨深淵，如履薄冰。造化弄人，風流狂放如蘇東坡者，亦不能不向命運低頭。

一到午運他又好了，午冲子位臨官。四十九歲甲子年四月，他奉命移知汝州，又官復原位。學者有謂雙子不冲午，或謂子午不冲，證之蘇東坡四柱、大運、流年，此兩說均不正確。而且這五年中調遷頻仍，從外任到中書舍人、翰林學士、龍圖閣學士，席不暇暖，動盪不安。

五十四歲己巳，進入丁運，巳亥冲，外放知杭州，這是一個好缺。前次在杭州是幕僚，這次作主官。五十六歲辛未，丑未冲動，又調知潁州。五十七歲改知揚州，尋遷侍讀、鹵簿使、禮部尚書、兵部尚書。五十四到五十八歲五年官運，也很不錯。只是五十八歲癸酉年，繼室同安郡君王氏又去世了，這是他第二次尅妻，他身坐刼財，又兩見比肩，完全應驗。

五十九歲甲戌年進入未運，從此一蹶不振，窮愁潦倒，一直到死。大運未丑相冲，子未相害，流年甲爲刼財，戌爲火庫，丑戌未三刑，所以一貶英州，再貶寧遠軍節度副使，惠州安置。六十二歲丁丑年五月又謫授瓊州別駕，昌化軍安置。當時的瓊州是充軍流放之地，而蘇東坡更受有司刁難，「初僦官屋以庇風雨，有司猶謂不可……近復遭逐迫……」晚景悽涼，於此可見。

他流放瓊州，先後七年，住茅屋，「食芋飲水」維生。六十六歲辛巳年，正在戊運當中，戊爲正官，戊癸又合，再逢辛巳流年，梟印奪食，己亥一沖，沖、合、尅、奪並見，雖獲赦還，不免身染瘴毒，死於常州。次年閏六月葬於汝州郟城縣鈞臺鄉上瑞里。

蘇東坡的命造，四柱組合欠佳。有謂丙辛化助，亥子丑一清到底。其實丙辛合而未化，子丑又合土，且非順位，因此形成財破印，雙梟神奪雙食，才高八斗，反以文章賈禍。加上身坐傷官刼財，性格傲上，宦途怎能亨通？幸而時坐天乙、文昌、長生，作品不朽，這就是他一生的精華所在，是多少文人千方百計求之不得之。

原載六十七年六月二十日新生報

齊白石的藝事與命運

湖南湘潭，人文薈萃，黎松安一門數傑，王闓運門下三匠，地靈人傑，可與義大利藝術之都佛羅倫斯（Florence）媲美；而木匠齊白石更是一代宗師，畫壇巨擘，中外共仰。斯人早已蓋棺，已成定論。

齊白石生於前清同治二年癸亥十一月二十二日巳時。譜名純芝，後名璜，字渭清，又字蘭亭，號瀕生，別號寄園、白石山人、寄幻仙奴、寄萍堂主人、老萍、阿芝、木居士、老木一、三百石印翁、杏子塢老民、借山吟館主者、借山翁。卒於民國四十六年十月十六日，享壽九十五歲。

齊白石出身貧寒，幼年衣食不周，只讀半年私塾，便習為木匠，而其詩、書、畫、金石，無一不佳，終其生更以畫蜚聲國際。

像他這樣一位出身貧苦，未受正式教育而有輝煌成就的大畫家，實在出乎一般人的想像之外。我因爲計畫寫一部以中國文化遭受西洋文明與[redacted]衝擊的長篇小說，想將他作爲書中的一個重要人物，便開始研究他。幸好他的東床快婿易恕孜先生，女公子良憐女士，和我有二十多年的交誼，易先生與齊翁且係同鄉世交，對乃岳知之甚詳，與我又朝夕相處，二十多年如一日，平時茶飯之餘，常以齊翁爲談助，對齊翁生平我本已耳熟能詳，但爲更深入了解，易先生又爲我蒐集了齊翁全部資料及詩文供我參考。這都是第一手資料，他平日所談齊翁事故及個性等等，更爲珍貴。

任何人在任何方面的成功，都不簡單，必須主觀條件與客觀環境密切配合，二者缺一不可。齊白石的成功，更非倖致，在他個人來講，固然盡了人事，但是盡了人事不一定就能成功成名，比齊白石聰明努力的人有的是，比他受過更好的教育、家庭環境也更好的人更多，即以當年在南京拜他爲師的張道藩先生來講，張是留法習美術的，但以張在藝事上的成就而言，實難望齊翁項背，等而下之的更不必談。天下沒有一個人不希望自己富貴壽考、成功成名的，也沒有一個人立志失敗的，爲什麼富貴壽考的人那麼少，而貧賤失敗的人又那麼多？這就非只盡人事所可解答的。人事之外，天命更不可不知。不知天命，則富貴驕人，貧賤尤人。齊白石除了自己努力之外，亦知天命，且信天命。中國文化之博大精深，生機勃勃，就在於他有統合天地人而爲一的功能，惜乎中國文化精華已經喪失殆盡，所以當今之世，盲人狂人多於達人，尤以喝過幾天洋水者爲甚。比之張道藩先生，不可同日而語矣。

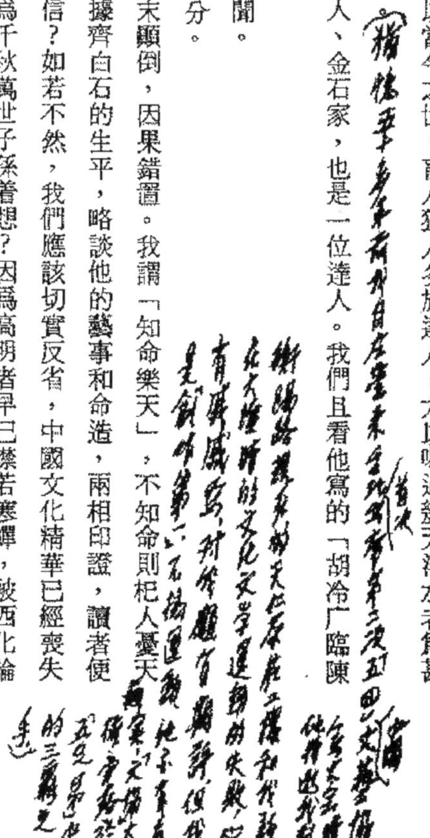

齊白石不但是一位大書畫家、詩人、金石家，也是一位達人。我們且看他寫的「胡冷厂臨陳師曾山水相贈題一絕句」的七絕詩：

堪笑同儕老苦勤，鼠鬚成塚世無聞。
傳人自古由緣定，本事三分命七分。

世人常言「樂天知命」，這是本末顛倒，因果錯置。我謂「知命樂天」，不知命則杞人憂天，庸人自擾，何樂之有？現在我就根據齊白石的生平，略談他的藝事和命造，兩相印證，讀者便可知中國文化是否起於迷信？終於迷信？如若不然，我們應該切實反省，中國文化精華已經喪失殆盡，我們應不應該保留一線生機，爲千秋萬世子孫着想？因爲高明者早已噤若寒蟬，被西化論者一棍打倒。後生如我，不惜親冒矢鏑，以此進言。事實俱在，不敢徒託空言。

我先述齊白石的藝事。

請讀者先看「齊白石作品選集自序」：

「予少貧，爲牧童及木工。一飽無時，而酷好文藝，爲之八十餘年，今將百歲矣。作畫凡數千幅，詩數千首，治印亦千餘。國內外競言齊白石畫，予不知其究何所取也。印與詩則知者稍希，予不知知之者之爲眞知否？不知者之有可知者否？將以問天下後世。然老且無力。吾兒良已衰印老人自喜之作罕示人者，友人黎劭西先生並爲審訂，以待衆評。予之技止此，予之願亦止此。世欲眞知齊白石者，其在斯！其在斯！請事斯！一九五六年湘潭齊璜白石時年九十有六。」

這裡有兩點必須說明，一是選集只是他「自喜之作罕示人者」，不是他的全部作品。即以石印一項來說，據「白石印草自序之二」說：「余五十五歲後居京華，所刻之石，約三千餘方……」這是他七十一歲時寫的。他在二十歲以前就開始刻印，作品雖曾拓存，但丁巳鄉亂時，已成劫灰，僅保留序文。五十七歲至七十一歲這段時間已刻印三千多方，可見他刻印之多。再以詩來說，僅四十至五十歲十年間，即作詩一千二百餘首。他三十二歲在家鄉時即與黎松广等七人結龍山詩社，他任社長。他一共活了九十五歲，詩作之多亦可想見。他的畫自然更多，他發傭人工資都以畫計値。他自八歲開始習畫，八十多年中，畫了多少？他自己也記不清楚。他是個職業畫家，以此爲生，而且精力過人，又十分勤奮，所謂「作畫凡數千幅」，當是一個很保守的數字。第二、他在選集自序裡說「時年九十六」，實爲九十四，因爲相信命運，有人算他七十五歲辰戌冲，不利，他用瞞天過海手法，自七十五歲起加兩歲，其實這是自欺之法，與命運無補，以下再談。

他是一位具有多方面成就的藝術家，但一般人只知道他是一位大畫家，詩、書、金石之名反爲畫名所掩。而他在選集自序裡，也不以畫爲重。他常說：「詩第一、書法第二、畫第三、篆印第四。」眞是「文章千古事，得失寸心知。」世人看法，未必眞能中肯。我個人的拙見也認爲他的詩是自成一家，不同凡響。現在我在他的許多詩作中選抄一些我特別喜愛而具有代表性的作品，以供讀者欣賞：

贈東鄰子

偶扶清趣到羅霞，溪水春晴罷浣紗。
隔座遠茶閒問字，臨池奪筆笑塗鴉；
誰刪翠袖閨中態，自寫朱顏鏡裏花。
王叟三千門下士，不聞多藝女侯芭。

律詩中間兩聯對仗最關重要，乃詩心詩膽。此詩前聯寫女兒心態、動作，極爲傳神；後聯亦佳。全詩風流蘊藉，了無輕薄之意。

山桃女子自畫小像以爲未似戲題：

二十年前我似君，二十年後君亦老。
色相何須太認眞，明年不似今年好。

這首詩不僅題得十分貼切，也表現了他豁達的人生觀和極高的悟性。齊白石題畫的詩，不論是五言七言，或四言六言，乃至長短句，凡我所見的無一不佳，無一不恰到好處。

看雲：

深山窮谷未相宜，生長清貧老亂離。

欲化雲飛著何處？崑崙嫌近祝融低。

這是一首以雲自況的詩，最後一句表現自己的身份，口氣雖大，但不失之於狂，難得在此。

昔感：

蓮花峯下寫魚蟲，小技當年氣亦雄。

昔日齊名思雪个，今時中國祇萍翁；

妄思已付東流水，晚歲徒誇萬里鎔。

何物慰余終寂寞？法源寺裡夜深鐘。

這首詩是寫他的繪畫生涯。「昔日齊名思雪个，今時中國祇萍翁。」這時齊白石在北平已經成名，非復吳下阿蒙，所以他也相當自負。

門人爲小像友人以爲未似余自戲題絕句：

身如朽木口加緘，兩字塵情一筆刪。

笑倒此翁眞是我，越無人識越安閒。

從這首詩可以看出齊白石的人生境界已更上層樓。「塵情」雖未必能刪（他是性情中人，逃情又是人生一大難事，他八九十歲時尚有夏「看護」隨侍左右，不廢人倫，「斷」何容易？）而盛名之累亦自所難免，因此他有「越無人識越安閒」之句，決非矯揉造作也。

唐規嚴還長沙請傳語趙炎午：

石榴子熟西風急，蔬菜根香秋雨涼。
君返長沙逢老趙，爲言白石苦思鄉。

當時趙炎午是湖南炙手可熱人物。齊白石避亂北平，有家歸不得。此詩極富時代感，可作歷史看。

自嘲：

何用高官爲世豪，雕蟲垂老不辭勞。
夜長鐫印忘遲睡，晨起臨池當早朝。
嚙到齒搖非祿俸，力能自食匪民膏。
昏眼未瞎手猶在，自笑長安作老饕。

這也是一首感懷言志的詩，表示他是一位自食其力，問心無愧的畫家，言外之意，，自然清高。

春蠶：

西風昨歲到園亭，落葉階前一尺深。
且喜天工能反覆，又吹春色上枯藤。

齊白石不僅蝦蟹絕佳，紫藤亦妙。這首題詩配他的畫，更是相得益彰，妙手得來，風雅無比。

畫獵人題句：

雪風吹鬢獨徘徊，寒透狐裘凍不開。
我勸此翁忘得失，泥爐杯酒可歸來。

我雖未看見這幅畫，但詩中有畫。妙在第三句作者現身說法，第四句更有無比的吸引力，我也彷彿聞到酒香，感到爐煖。數九寒天，冰雪蓋地，任何獵人，都會被「泥爐杯酒」動搖。老人風趣，可見一斑。

題不倒翁：

能供兒戲此翁乖，倒不須扶自起來。
頭上齊眉紗帽黑，雖無肝膽有官階。

我曾看過他一副不倒翁的畫，寥寥幾筆，十分傳神。題不倒翁的詩也讀過三首，但我最喜愛這一首。從他的不倒翁的畫和詩中，可以看出他的幽默和諷刺。抗戰時他畫的一幅螃蟹，題句「

看汝橫行到幾時」，諷刺日本軍閥不着痕跡，但却招了紅衛兵之忌，幸好他已辭世，只鬪爭他的畫，鬪不着他的人，後來因爲他的畫値錢，可以賺取外滙，也就不敢再鬪了。

與友人說往事：

客裡欽州舊夢癡，南門河上雨絲絲。
此生再過應無分，纖手教儂剝荔枝。
嘗有歌女剝荔枝肉外皮以啖余。

這首詩是寫齊白石在欽州作客時的一段韻事，他不諱言，益顯其純眞可愛。

畫老來紅：

四月清和始着根，輕鋤親手種蓬門。
秋來顏色勝蓬草，未受春風一點恩。

齊白石不但畫有創意，題詩更獨出心裁。這首詩妙在最後兩句，畫龍點睛，眞欲破壁飛去。

癸亥七月十九日聞家山大戰慨然題壁：

又道湖軍上戰鞍，刧灰經慣漸心寬。
料君一物難携去：數疊青靑屋後山。

癸亥年齊白石正好花甲一周，而湖南仍在戰亂中。這首詩與「唐規嚴還長沙請傳語趙炎午」

那首詩都是詠事感懷的，前者是委婉的規勸，後者則是深沉的感歎與諷刺。

題山水畫

此間合是幽人住，花鳥蟲魚得共聞。
七尺紙簾三丈竹，一灣流水數重山。

齊白石的山水我所見的不多，偶然一見，亦非山高水長之作，筆法簡鍊，而妙趣橫生，這首詩中的山水，亦復如此。他的山水古樸淡雅，勝過層巒疊嶂。他另一首題山水的五言絕句，亦是絕妙好詩：

隱隱遠山低，荒烟接斷堤。
無人來此境，明月過前溪。

漁家圖

江上青山樹萬株，江流分處老漁居。
年年水漲鸕鷀衆，盤裡無魚七載餘。

這首詩寫的不是漁家樂，而是漁家苦。他畫的鸕鷀也別具一格。

鳳仙花

雨後園林洗淡粧，淺紅輕碧近銀牆。

此花已有神仙福，願在佳人指上香。

朱欄十二粉牆斜，芳徑紅衫半掩遮。
曾見阿珊惆悵立，含情手折鳳仙花。

鳳仙花俗名指甲花，爲婦女染指甲者，齊白石這兩首題鳳仙花的詩，都與仕女有關，後一首寫仕女動靜有致。

老屋

少不能詩孰使窮，門前一樹杏花風。
怕窮立脚詩人外，猶是長安賣畫翁。

這首詩也向讀者提供了一個重要消息。齊白石自認爲詩第一，不爲無因，他之所以賣畫而以畫名，不以詩名，這同生活大有關係。詩不但不能救窮，也不能濟急，畫則可以解決生活問題。由於畫得好，而且畫得多，所以一般人只知道他的畫而不知道他的詩了。

畫蝦

塘裏無魚蝦自奇，也從荷葉戲東西。
寫生我懶求形似，不厭聲名到老低。

齊白石的蝦所見最多，「寫生我頻求形似」，的確是夫子自道，他的蝦神韻極佳，絕無匠氣，此爲「家」與「匠」之最大分野。

聞秋蟲

瀟湘久雨嫌香濕，燕地多晴偶再游。
道路四千寒暑異，蟲聲到耳一般愁。

這首詩前三句都是用對比手法，最後一句寫作者個人心態，統合兩地情景而吐出自己心聲、是一種極其自然的發展，無絲毫斧鑿痕，眞是妙手天成。

雙鷗　曾過九江所見

潯陽江外有池塘，風過菰菱水有香。
羨汝閒閒鷗兩個，羽毛何必似鴛鴦。

這首詩是寫我的家鄉情景，第一句「潯陽江外有池塘」，實際上是城內有湖，此湖名甘棠湖，本地人多稱爲南門湖，爲當年周瑜練水師處。湖水澄淸無比，入夏則滿湖菱葉，菱花開時自然「水有香」，水鷗乃至大雁，都會停落湖上。白居易的「琵琶行」，也是在我故鄉寫的。讀齊白石此詩，不止於文學欣賞，更動我鄉思。

吾畫不爲宗派拘束無心沽名自娛而已人欲罵之我未聽也

逢人恥聽說荊關，宗派誇能却汗顏。
自有心胸甲天下，老夫看慣桂林山。

這首詩表現了他自己的獨立的藝術觀，和充分的自信。畫家如此，作家何獨不然？不依傍他人，不標榜宗派，才是大家。

齊白石的詩作有好幾千首，因爲篇幅關係，我只引述二十四首，眞是掛一漏萬。（更可惜的是他的詩散失的也多。）看了他這二十四首詩，讀者也不難想見其功力之深，與才氣之縱橫。他說他的「詩第一」，決非自高身價。他說他的畫不拘宗派，其實詩亦不落前人窠臼，自成一家，這就是齊白石之所以爲齊白石也。

由於他的詩好，所以對聯也極佳。這自不在話下。

有些畫家歡喜自稱幾絕，齊白石並不如此，其實他的詩、書、畫、印，稱爲四絕，應當之無愧。他的文章不多，但篇篇都見性情，如「齊璜生平自述」就有這樣的話：

「一日，祖母正色曰：汝只管讀書寫字，生來時走錯了人家。諺云：三日風、四日諺，那見文章鍋裏煮？明朝無米，背兒奈何！」

這都是活的文學，不是死文學。

齊白石的畫名氣太大，因此詩名爲畫名所掩，十分可惜。不然，他當以詩名家。他的畫如何？照他自己的話說：「余二十歲後喜畫人物，將三十歲喜畫美人，三十後喜畫山水，四十後喜畫花鳥草蟲。」可見他是人物、山水、花鳥草蟲，無所不能。但他成名在四十以後，到北平賣畫又在五十以後，所以現在能看到的以花鳥魚蟲為多。

我們要了解他的畫，還要從他自己的藝術觀中去探求。除了前面引的一首詩，知道他不拘宗派，胸中自有丘壑外，他的一些零星談畫的觀點，十分重要。中國畫家、詩人、作家不像外國同行歡喜發表大而無當的長篇大論，不但杜甫、李白沒有詩論行世，曹雪芹、吳敬梓又何嘗有小說創作論行世？畫家亦復如此，齊白石更非好發議論的人。中國的詩人、作家、畫家雖不大談理論，但他們往往能一語中的，句句都含真理。在近代中國大談理論指導別人寫作畫畫的那是另一行業，而與作家、畫家很少發生直接關係。齊白石雖然沒有受過理論訓練，卻無礙於他成為大詩人、大畫家，而他偶一談之，雖三言兩語，真理自在其中。他談畫更不如作畫之多，茲錄引其語如后：

畫中靜氣最難在骨法，骨法顯露則不靜，筆意躁動則不靜，余要脫盡縱橫習氣，無半點喧赫態，自有一種融和閒逸之處，浮動邱壑間，非可以躁心從事也。

山水要無人人所想得到處，故章法位置總要靈氣往來，非前清名人苦心造作。

山水筆要巧拙互用，巧則靈變，拙則深古，合乎天。天之造物，自無輕佻溷濁之病。

人但知墨中有氣韻，不知氣韻全在手中。

畫有欲仿者，目之未見之物，不得形似；目之見過之物，而欲學前人者，無乃大蠢耳。

有謂余畫觀音大士何以美麗而莊嚴，余曰：須知菩薩即吾心也。

四百年來畫山水者，余獨謂玄宰、阿長，其餘雖有千崖萬壑，余嘗以匠家目之。時人不譽余畫，余亦不許時人，因山水難畫過前人，何必爲。時人以爲余不能畫山水，余喜之。

草野之狸，雲天之鵝，水邊雛雞，其奈魚何。善寫意者，專言其神工；寫生者，只重其形。要寫生而復寫意，寫意而復寫生，自能神形俱見，非偶然可得也。

古人作畫，不似之似，天趣自然，因曰神品。

作畫易，只得形似更易，欲得格局特別則難。

余之畫蝦已經數變：初只略似，一度畢真，再度色分深淡，此三變也。

畫家不要以能誦古人姓名多爲學識，善道今人短處爲己長。總而言之，要我行我道，下筆要我有我法，雖不得人歡譽，亦可得人誹罵，自不凡庸。

余有友人常謂曰：吾欲畫菜，苦不得君畫之似，何也？余曰：通身無蔬筍氣，但苦於欲似余，何能到。

畫鳥之神氣在於眼睛，是否生動在於嘴爪，至於形式、姿態、羽毛顏色比較是次要。

客論作畫法，工粗孰難？余曰筆墨重大，形神兼工，不易也。

學我者生，似我者死。胸中富邱壑，腕底有鬼神。

從以上齊氏談藝語錄中，讀者更可以直接了解他的畫，比別人的評論當更中肯。

他治印的成就，我只引用一則他自己的話：

「予之刻印，少時即刻意古人篆法，然後即追求刻字之解義，不爲摹、作、削三字所害，虛擲精神。人譽之一笑；人罵之，亦一笑。」

他認爲在他藝事中位居第二的書法，他很少談論，識者自識，我不敢置喙。

齊白石得天獨厚，一生專心藝事，所以他的成就大而多。但我還是用他自己的話作結論比較妥當：

「詩第一、書法第二、畫第三、篆印第四。」

談完了齊白石的藝事，再來看看他的命造。

齊白石生於前淸同治二年十一月二十二日巳時。四柱爲癸亥、甲子、乙丑、辛巳。大運爲癸亥、壬戌、辛酉、庚申、己未、戊午、丁巳、丙辰、乙卯、甲寅。有誤爲戌年或辰時者，均大錯。如爲壬戌年、庚辰時，則格局大不相同，四柱則爲壬戌、壬子、庚午、庚辰。如僅時辰爲辰時，則四柱爲癸亥、甲子、乙丑、庚辰。姑以時辰提早爲辰時而論，則爲時透官星，而官又與身合，那齊白石就一輩子與官場結不解之緣，再加上貴人又與日支合，那絕不會以賣畫終其身，性格也不同，財也不致破耗太多。尤其是行財官印運，更不相同。從他的年譜和四柱對照，亥年已時若合符節，準確無比。

現在先說齊白石的性格。一般人常說一個人的成功、失敗、吉、凶、禍、福決定於性格，而無關乎命運。這是只知其一，不知其二，而且是本末倒置，因果錯亂。所謂性格者，產生於四柱八字，四柱八字決定個人的性格，也決定個人的窮、通、壽、夭、吉凶、禍、福。這種因果關係，一般人不了解，知命者一望即知。什麼是科學？這就是科學的分析方法。所以當年協和醫院的名醫，檢查汪公紀先君身體時，對他的先君說。「Absolutely nothing……」却想不到一個星期後，醫生言猶在耳，汪老先生却一病不起。但根據中國命學，幾十年前就有人替他算出來了。這其間最大的差異，是西方文化沒有統合功能，只重視現象，而不知基因，所以西醫是頭痛醫頭，腳痛醫腳，外科不知內科，內科不管外科，而外科內科又分了再分，皮膚科是皮膚科，骨科是骨科，胸腔科是胸腔科，腸胃科是腸胃科，這是化整為零。中國文化却不然，因為中國文化能夠統合，所以中國命學家早幾十年就知道汪先生的先君有此一關。究竟誰科學？誰不科學？事實是最好的證明。胡適先生前最愛說的一句話是：「拿證據來！」這不就是最好的證據！可惜他已經作古了。如果他還健在，應該後悔當年的孟浪。

根據齊白石的四柱八字，我判斷他的性格是多疑，不相信別人；而且性格倔強，正直，自行其是；聰明、努力；老尚風流。何以聰明、多疑？因爲他年透偏印，又坐正印，月時均坐偏印。何以倔強正直，自行其是？因爲他身坐七殺，又時干透七殺，再加時坐傷官，因此還不大好相處。何以老尚風流？因爲他身坐偏才，時坐沐浴，本來就有幾分風流，老年坐沐浴，是以到老不改風流。聰明的人不一定努力，齊白石是既聰明又努力，爲什麼如此，因爲他印多而又身坐華蓋。

齊白石的性格是否有事實爲證？有。他的多疑，不相信別人，只要舉一些小事爲證，他油鹽柴米都自己經管分配，印盒更要加鎖，所有鑰匙都串成一串綑在腰上，至親子女都不相信。還不是多疑是什麼？他的倔強、正直，可從抗戰時期他身在北平，閉門不出，不和日本人打交道看出來。他抵抗日本人的辦法是在大門上張貼：「白石老人心病復作，停止見客」及「白石不幸於前年死去矣，不復在世，欲求見者，請問閻王。」還加上「畫不賣與官家，竊恐不祥。」等等告白。他的聰明努力，可從他拜蕭薌陔學畫這件事看出來。他們兩家相距五十華里，齊白石前往請益，一日來回就是一百華里，雨雪天他穿木屐前往，長年行走，膚肉爲裂，血染泥路，不以爲苦。這樣的苦學精神，別人能嗎？如果他是蠢材，能詩、書、畫、印都有大成嗎？一般人只知其果，不知其因，其實這在四柱裡早就交代清楚了。

談到風流，他早在十二歲時就結了婚，只是幾年後才同房。早年在家鄉時還和「聚英旅館」

的一位「春姑娘」有染，春姑娘母親去世時他還作了一副膾炙人口的輓聯：

世人何必重生男，有女事親，手上湯藥襟上淚！

逆旅最難逢此母，登門作客，寒時爐火渴時茶。

這種輓聯豈是局外人所能寫出？

他到北平後，五十七歲時（己未年九月）又納胡寶珠女士作姬人，他比胡女士大四十歲。民國二十七年戊寅，這時他實際是七十六歲，名爲七十八歲，他還生了第七個兒子良末，號蓋根，以他年近八十也。八十一歲時，胡氏病沒。八十二歲他又請來夏文珠女士任「看護」。本來是講好了娶她的，因子女反對，乃改任「看護」，雖名爲看護，實際同牀共被，不廢人倫，直到生命結束。一般或視齊爲「老不羞」，但此爲「命中註定」之事。要是換了別人，就是想「風流」也「風流」不起來。

齊白石的性格交代清楚了，再談談他的命運和事業。

如果依照子平論命的看法，齊白石的命不算好，也不是貴命。他財和七殺都重，又月坐偏印專位，時坐傷官。雖有貴人，但貴人坐病，所以他不是貴命。因爲月坐偏印專位，屬星卜雜技之流。在從前士大夫社會，是沒有什麼社會地位的。但是現在社會結構和形態都變了，做官不是讀書人的唯一出路，「官」也不一定是最好的出路，科學家、文學家、藝術家，也自有其地位。

齊白石之所以成爲大畫家，以賣畫終其一生，而不入於星卜雜技之流，因爲他月坐貴人，而貴人又與日支合，而子丑合土，又成爲他的財星，可惜劫財重，所以賣畫所得的錢固然是多，但花費的也不少，尤其是最後的劫財運，一生積蓄化爲烏有，生命也因此運而告終。

他兩歲起行癸亥大運，這十年伏吟運，身體非常不好，時在病中。這可以從「齊璜生平自述」中得到印證：

「小時多病，病危時，祖母常禱於神祇，以頭叩地作聲，傷處墳起。」

十二歲至二十一歲行壬戌大運，壬爲印，印生身，十二至十六歲，身體轉健。所以十二歲開始習木工，又在這年結婚，只是沒有同房。十七歲至二十一歲行戌運，戌爲空亡墓庫，又是西方，所以也不是好運，「朝爲工、夜習畫。」而已。

二十二至三十一歲，十年七殺西方運，而且「乙」絕於「酉」，七殺攻身，又逢絕，辛苦自不待言。這是他的「苦學」階段。

三十二至四十一歲行庚申運，庚爲官，申爲貴人，氣勢便不相同。所以三十二歲甲午這年，「借五聞山僧寺爲詩社，社友王仲言輩凡七人，謂爲七子，推璜爲龍山社長。黎松安、薇莎、雨民爲詩友。識張仲颺，得見王湘綺，拜爲弟子」（齊白石年譜）一到庚運，他就初露頭角，「貴」爲「社長」，不過沒有正式拜王湘綺，但也可以說是「風雲聚會」，這都是官運的作用。十七至二十一歲行申運，申爲貴人，又與時支相合，所以三十七歲己亥年他便正式拜王湘綺爲師。王湘綺名動公卿，的確是他的貴人，對他一生的幫助不小。三十八歲庚子年，庚爲官，子爲貴人，天干地支都好，所以這一年他應約畫南嶽七十二峯圖，得酬二百四十金，「始佃蓮花峯下百梅祠屋居焉」。本來他一貧如洗，身無長物，這時才算居有屋，名爲「借山吟館」。四十歲壬寅，「時正天寒，忽得友人夏午詒、郭保生來電報，聘之長安爲畫師。風雪過灞橋，識樊樊山。眞是一路貴人。四十一歲癸卯，從西安到北京，還湘。夏午詒替他捐個縣丞，他不幹，樊樊山想介紹他教慈禧的畫，他也不幹，而帶了他們兩人給的錢回家。這五年大運流年都好，貴人得力名成利就，非復吳下阿蒙矣。

四十二至五十一歲行己未運，一路偏才，丑未又冲，自身必動，而且動中帶財。四十二歲甲辰年，遊南昌、廬山。四十三歲乙巳年，遊廣西。四十四歲丙午年，遊廣東，冬還家，置田地建房屋於茶恩寺茹家冲。種果木，繞屋三百株。從此成爲小康之家了。四十五歲丁未年，到廣東欽洲。有艷遇。(見「與友人談往事詩」)身坐偏才，又行偏才運，風流韻事，自所難免。以我判斷，己未十年偏才運中，韻事當不止此也。四十六歲戊申年，仍遊廣東。四十七歲己酉年，自上海歸湘潭。至此已「五出五歸，身行半天下」了。四十八歲庚戌，遊岳麓山。四十九辛亥，「侍湘綺師長沙」，又「往侍譚氏三兄弟，迎居荷苑池上，爲先人寫眞。」

五十二至五十一行戊午運。齊之四柱本不透官，時支雖藏正官，亦藏傷官，生旣無力，所以行財運便會破印，戊癸一合，又合偏印，旣破且合，合去生身喜神，所以丁巳年鄉亂逃竄平津，戊午年更糟，又合又冲，勢爲拉鋸。所以「白石詩草自敍」中有這樣的話：

「越明年戊午，民亂尤熾，四野烟氛……有戚人居紫荊山下，地甚僻，茅屋數間，幸與分居……猶恐人知。遂呑聲草莽之中，夜宿露草之上，朝餐蒼松之陰，時值炎熱（墨人註：更與「午」符合），赤膚汗流，綠蛆蒼蠅共食，野狐穴鼠爲鄰，只是一年，骨與枯柴同瘦，所有勝於枯柴者，尙多兩目，驚怖四顧，目睛瑩然而能動也。」

由以上這段文字看來，證明戊運五年，是他最不喜的運程，尤以五十六歲戊午年爲最，天干合，地支冲，如非身强，有天乙貴人，性命難保。

五十七歲己未年進入午運，便大不相同。「午」是他的文昌、長生、桃花、紅艷，子午又冲，所以他又到北平。己未年偏才重疊，除賣畫刻印外，九月間並納小他四十歲的胡寶珠女士爲姬人，此即桃花紅艷出現，文昌天乙逢冲的緣故。齊氏之命造，「戊」運之「戊午」年，「午」運之「己未」，奇驗無比，如太空人之登陸月球，不偏不差。這年並還家省親。五十八歲庚申年，又回北平。五十九歲辛酉秋返鄉，旋即回平。六十歲壬戌，仍往返湘潭北平。六十一歲癸亥，在北平。他的好友陳師曾死於南京，他曾題詩哭之。陳師曾也是他的貴人，是丁巳那年在北京認識的，他的畫之能揚名國際也是由於陳師曾的關係，陳將他的畫帶到日本展覽，日人出重金購買，並攝成影片，在東京藝術學院放映，另外他的作品還選入巴黎藝術展覽會。這都是月支天乙與運中文昌的關係。

六十二至七十一行丁巳運。財源茂盛。本來他的劫財重，行食神運正好。但是六十三歲乙丑年與日柱爲伏吟，伏吟年月較輕，時日爲重，所以非病不可。據他自記：「二月二十九日，余大病。……人事不知者七日夜，痛苦不堪言狀……半月之後，始能起坐，猶未死。……六十三歲之火坑即此過去也。」他把這一年視作「火坑」，可見其嚴重。這一年若與戊午、己未一比，絲毫不差，如響斯應。

七十二至八十一歲行丙辰運。丙爲傷官、辰坐大耗，但他四柱不透正官，不怕傷，反可生財。長沙舒貽上算他七十五歲辰戌冲，那是四柱排錯了，所以七十五歲丁丑這年他用瞞天過海手法，自加兩歲，改爲七十七，其實這是多此一改。在七十五歲之前，他的生命有兩道關口，那就是「戊」運的「戊午」年和六十三歲的「乙丑」年，已如上述。由於舒貽上的四柱有誤，所以不準，七十五歲丁丑歲本身安然無事。一般人之疑命爲迷信不可靠者與此類誤排誤算亦有關。如果時間空間校正精確，凡重大事件，決無差誤，小事細推，亦不致偏失。江湖算命，草率從事，加上不知命學是依據宇宙發展形成的自然法則演繹而來，知其然而不知其所以然，不是眞知，所以有時不免「亂蓋」，「亂蓋」之下，科學的命學自然蒙冤，正如糊塗外科醫生開刀，把剪刀留在腹內，把傷口縫了起來，怎麼不出毛病？但是我們應不應該否定外科醫學呢？我想答案一定是不能因噎廢食。丁丑年對於齊白石的生理健康沒有影響，但是對他的財運却有關係，因爲日本軍閥就在這年七月七日發動蘆溝橋事變，揭開我全面抗日序幕。齊白石身陷淪陷區，閉門不出，不與日人及漢奸交道。所以辰運五年期間，賣畫生涯不大如前，坐吃老本，加上「繼室」胡寶珠女士去世，豈非「大耗」？

八十二至九十一行乙卯運，身強得祿，身體老而彌堅，所以這年九月，他又需要夏文珠女士來當「看護」了。但乙爲比肩，雖可幫身，亦能分財，加上八十二歲甲寅年、八十三歲乙酉年，天干又是刼財比肩，財運仍然不好。幸好乙酉秋日軍投降，抗戰勝利，因此次年丙戌他的運氣就好了。抗戰八年，國人十分艱苦，齊白石個人財運也不佳，豈非數也？

八十四歲丙戌年，齊白石也時來運轉，這年十月，他遊南京、上海，並在兩地開畫展，聲名大噪，加上張道藩鄭重拜師，黨國名流顯要除　蔣先生未參加外，吳稚暉、張溥泉、于右任、陳果夫、溥心畬並陪他坐在禮堂中央，陳立夫、馬超俊、谷正綱、羅家倫、余井塘、梁寒操、劉文島、傅斯年……等一百多人都來觀禮。一個木匠出身的畫家，收了一個留學法、英，專攻美術的特任官弟子，這是何等風光？三十八年大陸變色後，毛[redacted]和[redacted]郭沫若還親自登門拜訪，請他當

「人代」，他拒絕了。這都是乙卯大運臨官的緣故。

九十二歲甲午年進入甲寅大運，甲為刼財運，加上四十六年丁酉，他九十五歲。「乙」絕於「酉」，他死於這年陽曆十月十六日，依節氣算，正是陰曆閏八月，還是酉月，也就是死於酉年酉月，乙木不勝酉金重尅，人到衰年，生命力至弱，必死無疑。

科學重印證，能經得起考驗印證的就是科學。齊白石的個案研判印證如上。他的年譜是胡適先生訂的，易恕孜先生增補的，不是我編撰的，這點必須說明。

中國文化基於科學思想，科學精神。惜乎兩千年來，歷代偏重人文，忽視乃至歧視科技，因而有「五四」以後的西化論，一切都向西方學，彷彿中國文化一無是處。

要想復興中國文化，只恢復人文主義是不夠的。人類行為規範是因時因地而異的，甲以為是，乙以為非，不能成為人類共同法則。只有宇宙自然法則，人類無法改變。任何狂人都可以叱咤一世，騎在同類頭上，但他不能命令太陽、地球不轉，而這些狂人就在太陽地球的轉動之間，很快消滅。這就是宇宙自然法則。所以老子說「天地不仁，以萬物為芻狗。」只要我們了解宇宙自然法則，順其道而行，順其道而發展我們的人文主義，發展統合天地人而為一的和諧協調的中國文化，那就可大可久了。

原載六十七年五月二十三日至二十八日新生報．「藝壇」一三〇期轉載

王雲五的造化

——悼國之大老

總統府資政、國大代表王雲五先生，是民國時代的傳奇人物，他的學問、事業，和他的出身不相配合，以常情常理而言，絕不可能到此地步，但是事實證明，他突破了常情常理，以一個小學生的出身，當了大學博士班的指導教授，當了中國最大出版事業機構的主持人，當了部長、副院長、總統府資政，和國大代表，一直到他去世時還有官職在身，以常情常理推斷，這眞是不可想像的事。但是我根據他自己塡的國大代表的檔案資料研判，却是勢所必然，一點也不意外。

八月十四日下午，我們就接到王雲五先生在上午六時五十四分在榮民總醫院去世的通知，當時我就說他的「命」値得研究，因爲當時我正忙，沒有及時査檔案資料，等到十五日上午看報，說他有三子隨侍在側，四子一女身在國外，要回國奔喪，我這纔查看他的檔案資料。

他自己填的是生於民國前二十四年六月初一日卯時。根據這個資料排他的四柱，則爲：

戊子

己未

辛巳

辛卯

排完之後，我發覺出生的時辰有問題。問題之一是，這個格局與他的地位不大相稱，問題之二是，卯時充其量只有一個兒子，絕不會有七子一女，因此我對同事說絕對不是這個時辰。因此我改排寅時，他的四柱就變成：

戊子

己未

辛巳

庚寅

這就完全符合了！而且我對同事說王雲老一定有兩個太太（王雲老的家庭情況我一概不知，尤其是兩個太太的事一般人更諱莫如深），話剛說完，資料組組長易恕孜先生從樓下上來邊走邊說：

「王雲五先生有兩個太太領撫恤金。」

這就完全證實寅時的正確，命學不是迷信。

從前沒有鐘錶，王雲五先生出生的時間也只是推測，因爲寅卯相連，推測的時間往往沒有現在幾點幾分出生的時間正確，所以往往差之毫厘，失之千里。像王雲五先生因爲已經蓋棺論定，有九十二年的事蹟可資印證，所以時辰很容易校正。

根據王先生的四柱看，王先生之所以富貴壽考，學問事業均出人頭地，一點也不稀奇，在他的八字中交代得十分明白。

先說他的學問。王先生年柱正印坐食神文昌長生，月柱偏印又透又藏，時柱又支藏正印，可謂聰明絕頂。雖然他只有小學畢業，因爲他有眞才實學，所以他作大學博士班的指導教授，綽綽有餘。我們現在有一種最不好的心理觀念是：只重學歷，不重學問。學歷不過是求學的階段而已，學問則是無止境的。一個博士學位早則三十歲前可以取得，遲則四十歲前也可以取得，而學問則是到死爲止。王雲五先生活到九十二歲，又聰明好學，豈可以小學生視之？他之獲得榮譽博士學位，一點也不僥倖，有沒有博士學士，對他實在無關重要。他之所以以出版家學者聞名，而不以著作家見長（我不是說他不是著作家，只是他的著作爲出版盛名所掩，而不是純粹的文學作家），那是由於梟神奪食子未害的關係，但他之爲人敬重則一。

再說他的事業。他除了出版事業之外，五十歲以後以財生官，進入官場，貴爲財政部長。他不是國民黨員，又沒有學歷，何以致此？依常識判斷是無法解釋的。他在九十歲那天向電視記者發表談話時還以此爲榮，那是由於王老先生不知造化之妙，假如他不是一個純粹的人文主義者，而有統合宇宙與人際關係的知識，他絕不會那樣自負。因爲他得造化之功，所以晚年富貴。他不但月日夾貴，時支財官印又坐貴人，即使他無意於仕途，也有人請他出山，他的貴人就是先總理和先總統蔣，是他們重視他，這就叫做富貴逼人來。當然命學中的「貴人」不一定是指大官，凡是幫助你逢凶化吉或錦上添花的都是貴人，不管對方的地位大小高低。王雲五先生固然智慧超人，終生努力不懈，如果不遇貴人，就會變成「懷才不遇」了—歷史上懷才不遇的人多的是，「李廣難封」，就是一個例子。蘇東坡的才學該不會在王雲老之下吧？但蘇東坡的官運就沒有王雲老亨通，而且最後貧病交迫，流徙而死！這就是造化之妙，有幸有不幸也。蘇東坡不幸，王雲老大幸，如此而已。王雲老不但在生時富貴尊榮，根據他的造化判斷，他還會留身後名，這又是一般富貴中人所不容易辦到的。

至於他爲什麼會死在戊運己未年？因爲王雲五先生身強，晚年又行旺運，過旺則傾，物極必反，而且因肺炎引起的心臟衰竭而死，他本身的造化交代得淸淸楚楚，知者一看即知，不知者以爲迷信。其實這是一門應用科學，是最科學的東西。一般人不了解這門應用科學，隨便予以否定，究竟不知道是誰無知？

王雲五先生是一位成功成名的人物，又是國之大老，值得我們尊敬，特草此文，聊表哀思。

原載六十八年八月二十六日中華日報副刊（一九七九）

薛光前的造化

去年我爲中華日報「生死邊緣」專欄寫過兩篇根據當事人的八字分析生死大事的文章。一是黎模昭母子車禍死亡；一是夏琳女士次子夏峻天從三樓跌到地面昏迷一個多月，臺南醫生認爲無救，榮總醫師也不知生死如何？夏女士透過華副主編蔡文甫兄找我推算夏峻天的八字。因爲當時夏琳女士在華副寫過一篇「誰來救我兒」的文章，也是華副的作者。我推算了後告訴夏女士說他的兒子不會死，將來還能成大器，當時她不相信。今年她又在華副寫了一篇「我兒還魂記」，她兒子的病好了，事先寄了她騎水泥老虎的照片給我看，來臺北時還帶着夏峻天來看我，他只有七歲，聰明頑皮，很會向媽媽撒嬌。

我那兩篇拙作發表之後，紐約聖若望大學副校長薛光前博士也在去年十二月四日的中華副刊上發表了一篇「命」和「我」，這時他已去世（十一月廿二日去世），文章是在生時寫的，並刊出他的照片作爲悼念。他在黑板上寫了「知病不病」四個字，是他在聖大的最後一課。如果他眞懂道德經，他就會知道天機，自然更知命學，可惜他並不懂「知病不病」的眞諦。他相信命，因爲那是別人替他推算的，都很符合，所以他不能不信。（他是天主教徒，本來不相信算命的）中國的易經、道德經太深，外國人不懂，洋迷信自然也不能解釋。科學重在印證，不能印證的，無論怎樣牽強附會都是徒然的，不少中國學者解釋易經道德經亦復如此。拿聖經和子曰詩云來解釋宇宙自然法則是隔靴抓癢的。

我不認識薛光前博士，他是怎樣的人我完全不了解。我看了他那篇大作之後，剪了下來作爲參考，因爲事忙，尤其是讀者找我批命使我無法應付，浪費了太多的時間，因此我沒有印證薛先生的八字。

今天星期天，太熱，我沒有登山和別的應酬，便把薛先生的遺作找出來，推算一番。

根據他自己說他生於民國前二年十一月初七巳時（一九一〇年十二月八日）。他的八字是：

庚戌
戊子
丁未
乙巳

大運是己丑、庚寅、辛卯、壬辰、癸巳、甲午。死於六十七年（一九七八年十一月廿二日）
，正好是戊午年癸亥月戊子日，一點不差。可惜死的時辰我不知道，不然更詳細，依我推算，不外子午兩個時辰或巳時。

薛先生的八字是傷官佩印，帶財，兼殺。八字的特徵是智慧高，文采風流；個性強，不甘屈居人下，作他的長官不易；因四柱無貴人，所以不能在仕途叱咤風雲，幸大運配合甚佳，二十歲起順多逆少，雖不能久居官場，仍能以學術與政治結合，受人尊仰。他動中每有驚險破耗，是因爲驛馬又逢大耗，尤其是一九六七年紐約車禍幾乎喪命，因爲這一年正在巳運當中，又逢日主伏吟。他之所以死於午運戊午年癸亥月戊子日者，是因爲大運冲提綱，而子午又不坐貴，提綱反而坐絕，大運年月日都逢冲，自然會死。因爲他不知命，不識「天機」，所以他在「命」和「我」的遺作中還說「但相隨心轉，一切仍須困苦勉行，力圖自強。語曰：『天行健，君子以自強不息』，亦即知天命，盡人事之謂。」在午運之前，他可以盡人事，午運戊午年癸亥月戊子日一到，榮總醫師也無能爲力了。由此可見薛先生不知天命。

本來大運冲提綱，並非必死，否則怎麽會有一百多歲的人瑞？提綱坐絕，再逢大運來冲，而大運又無吉星，那就很難倖免，他能活到七十虛歲，那還是因爲起運遲的關係，如果起運早，還活不到這個歲數。

人的命運也是依循宇宙自然法則而運行的，不能單獨運轉，更不能違反宇宙自然法則。命學是應用科學，不是人文主義所能涵蓋的。所謂「人定勝天」者，實在是「人定順天」。人造衛星也是順着地球的軌道轉的，不是反其道而行。「樂天知命」，也應改爲「知命樂天」，不知本末，終日嘵嘵，以非爲是，徒亂視聽，有害無益。

己未年庚午月壬戌日北投

——原載六十八年八月「自由談」雜誌

空中飛人

——我個人的車禍與命運的印證

中華民國五十五年，歲次丙午、冬月、丙辰日，上午七時五十分左右（那時是八點上班），在臺北圓山飯店下面，中山橋頭，我「表演」了一次「空中飛人」，還帶了一輛脚踏車平地起飛，可惜當時沒有電影、電視攝影人員在場，不然一定「值回票價」，或者多賺幾秒鐘的廣告費，我自己當然也成了家喻戶曉的明星了，說不定從此大走「星」運，成爲「打仔明星」呢！不幸，我沒有那麼好的運氣，事隔十多年，纔有華副編者約我寫「先死邊緣」，只賺三幾百元一千字的稿費。人家是豆腐賣成肉價錢，我總是上肉當作豆腐賣，眞不走運。

這件芝蔴綠豆小事也得從頭說起。

原來我自民國四十九年退役以後，找事到處碰壁，因爲我不是大明星，不會裝笑臉，不會彎腰打拱作揖，加上一向不作「公共關係」，找不到事做也不能怨人，因此把心一橫，決定「求人不如求己」，重新拾起被我冷落的破筆，拚命「爬格子」。一家七口，五個孩子在中學、大學讀書，不拚命「爬」怎麼行？

臺灣天氣炎熱，汗流浹背的日子又多至五、六個月，我住的那種眷屬宿舍又矮，一到夏天就像蒸籠，那時經濟還沒有「起飛」，冷氣機沒有現在這麼普遍，我也裝不起，爬格子時只好「肉搏」，單靠一架大同電扇在背後直吹，我又愛出汗，儘管電扇不停地吹，手臂還得用布或硬殼紙墊着，否則不但「滿紙辛酸淚」，點點滴滴分不清，連稿紙也屍骨不全了。

當時只爲「煮字療飢」，完全沒有考慮到「賣命」的後果，長年累月吹下來，終於吹出了毛病。

到了五十四年秋天，一天早晨一覺醒來，突然覺得背部十分痠痛，左手也麻麻的，摸着東西也沒有什麼感覺。我知道這下糟了！是嚴重的風濕。萬一變成半身不遂，那這一輩子就完了。因此只好遍訪中醫、西醫診治。儘管醫生吹得厲害，我鈔票也花了不少，但是沒有一位醫生診好我的病，包括那位「全科大夫」在內。

直到過年時我到韋斗航教授家拜年，談起我的風濕，他是一個心直口快的人，他嗨了一聲說：

「你怎麼不學太極拳呢！我告訴你，你每天清早五點鐘上圓山去學太極拳，包你會好！只有太極拳纔能診好你的風濕，什麼西醫、中醫都是狗屁！」

十歲左右我曾經拜師學過少林拳，學了幾個月，打起來也能「虎虎生風」，老師還稱讚我是一塊料。但是他一走，我的少林拳也丟下了，幾十年來不彈此調，而且也不作其他運動。學少林拳時，我沒有體會出它對身體有什麼益處，因此對摸魚似的太極拳我更是將信將疑，所以我說：

「太極拳眞能治好風濕嗎？」

「這就要看你能不能起早？有沒有恒心了？」章教授說。我們是老同事，他又是鄉長，我的工作能力如何？他非常清楚，但是我的生活習慣他一點也不知道。

別的長處我沒有，就是不愛睡懶覺，從小就愛早起，數十年如一日。至於說到恒心，我不愛做的事就沒有個開始，譬如說打麻將，我不歡喜，要我在那上面花一分鐘時間，用一分鐘腦筋，我也不幹；如果是我願意幹的事，我能堅持到底。打太極拳如果眞能治好風濕，又合乎我的興趣，他提出的兩個先決條件，我想我能辦到。因此我回答他。

「這倒沒有問題。」

「好，他們正月初六開始練拳，你準時去就行。」

「有沒有什麼手續？」

「你就說是我介紹的就行，簡單得很。」

正月初六天氣很冷，我起了一個大早，走了兩、三里路摸到圓山五百完人塚那裡，天還未亮，但已經先有人在打赤膊做柔軟體操、打太極拳了。我看見一位六十上下的老太太能彎腰把頭貼在脚背上，大爲驚奇，這怎麼辦得到？我比他年輕十幾歲，我彎腰時只能手指觸地，很多人還不如我呢！

但是既然別人能辦到，我想我也能辦到。我便去見教太極拳的王延年先生，說明來意。他很和氣，沒有要我拜師，便指定一位高足，教我做各種基本練習。

一個月下來，別人能辦到的，我也能辦到。很多人都大爲驚奇，連王先生也說「眞不容易。」這是每天早晨一身大汗，弄得兩腿肌膚血紫所換來的成績。和我一道去的大律師黃靜嘉先生，始終辦不到，他還小我三、四歲。我們兩人却在這兒成了好朋友。

到我成爲「空中飛人」的這一天，我的風濕早已好了，太極拳也打熟了，身體也柔軟如綿，走起路來有身輕似燕的感覺。

因爲起得太早，第一班公車還沒有開，我只好買一輛脚踏車代步，好早點趕上圓山運動。

這天也像往日一樣騎車上山，刹車也沒有毛病。可是練完拳下山時，不知道刹車怎麼突然失韁？到現在我還想不出原因。當我一溜烟地騎車下山，到該剎車的地方隨手剎車時，車子却像脫繮的野馬，直衝而下。

那時再春游泳池那地方還沒有欄杆，馬路中間也沒有那塊三角形的綠島，又正是上班時間，從士林、大直開往臺北的汽車，以及從臺北開往士林、大直的汽車，都在中山橋頭穿梭來往。我往山上直衝而下，剎車不住，跳車也來不及，這種情形之下，只有兩種結果：不是衝到基隆河裡淹死，就是被穿梭往來的汽車撞死，絕無生理。

「我會這樣死嗎？」我心裡閃過這樣的問號。

八月間我在黎山補寫「紅樓夢的寫作技巧」最後幾節時，一天夜晚和嗣汾兄去黎山賓館玩，我未帶手電，他要看電視，我不想看，便和內人先回公路招待所，她是一千多度的近視眼，白天也和瞎子差不多，夜晚更不必談。我仗着視力不錯，路又不遠，便摸黑回去，走到大約快轉彎的地方，我看到一條隱約的馬路，便直走過去。忽然發現有一塊不大不小的石頭擋路，我想馬路中間怎麼會有石頭？便低頭察看，原來已經走到懸崖邊沿，所謂「馬路」，不過是對面營房的燈光照射的一條光影而已。如果不是那塊石頭擋路，我已粉身碎骨。那次我沒有橫死，難道這一次該死嗎？我平生不做虧心事，也該這樣死嗎？想到這裡，我反而鎭靜起來，雙手緊握龍頭，雙脚緊蹬踏板，兩眼注視前方，撞就撞吧，衝就衝吧，不管怎麼死，我問心無愧。

突然，一輛從臺北來的計程車，斜衝上來，轟的一聲，我騰空而起，當我落在現在的高速公路大橋下的防土牆邊時，我身體猛的一震，人還安安穩穩地坐在車上，定睛一看時，前後車輪不再是圓的而是扁扁的了！因爲我有七十五公斤的體重。

計程司機傻了眼，計程車停在那裡不動，我們足有兩三丈遠的距離。站在派出所門口的警察趕了過來。我看看只有右手虎口被車鈴擦破一點油皮，另外覺得脚掌有點痛。

我下了鐵馬，提着它跟着警察走到派出所門口，計程車也開了過來。警察指着我的車子對計程車司機說：

「你把他的車子撞得稀爛，你看怎麼辦？」

「這也不能怪我，我車子前面的橫檔也撞彎了。」

「算了，」我連忙插嘴。「我沒有死就算萬幸。我不要他賠償，只希望他幫我把車子載到大直修車行，我扛不了那麼遠的路。」

計程車司機欣然同意，警察看我沒有受什麼傷，這場「空中飛人」的事件就這樣結束。

這樣一次車禍我還能平安無事，讀者或者會歸因於我的「鎭靜」。其實不然，實在是「死生有命」。如果是公共汽車撞上我，那不會飛起來，又飛得那麼遠；而是倒下去。如果倒下去，不腦震盪而死，也必作輪下鬼。

爲什麼是死生有命？請大家不要把自己不知道，或者肉眼看不見的事，都視爲玄，視爲迷信，尤其是中國文化沒落到今天這種地步的時候，「迷信」二字便很容易把中國文化否定，把個人否定。以前我也不知個中原因，等到我研究道德經、易經、乃至命學之後，纔恍然大悟！中國文化一點不玄，一點不迷信，而且十分科學，只是因知者程度的深淺而產生差異，不是中國文化本身有問題，命學亦然。

我退役的那年是民國四十九年庚子，我走的是傷官丙運，庚是我的正官，傷官見官爲禍百端，傷官運再遇正官流年，正官焉得不傷？幸而我月干透正印，年干正官又坐天乙貴人，否則還有麻煩，豈止自請退役？撞車這年正是戌運，戌爲火庫，和我月支午又會火，日支未又相刑，戌又沖我時支辰，而撞車的月令又是冬月，日是丙辰，子午辰戌雙沖，未戌相刑，沖刑得這麼厲害，自然會發生搖擺，這種生命的搖擺，就是車禍之類事件。爲什麼有位朋友坐在家裡站起來跌一交，就撞掉一顆門牙，我出這麼大的車禍還安然無恙呢？因爲我不但年干正官坐天乙貴人，月干正印又坐文昌長生，所以逢凶化吉，而且能在文學方面「浪得虛名」。一知半解者以爲我丙戌運太壞，這年春天有位相當有學問還函授命學的在警界服務的先生，還善意的警告我不可南行，就是鑒於乙木難勝丙火，何況是丙戌大運又值丙午流年？殊不知辰是水庫，申辰又半會水局，午是乙木長生，文昌貴人，正是木火通明，水火既濟，丙又是月德貴人，雖不利於官場，卻利於文學，何況我月于是正印？所以丙運中我的作品最多，丙午年我不但南行，而且就在夏天去菲律賓、馬尼拉文教講習班授了一個月的文學課程，別人在馬尼拉被剝豬玀，我絲毫無損，這就是一般研究命學者只知其一，不知其二的實證。不是命學無憑，更非命學迷信。只是這門學問太深，又是屬於科學範疇，不能以人文觀點立論，不了解老子的宇宙本體論，不了解易經的象理數，是很難弄通的。

我在這方面花了不少寃枉錢，請敎過不少高明，沒有一位能眞正了解賤造，甚至隔靴抓癢，因此我纔自己研究命學，纔發現不是別人說的那麼一回事。因此我願借「生死邊緣」的車禍事件，來解釋被人輕視的一門大學問，以及有關中國文化「以宇宙爲中心」的另一面，也是最實貴的一面，放諸四海而皆準，百世以俟聖人而不惑的一面。

原載六十七年九月四日中華日報

人與宇宙自然法則的印證

——從黎昭母子之死談「生死邊緣」

南北高速公路分段通車之後，交通事故自所難免。九月二十日發生的一宗車禍，三人慘死。

本來我沒有注意這則新聞，第二天上午上班後，有兩位同事看了報紙都問我：

「黎模昭是不是黎模斌的姐妹？」

一位同事還拿着報紙指給我看。因爲他們知道新聞局編譯處副處長黎模斌是我的好友，常到我辦公室來。

我看了新聞之後立即打電話給模斌兄。我不敢冒失地問他，只說：

「最近好嗎？」

他馬上回答：

「唉！我三妹昨天車禍去世了。」

這件不幸的事立刻得到證實。

模斌兄有十兄弟姐妹，我只在他家中見過他的二妹，這位三妹沒有見過。他還有一位妹妹嫁給畫家劉國松。

湘潭黎家是有名的世家，黎錦熙、黎錦揚、黎烈文，都是模斌兄的本家，黎烈文還小他一輩。他老太爺離塵先生是一位清官，耿介之士，我也見過。今年是他八十冥壽。前一星期模斌兄陪我爬大屯山時，還告訴我正替他出一本紀念集，本來內中有不少秘辛，他遵照遺囑凡是與政治有關的都刪掉。他還說其中有一封信提到我。

既然模斌兄自己說出這件事來，我也只好安慰他：

「不必難過，死生有命。」

隨後我便把新聞剪下來，留待驗證。

過了兩天，我請他查詢他三妹和外甥的出生年月日時。在他三妹和外甥大殮之後，他在電話中告訴了我。

爲了存眞和印證，我先把報上那段新聞照抄如下：

「本報苗栗二十日電：高速公路三義段今天發生車禍一起，小轎車前輪爆炸，車上三人全部罹難。

「由黎模昭（女，四十七歲，住臺北市和平東路三段）駕駛的〇四—八九四八號小轎車，在高速公路上由北向南行駛，於今天上午十一時四十五分經三義火炎山下坡處，因左前輪爆破，小轎車衝越公路中綠地，撞上前行的久昌貨運四八—〇四四〇號大卡車左後輪，小轎車衝勢過猛全毀。

「黎模昭和她的兒子陳志遠（二十歲）及另一乘客程培（男，五十歲）三人均在車中慘遭夾死。」

這條新聞中的程培，不是乘客，是她的司機。

他們為什麼開車南下？據模斌兄說，因為他外甥陳志遠考取逢甲學院，他妹妹模昭女士駕車送他上學，因此發生了這宗車禍。

高速公路每天南來北從的車子不知道有多少，為什麼別人不發生車禍，而她發生車禍，又不幸死亡呢？一般人不了解其中道理，一定會怪這怪那，其實，死生有命，一點不是迷信。

就在九月二十六日下午二時，臺北市羅斯福路三段二三一巷十七號六樓郡大企業公司女職員林鳳鳴，自七樓陽臺失足落地，滾進水溝。照常理說是非死不可！可是她僅皮膚受了一點擦傷，安然無恙。一般人也會大惑不解。

老同學袁暌九（應未遲）在民國三十八年從大陸撤退來臺時，飛機在海南島失事墜毀，當時死了不少人，而他雖受傷，却幸而不死，現在中廣公司工作。

以上都是命不該絕的實證。

黎模昭女士母子爲什麼平地開車會死？一看他們的八字便真象大白。

模昭女士生於民國二十一年七月初二日戌時，實足年齡四十六歲。她的四柱是：

壬申
丁未
丙申
戊戌

她是九歲起運，四十四歲進入卯運。今年戊午，正在卯運當中。卯中乙木，十分單純，是她的正印。如果單從五行生尅制化來講，印生身，她印不足，正是她所需要的好運，爲什麼反而凶死？但是卯與時支戌正好相合，戌是墓庫，官印入墓，不吉，一也。卯又是沐浴、大耗、不吉，二也。今年流年戊午，戊是食神，她原有四個食神，已屬太多，不吉，今年流年再加一個，傷官太甚，夫婦齟齬，不吉，三也。今年地支是午，午是羊刃、[illegible]、劫財、傷官，凶險之至，四也。本來刀鋒至利，不碰不至流血而死。她又在高速公路上由北開車向南直衝，正好是子午冲，而汽車又是金屬品，這樣猛衝，不死何待？五也。而午又與未合，未藏傷官刼財，羊刃又與傷官刼財合，又衝又合，其凶更甚，六也。而流年是戊午，八月又是辛酉，十八日又是乙酉，卯酉又衝，雙酉衝卯，乙木不斷，其可得乎？七也。而出事的時間又是上午十一時四十五分，正是午時，眞是死得其「時」，八也。出事地點是「火炎山」，更是午地，又死得其「地」，九也。有此九大死因，如何能脫此劫？幸而她先生不在車上，否則也難逃此劫。

像黎女士這個印運，迷於命理文學或單從子平者，很可能看錯消息，以凶爲吉，命學是應用科學，不是模稜兩可的東西，必須先了解易經的象、數，不了解象、數，失誤必多。科學和文學不同，文學可以公說公有理，婆說婆有理，但是眞理只有一個，科學命學也、易經也、演繹易經的原理之道德經也，絕非怪力亂神。

模昭女士既無生理，她兒子陳志遠怎麼也會這麼「巧」呢？其實一點不巧。

陳志遠生於民國四十八年二月二十三日亥時，十足年齡十九歲。他的四柱是：

己亥

丁卯

壬子

辛亥

他現行乙運。

單看出生日子，就知道這孩子很討異性喜歡。後來他舅舅告訴我說，大殮時他的女朋友哭的比他父親還大聲，還傷心！使他保守的舅舅大爲震驚，說現在的女孩子眞是敢愛敢恨。其實這也不能一概而論，也是因人而異的。如果這孩子不死，結了婚，一定剋妻，婚姻十分不幸。

他這個運很不好，乙運傷官，子卯又刑。今年流年又是戊午，戊[illegible]爲七殺，偏官亦受傷。地支是午，時亦爲午，月日爲酉，正官、七殺都受傷，羊刃、紅艷、桃花，子午卯酉全沖，而日干又是乙，年、時（午）都是大耗，可以說是一群暴徒往返衝殺，怎麼不「血流五步」？要想活命，實在太難，太難！

司機程培的八字無從查考，但我敢斷言，他死的也不會冤枉。

人的生命與時空關係絕不可分，與引力絕不可分。楊銀圳教授最近在東京世界高能物理會議上提出的「分子與引力的統一理論」，西方科學家還不了解，楊教授大概也只能證明這種物理作用，人與宇宙自然法則究竟有什麼關係？又如何能統合運用這種自然法則？西方科學家到現在還在鼓中，而我們的老祖宗早就知道如何統合運用這種宇宙自然法則了。因此，在楊教授的論文題目發表之後，我就寫了一篇「人與宇宙自然法則」的文章，在其他刊物發表。

我們的易經和道德經都是講宇宙自然法則的，八卦就是宇宙自然法則的統合運用，道德經也是講宇宙本體論和相對論的，而且告訴我們如何統合運用。中國的命學就是根據這種宇宙自然法則演繹而成的應用科學，沒有半點迷信。

中國文化是基於科學的，偏重人文是漢武帝以後的事。

戊午年酉月臺北

原載六十七年(一九七八)十月十九日中華日報

短命嬌娃

兼談中國文化問題並答讀者

拙作「從黎模昭母子之死談生死邊緣——人與宇宙自然法則的印證。」發表之後，打電話寫信給我的讀者很多，有的要我替他們算婚姻大事，有的要求看吉、凶、禍、福，甚至有人要我教他易經、算命。由此可見大家對於切身的事都很關心。但是這是一門艱深而奧妙無窮的大學問，我所知有限，何敢教人？而且這不像一般技藝，人人能學，一學就通的。如果不擺脫因襲的以人為宇宙中心的思想，突破人文主義的桎梏，就是鑽研一輩子也不能突破這種知識的瓶頸。今天有不少江湖術士替人改命、許願、禳災、祈福，就是昧於宇宙自然法則。也有些狂人如希特勒[redacted]之流，為了滿足個人君臨世界的慾望，胡作非為，使生靈塗炭，而結果都好夢成空，其愚昧無知，可笑亦復可悲。假使他們有自知之明，知道自己不是那塊料，不能光憑野心蠻幹，甚至反其道而行要「扭轉乾坤」，便不會造成那麼大的悲劇。易經所謂乾者天也，坤者地也。請問誰有那麼大的手可以扭轉天地，改變宇宙星球運轉的秩序？地球在宇宙中尚且不過是「滄海一粟」，人的生命長度不過百年上下，所佔空間不過一個楊楊米，與已有四十多億年的地球相比，人到底有多偉大？在人類社會裡有人可以作老大，但在整個宇宙中却連一粒微塵的地位也沒有。我說這種話也許會傷了人類的自尊心，其實不然，人是三才之一，人類可以作爲的是先了解宇宙自然法則，然後順着這種自然法則進行，人類的創造發明都是順着這種自然法則的，不是反其道而行，否則太空船絕對脫離不了地球的引力範圍而到達月球乃至其他星球。中國有兩句古話：「順天者昌，逆天者亡。」這個「天」就是宇宙自然法則。因此，不先了解宇宙自然法則，不能學易，也不能知命。

這許多年來，我之「不務正業」，很少從事文學創作，潛心研究中國固有文化，只是爲了追求一個答案：

「中國文化眞的一無可取嗎？眞的應該全盤否定，全盤西化嗎？我們應該復興的中國文化只限於人文主義嗎？中國文化的精華又在那裡呢？」

這是一個大問題，比文學本身大得太多的問題，因此我不惜殫精竭慮，夢寐以求。從十二年前寫「紅樓夢的寫作技巧」那本書開始，我就探索這個問題。今天西洋文學在臺灣雖然大行其道，沒有讀過「紅樓夢」的新文學作家也不少，但沒有人敢否定「紅樓夢」的文學價值。可是即使是考證「紅樓夢」的專家，恐怕也不大注意曹雪芹怎麼開藥方，怎麼替元春算命這兩件事。或許他們以為這和文學創作無關，其實這太重要了。如果曹雪芹是留學西洋的作家，而不了解中國文化，他絕對寫不出「紅樓夢」來。曹雪芹對中國文化的了解，足可以拿十個文學博士學位。

從文學創作觀點研究「紅樓夢」，到對中國文化的探本尋源，我所用的時間和精力，不下於我的創作時間和精力。我花一兩個月時間寫一部長篇小說，會有具體成績出現，花十年時間研究中國文化問題，也不一定能找到答案。今天總算我沒有完全白費氣力，我發覺中國文化不是一無可取，中國文化並不限於人文主義；相反的，中國文化是基於科學的，中國文化是統合宇宙自然法則的。兩千年來如果我們不過於偏重人文主義，人類最早登陸月球的是我們中國人。

我說過命學是應用科學，是統合運用宇宙自然法則的最好證明。人類行為牴觸宇宙自然法則的，沒有不敗；生命違反宇宙自然法則的，沒有不死。

下面我再引用臺北縣中和鄉景平路四三一巷十七號林莊寶珍女士十月十九日來信的一段：

「……敝人生有一女一男二個小孩，長女林孟玉長得很乖巧，生於六十三年七月初九日（舊曆）上午六時半，不幸歿於六十六年十月初六日（舊曆）下午五時半左右，故事發生於家附近的馬路上（死巷），當時我正忙於晚餐，由於家居一樓開店，小孩與另二位男童在走廊嬉戲，當時有一部載雞籠的大卡車開至，因事停了一下，待起步時未注意我女兒橫越車前，不幸的事就發生了。雖然常言道：死生有命，但我很不甘心命運的安排竟這麼殘酷，盼望你能印證一下：我女兒是否冤枉？」

林孟玉小妹妹的四柱是：

甲寅

壬申

己亥

丁卯

她六歲才起運，尚未行運，還沒有進入生命的軌道。民國六十六年是丁巳，十月是辛亥，初六是丁丑，時辰是申。

她四柱天干甲己丁壬遙合，地支寅申沖，流年丁壬又合，地支寅申巳亥湊全，加上巳是驛馬，月又是辛亥，冲力更強，速度更快，所以車輪一動，就要了她的小命。不僅此也，日又是丁丑，丑是墓庫，她年干透官，時干透偏印，甲己又合，更是官印同時入墓，凶上加凶。死時是申時，又是死得其「時」。申爲金，大卡車是金屬品，申又是劫殺，大卡車正是兇器。巷子的方位偏上沒有說明，我不能亂猜，但有以上許多死因，已經足夠了。

那她又爲什麼會凶死呢？因爲刼殺、亡神、帝旺、孤辰、驛馬刑沖，寅又是死地，這就造成了動態中的意外死亡，而不是安靜地「壽終正寢」。

林孟玉小妹妹的命運就像沙灘上砌寶塔，上層相當漂亮，無奈地基不穩，一遇颱風、洪水、地震，怎麼不倒？這種命運就是牴觸了宇宙自然法則，縱有貴人，亦無濟於事。

莊寶珍女士的痛失愛女，只是不幸事件之一，信也是華副轉來的。本來文甫兄替我保密作得很好，不讓讀者知道我的電話地址，以免增加我的麻煩（知道我的讀者、朋友自然不在此限）。但是有兩位不幸的讀者他終於不忍峻拒。一是在華副發表「誰來救我兒？」的作者夏琳女士，她的七歲大的次子夏峻天，兩個月前從三樓摔下地，一直昏迷不醒，住在榮民醫院。臺南的醫生早說過這孩子無救，告訴她不要送到臺北來花寃枉錢；在臺北又醫了很久，仍然奄奄一息。金錢的損失自然很大，精神的負擔更重。因此華副主編把我的電話告訴了她。她打電話給我，我約她第二天上午見面談談。

第二天見了面，她告訴我孩子的瞳孔一直放大，毫無知覺。她想知道這孩子的究竟，要我替他推算，同時要我替她大兒子推算。小兒子出了事，大兒子更是命根子，可憐天下父母心，我雖然很忙，只好答應她。

就在這天晚上，華副主編突然打電話給我，說是有位陳老師的小兒子也是摔了一交昏迷不醒，務必請我費費神。隨後陳老師就直接和我講話，告訴我她的小兒出生時間和出事時間。

原來陳美羿老師的小兒子不到兩歲，十月二十八日上午跟他哥哥學翻觔斗，翻不過去，他哥哥助了他一臂之力，跌傷了；十一月一日上午又跌了一交。這才發現孩子有點嘔吐，送醫，一直昏迷不醒。這都是陳老師當天晚上第二次打電話和我談了幾十分鐘，告訴我的。這時我已經把她小兒子的四柱排好，我確定這孩子活不了，但我沒有明白告訴她，只向她解釋，生命與宇宙自然法則的關係，勸她把生死之事看開一點。最後她說：

「聽了你的這番話我已經輕鬆多了，今天早晨我暈了過去，我的精神已經崩潰了，實在撐不下去，本來我今天晚上絕不回家，現在我打算回家了。」

第二天早晨我又接到她的電話，她說她想和我當面談談。我答應她。上午九點左右，我突然接到一位陌生小姐的電話，她說陳老師希望我到國泰醫院去看看她的孩子，我正在上班，沒有空，不能去，我問她是誰？她說：

「我是陳老師的小姑子。」

我知道這孩子絕對過不了申酉戌亥日，我便明白告訴她：

「請你委婉地轉告你嫂嫂，這孩子沒有希望，勸她不要傷心。」

她在電話中一陣嗚咽。這有什麼辦法呢？我不能不告訴她。生命就是這樣，該生的生，該死的死，任你是秦始皇，也不能違反宇宙自然法則。

就在這天晚上八點鐘，陳老師又打電話給我，劈頭就說：

「我的孩子沒有了，現在我心裏很平靜。」

「什麼時候去的？」

「剛才。」

這正是申日戌時，這孩子果然過不了這第一關。

第三天上午，陳老師同她先生葉儀龍一道來看我，談了不少話。陳老師坦白地說：

「我也請教過別人，別人都說我孩子有救，只有你一個人說他會死，這到底是怎麼回事？」

「一看你孩子的生命形態和結構就知道，他根基不穩，生命力弱，出事的時空又極不利，所以無救。另一位夏琳女士的孩子從三樓摔下，頭頂着地，比你的孩子嚴重得多，可是他的根基穩得多，生命力強，反而不會死。」我說。

「如果一切眞是命，那麼好命的人不是不必努力就可以坐享其成嗎？」陳老師說。

「這是因爲你不了解生命的因果關係，才有這種想法。其實凡是命好，生命力強的人，生來就富有上進的精神和精力，絕對不會在家裏睡懶覺。不過他比一般人幸運，一分努力，就有一分收穫，甚至歪打正著。這些因素都是與生俱來的，人與人的差別就在這裏，這就是主觀條件與客觀條件的配合問題，所以同樣的努力會產生不同的結果。易經、命學就是講究時空關係與宇宙自然法則的演變的一門大學問。」

陳老師說：「經過這次事件我又成長了很多。」他們欣然而去。

第二天上午夏琳女士也來看我。

我先告訴她她的大兒子命不錯，不必擔心，而且他是個正人君子，將來可以光宗耀祖。小兒子也可以保住，而且將來能成大器。

我還告訴她這兩個孩子都很聰明用功。她笑着問我：

「這種事你怎麼也知道？」

「如果連這種事也不知道，那還談什麼生死大事？」

「其實我小兒子更聰明。」她說。

「他們兩兄弟是兩種型態。大兒子含蓄渾厚，才華內斂；小兒子機靈殺伐，通權達變。他們的區別在這裏，禍福之機也在這裏。」

「本來我對小兒子沒有多大希望，只是盡心，因爲臺南的醫生說他活不了。現在聽你這樣一說，我就放心多了。但願他能早日復原，不然眞受不了。」

我把陳老師小兒子的事告訴她，然後對她說：

「兩相比較，你已經算幸運的了。」

她高興地一笑，隨即告辭，說回家以後會將小兒子的情況寫信告訴我。

陳老師和夏琳女士的小兒子都是腦震盪，昏迷不醒，一個輕，一個重，一個時間短，一個時間長，結果輕的死了，重的未死，這就是造化的不同。

天地不仁，造物無心，合乎宇宙自然法則的，富貴壽考，反之，不貧則夭。為人父母者沒有不希望子女聰明伶俐，富貴壽考的，但世間有多少父母能夠稱心如意？世界上也沒有一個人希望自己失敗，希望自己貧賤一生，但又有多少人無災無難到公卿？家財萬貫？而結果是失意者多，成功者少。同樣的努力，會得出不同的結果，何也？造化不由人也。了解這個道理，便可泰然處之。像莊寶珍女士女兒的死，司機縱然受法律制裁，或是賠償，那是另一回事，與生命本身無關，人死豈能復生？所以我不混為一談。

沒有統合知識能力的人文主義者，是既不知生，亦不知死；自然也不知道自己的造化如何？因而得之則喜，失之則憂。由於不了解造化的奧秘，也因而自以為是。莊子鼓盆而歌，不是喪失人性，而是了解生命的奧秘；杞人之所以憂天，是由於知識的貧乏。「智者不惑」，此種「智」乃是真知，不是假知。今天以假亂真的事太多，主張全盤西化論者，視中國文北為倣賤者，斥八卦為圖騰，斥命學為迷信者，比比皆是。他們多是強不知以為知，自作解人，自作先知。今天中國固有文化已經糟蹋得面目全非，我寫這種文章是不得已而為之的。請讀者恕我不能一一作答。同時我也要聲明一下：凡是沾不上統合知識的邊的題外話，我一字不答。因為知識的差距不是一下子可以拉平的。孔子和老子的知識差距就永遠拉不平，幸而孔子是一位有自知之明的學者，他既覩老子為見首不見尾的神龍，有一次請教過老子之後一出來又對他的大弟子顏回說：

「丘之於道也，其猶醯雞與！微夫子之發吾覆也，吾不知天地之大全也。」

這就是孔子的坦白可愛之處：尊重知識，而不強作解人，知之為知之，不知為不知也。今人不然。

——戊午年癸亥月臺北

原載六十七年十二月二、三日中華日報

附錄．我兒還魂記

夏琳

民國六十七年九月十二日，是我這一生中最難忘的日子，那一天，我七歲的小兒子，從三樓陽臺上摔了下來，墜下時，頭部先着地，轟然一響，小小的腦袋與灰硬的柏油路面直接撞擊，終於使他毫無知覺的在醫院裡昏睡了將近兩個月的日子。在這期間，我們一家幾乎是片片心碎的過著毫無生趣的日子，我們行屍走肉般的來回奔波，內心的無助及外表的失魂落魄，這種怕失去孩子的焦慮之心；那種的錐心之痛，幾乎想隨他俱去的意念，恐怕不是未曾遭遇過此種人生大變故的人們所能意會得到的。

孩子在臺南醫院住了一個多月，十多萬的新臺幣，只換得保住奄奄一息的小命。醫師肯定的告訴我，這孩子無救了，恐怕要像臺北的王曉民一般永遠昏睡下去。當時我們曾想轉往臺北繼續求診，但醫師仍說：「去也沒用，白費金錢而已。」經我們一家人研究的結果，還是準備全力以赴，不管孩子將來命運如何，就算他將離我們而去，就讓我們為他盡最後一次心力吧。終於在十月廿日我們搭臺南市警察局的救護車，帶著生死未卜的小兒子北上榮總，去尋找一條生路了。

孩子住在臺南省立醫院期間，我將發生此事的來龍去脈及住院時的大致情況，寫了一篇辛酸史，投寄中華日報，這篇「誰來救我兒」於十月十九日在「華副」登了出來。當天就收到無數讀者關懷的電話及信件，我因次日清晨必須趕赴臺北，對於愛護我們的讀者朋友無法一一答謝，謹在此再次的向您們致歉，並致最高的謝意，謝謝再謝謝。

此外，孩子的師長、孩子爸爸服務單位的長官同事們，以及我們的許多親戚朋友，都在精神上、物質上給予我們莫大的支助，這些高貴的關愛情懷，是我們永遠也不會忘記的。

刊出「誰來救我兒」後，最大的收穫是我意外交到了不少新朋友，他（她）們的善心及關愛，將使我終身難忘。有一位女作家小民女士，很抱歉的是我幾乎沒有聽過或見過這個名字，並不是小民女士的無名，而實在是我太孤陋寡聞，很慚愧在我以往的日子裡，除了中華日報是我每日必讀的報紙外，煩忙的店務，竟然使我無暇接觸到另外的報章雜誌；甚至翻閱中華日報時，還要利用如廁的時間。因此，當我收到小民女士的慰問信件時，我並不知道她就是頂頂大名的散文女作家。直到有一天，她專程到榮總來探視我兒，並送給我她的兩本大作「媽媽鐘」及「回憶曲」，我恍然大悟，原來我有眼不識泰山啊！感謝小民女士的關懷及鼓勵，我真以能交到作家為友至感光榮，這是我從來想都未曾想過的奢望呢！

另外一位是墨人先生，他也是位作家，我眞的不知道他是屬於那一類的作家。我去拜訪他時也曾坦白的對他說：「我眞的不知道您曾寫過什麼，但我從很早以前就知道您是一位有名的作家。」墨人先生一點也不看輕我的才疏學淺，並在中山堂餐廳很親切的招待了我一頓午餐。席間我們談的很投機，我之所以去拜見他，主要是請他爲我兒排算八字。當時峻天尚在昏迷中，對兒子的命運我有一份迷惘，有一份追尋到底的心，於是經華副主編蔡先生介紹，我認識了墨人先生，墨人先生對我兒八字的推算，當時我不知是該不該信？他語氣堅定的說我兒必不會死，並說這小子將來必成大器。聽他這樣說，我有點啼笑皆非之感。孩子的生命尚在飄渺虛無間，生死邊緣尚不知跨向那方，怎麼就能斷定他的將來呢？我趕緊回說：「只要孩子能醒過來，回復正常的腦力及身體，我就心滿意足了；那敢奢望他將來成什麼器。」墨人先生最後的結論是：「咱們走著瞧吧！」

我想除了墨人先生外，幾乎人人認定我兒回生希望渺小。初到榮總時，榮總的大小醫師在檢查過孩子的病況後，無一不是搖頭嘆氣的。我們要求做電腦斷層攝影，要求開刀洗腦（無知的要求），托了各種關係，醫師終於答應「試試看」、「盡量吧！」

猶記初進榮總那日，我們被安排在急診室內，像榮總那種大醫院，那能那麼容易找到病房。

在急診室內，病床一張一張緊緊的挨著，根本毫無空隙容你站立，孩子的爸爸來回奔波，張羅著住院的各種手續，我則推著病床上毫無知覺的孩子一會兒驗尿、一會兒驗血，還要照X光片，一關過了又一關，整整折騰了大半天。夜裏，我們用報紙鋪在地上，擠在床角下，徹夜不眠、寸步不離的守著昏迷著的兒子。急診室內、嘈雜的人群，病人的痛苦呻吟聲，還有那因急病或車禍死亡者的家屬呼天搶地的哭嚎聲；整整一晚上，新的進來，舊的出去，不知生生死死的換了多少人，幾乎所有人間悲慘的境遇及人性脆弱的一面，在這裡都可一覽無遺。孩子的爸爸感嘆的說：「在醫院裡看多了，呆久了，不得不對世上任何的榮辱得失看淡了，看穿了。說什麼功名？說什麼榮華？今後在心中再也激不起一點漣漪了。」

第二天，好不容易排進了病房，卻又暫時不能爲孩子做任何治療，也不能給以任何藥物，只能從旁觀察，並做手術前的各種準備。

自從孩子出事以來，全家生活突然失去重心，就像一葉扁舟，在海上漫無目的的飄盪。我和孩子的爸爸成天守在醫院不說，三頓飯有一頓沒一頓的也不知飢餓，家裡的老爺爺領著他九歲大的長孫，流離失所般的這個麵攤一碗乾麵，那個小吃店一碗肉燥飯。可憐的祖孫倆，他們是不是也和我們一樣的食不知味呢？兩個月來的煎熬，肉體上的痛苦不算什麼，而精神上的壓力，內心的恐慌及無助，卻非筆墨所能形容。眼前望著的是病床上的心肝兒子，憂愁的是不知他是否能渡過今天；若過了今天，而明天呢？我還能擁有我兒多少個明天？蒼天哪！您若有知就放過我們這一關吧！

期待中，醫師終於通知準備手術了，在照過腦部斷層攝影後，發現孩子腦部有大量的積水，必須從腦部接條管子，把積水引入腹腔，期望腦神經不再受積水壓迫而使孩子恢復知覺。孩子在醫護人員為他剃了光頭後，被推入了手術室，我們夫妻則守在手術室門口，等待音訊。這次的手術，連主刀的李大夫都不敢預測會有什麼結果。孩子的爸爸看我一把眼淚、一把鼻涕的哭個不停，不斷的安慰我，說孩子在全臺灣最大的又是設備最齊全的醫院，由神經外科最具權威的醫師開刀，在這些優良的條件下，若是救不回孩子的小命，也無憾了。

漫長焦慮的時間終於過去，足足等了六個鐘頭，孩子總算從手術室推了出來。腦袋瓜上綁著紗布，紅色的血液滲在雪白的紗布上，看得我心如刀割，毫無表情的臉蛋更加蒼白，我嚇得以為沒有希望了。李大夫跟在後面出來微笑著表示樂觀，他說一切情況良好，若是沒有什麼意外，一個星期後就可以醒來了。聽大夫這樣說，我們緊張的心才放了下來。孩子的爸爸必須趕回臺南上班，照顧孩子的重擔於是落在我一人身上。因為孩子尚在昏迷中，看顧他並不覺怎麼勞累，只要守著他，按時給他灌鼻食、換換尿布就可以了。

時間一天天的過去，漸漸的我覺得孩子好像有些反應。他會學著小手抓攬，還會輕聲呻吟。

當我喚著他的名字時，不知是有意或無意的，眼皮好像想掙扎的打開似的感覺。我高興的在兒子耳邊輕輕唱著昔日我們曾經合唱過的兒歌。我唱「哥哥爸爸眞偉大」，唱「魚兒魚兒水中游」，唱「茉莉花」。每天，我不停的唱，不時的對他說話，話中不斷提到他往日所喜歡的人名，喜歡的事物，也不在乎鄰床的病友們是否笑我癡呆，笑我白費心機。我不斷的在他耳邊輕聲哼唱，不斷的自說自話，直到有一天，當我唱著電視上的小飛俠歌時：「飛呀！飛呀！小飛俠……」我幾乎不相信的看到了兒子的小嘴往上牽動了一下，像是在笑，又像是要說話，我驚喜的站起來，忍住要喊叫出聲的衝動，用力抓緊了孩子的小手，我幾乎是結結巴巴的問：「峻天，峻天，媽媽叫你，你聽見嗎？媽媽說話，你聽見嗎？媽媽唱歌，你聽見嗎？」天呀！天呀！我看見他點頭了。「我的孩子在點頭哪！」我終於叫了出來。同病房的人都圍了上來，爲求更進一步的證實，我當著他們的面再叫了一次孩子的名子，我急促的說：「峻天乖，乖孩子，聽到媽媽的聲音就點點頭。」眞不知要怎樣的高興，怎樣的感謝，我握著兒子的手竟然抖了起來，孩子的頭吃力的點著，更令我不相信的是他竟然會笑了。微微的笑，輕輕的點頭，像嬰兒一般，像我初生的嬰兒一般，那樣安詳，那樣平靜的重新出世在他母親的面前。可憐孩子的媽媽竟然不知所措的擁著孩子又哭又笑的瘋了起來：「我的孩子活過來了，我的孩子活過來了！」我只會這樣喃喃的叫著，雖然我極力控制自己澎湃的情緒，但我怎能不高興的哭？怎能不高興的笑？

天大的喜訊傳到了臺南，爺爺坐著飛機迫不及待的趕來了。老人家拖著疲累的腳步輕輕的踏入病房，當他站在愛孫的病床前時，已經是激動得老淚縱橫，一聲聲「魚兒」、「魚兒」的喚著，孩子本能的點點頭，笑一笑。突然，他像感覺到握著他的手是一雙昔日曾牽他，摟著他，背著他扶著他的小屁股的大手掌時，他的頭停止擺動了，像是要樹起耳朵仔細聽聽喚他的聲音是否曾經相識？爺爺以顫抖的聲音不停的叫著：「魚兒，魚兒！爺爺來看你啦！爺爺來啦！」千千萬萬想不到，自從昏迷後不曾哭出聲音過的孩子竟然認出面前握著他的手叫著他的乳名的，千里迢迢的從臺南趕來看他的爺爺來了，孩子像徹悟了過來，皺著眉頭咽咽唔唔的哭出聲來。我站在一旁哭叫著：「他從沒有哭過哪，他認出爺爺了，他知道爺爺來了！」頓時，祖孫三代哭成一團，還是爺爺理智些，暗示我不要衝動，要是再刺激了孩子的腦子就糟了。

爺爺在臺北住了三天，寸步不離的守著他的小孫子，奇蹟終於出現在眼前。三天來，孩子進步神速，從點頭微笑，漸漸的學會開口喝水，吸流質食物。眼睛偶爾會張開三分之一的小縫，似乎看得見，又似乎看不見。儘管如此，喜悅已充滿我們心頭。對孩子的病情，我們信心大增，醫師說等頭上的傷口拆線後，就可以出院回家自己療養了。爺爺高高興興的回臺南去了，換來的是興奮的趕來辦出院手續的外子，多麼美妙！多麼可愛！我們一家人像沐浴在春風裡，忘了往日灰黑的日子，像從地獄中被解救出來般的心情。我們感謝上帝、感謝醫師、感謝護士、更感謝所有關心我們的朋友們。我們夫妻倆在快樂的心情下，給孩子餵牛奶、熬稀飯、唱兒歌說故事、扶着瞇着一隻眼的兒子學步伐，沒有一刻清閒的守護着我們的小愛神，孩子呀孩子，只要你好過來，往日的辛酸，往日的痛苦，那算什麼。孩子呀孩子，只要你健康起來，往日所流的眼淚，往日所付出的心血，那一切的一切，已被你的笑容補償了回來，還有什麼能讓我們這樣興奮，還有什麼能讓我們這樣感謝，難以用筆墨來形容呀！

就在我們準備出院的前一天，天崩地裂的事又發生了。孩子突然發起高燒來，卅八、卅九、四十，一直往上昇，連大夫都覺得莫名其妙。好端端的怎麼會呢？我摟着熱得滾燙的孩子急得痛哭失聲，我幾乎又要哭瘋了，大夫同情的眼光看着我，安慰我們說：「我會儘快的找出發燒的原因的。」接着又是抽血、又是驗尿，發着高燒孩子又呈半迷糊狀態，對於抽血挨針，哭嚎不已，可憐命苦的孩子喲！這麼大點的孩子爲什麼要受這麼苦、受那麼大的罪呢！孩子呀孩子，一切的痛苦讓媽來代替你吧！可是呀，孩子，媽除了能陪着你哭之外，又能替你做些什麼呢！老天呀！你好心把孩子還給了我，爲什麼又要收了回去？既然注定了我們沒能有這孩子的命，爲什麼前幾天又要將孩子賜活，讓我們空歡喜一場呢！如今要再一次的失去這個孩子，那老天加給我們的未免太殘忍了吧！可憐的孩子，你是不是正在那陰陽分界的獨木橋上孤軍奮戰，老天爺，我求求你，拉他一把，把他帶到橋的這一邊，賜予他你的陽光吧！

最後醫師宣佈，孩子原來手術的傷口受細菌感染併發了腦膜炎，要緊急做第二次手術，大夫以沉痛的語氣對我們夫婦說「這次若能救回來，那這孩子眞是檢到的了。」再次目送孩子推進手術室，我已雙腿發軟的無法站立，我聽到孩子爸爸喃喃的自語道：不管是昏迷的、癱瘓的、癡呆的，只要不死去能留下實體的身軀，孩子可以讓我們看得見，摸得着，那就滿足了。

孩子第二次從手術室推了出來，安詳的臉上卻掛着珍珠似的淚珠兒，兒呀，我多心痛，見你那模樣，是不是又在手術室裡挨了刀子了？「峻天！峻天！」我輕輕的喚着你，並且隨着推車飛快的往加護病房走去，孩子的爸爸拉拉我的衣角，示意我不要叫醒孩子，免得聽到媽媽叫聲心裡難過又哭了，然而，到底是母子連心哪，就是這兩聲輕輕的呼喚，孩子的眉皺了，裂開嘴哭了起來，聲音竟然是沙啞的，無力的……喔！我可憐的孩子，是不是在手術室裡受苦了，麻醉過後的手術自然是不痛的，那一定是打點滴時又找不到血管了，一針不行又一針的找着，扎進去又拔出來，那肉體上的痛苦，夠你哭個夠了。身邊又沒有了爸爸、沒有媽媽，孤伶伶的在那陌生可怕的環境裡，怎能不嚇得哇哇大哭，怎能不把嗓子都哭啞了？我流着淚，心疼的撫摸着孩子的小臉輕輕的叫他：「峻天不要哭，不要哭，媽媽在你身邊不要哭！」我怎能自己哭着還叫孩子不要哭呢！可是我又怎能忍住自己不哭呢？想到孩子還這樣小就要受這般的苦痛，這不是一般常人所能忍的呀！何況他還這樣小，才只有七歲！

到了加護病房，我們被關在門外，門上掛着牌子，上面寫着每日下午三時至四時，探病時間限時五分鐘。

孩子的爸爸帶着憂傷的心情，必須趕回臺南上班，本來高高興興的來接我們母子回家的就這樣空手回去，將如何向老爸爸交待？想到老人家殷切盼孫歸的心情，怎能忍心以實相告？幸虧孩子的病情日漸有了起色，我每日以長途電話向臺南家裡報平安。一個星期後，醫師把我們從加護病房轉到小兒科病房，感謝上天，孩子的臉又有笑容，我們的心再一次的鬆了下來。

孩子從去年九月中旬墜樓至今整整半年了，昏迷中的兩個月不算，蘇醒後的復原過程眞是一段嘔心瀝血的經驗。他由全身毫無知覺到慢慢的手指能動、能握東西，脚有知能慢慢移步，從第一句媽媽的叫聲，到如今會撒嬌會說俏皮話，這一切的成果，都是練習再練習，耐心與信心堆積起來的。

今天我帶着孩子在走廊學步，街上的行人總是對我們看着，像是好奇，又像同情，我猜他們心裡一定這樣想：「多麼可憐呀！她的孩子是個癡兒呢！」然而他們怎能知道，這個孩子在我心目中的價值，比他們那活蹦亂跳的孩子要寶貝何止千萬？

做爲一個母親，誰不心愛自己的親生子女，那個母親不是把自己的孩子當做寶貝似的疼着，然而，我的孩子的命運能不說比一般兒童的命運更坎坷嗎？更不幸嗎？縱使他將來瞎了、跛了、或甚至半身不遂了，我這個做母親的能因爲這孩子將來無指望了，就對他愛心減半嗎？在這個世界上，我相信與我相同遭遇的母親何止千萬。以我親身體驗，我相信這些母親們會對他們那有缺陷的孩子付出更加千倍的愛心、更加萬倍的耐心；同時以無比的信心更加仔細的呵護着她的孩子。

目前我每天都要把下午的時間騰出來，騎着摩托車載他出去「開開眼界」，重新認識這個世界。有時到附近的體育館，有時遠征中山公園，坐在車上的孩子，見到新奇的玩具竟會高興的大叫。七歲大的孩子，智商一下子降到了四、五歲的程度。雖然他目前身體相當强壯，但走起路來，仍然顚顚倒倒，一個重心不穩就要跌個大交。但是我仍然每天訓練他跑步，在距離十步遠的地方張開雙臂遠遠的迎着他，又要預防他跌倒。總是見到情況不對就要大步跨上，扶住他然後再來一次。他的眼睛也不太樂觀，瞳孔從開始到現在始終沒有縮小一點，大概模模糊糊能看個五六成，對顏色的辨認還算不錯，紅是紅、綠是綠，卻能準確的說出來。對數目字已經能順利的從一數到一百，但是在墜樓前背得滾瓜爛熟的注音符號，卻忘得一乾二淨。目前我正慢慢的在敎他，我唸一個字，他跟一個字，學習興趣頗濃；但絕不强迫他用腦，總還是隨着他玩的時候多。有一天騎着車子載他到鯤鯓海港，又乘渡船到對岸的秋茂園，一路上孩子高興得什麽似的，尤其在渡船上時，蹲在船邊我還抱着他的腰，讓他的雙手放在水裡嬉戲。他興奮的直叫「好涼好涼！」看到從船底冒出來的浪，他竟吵着要我抓個泡泡給他玩。

從開始，我們就抱着盡人事做最大努力的挽救，孩子終於抬起了頭、伸直了腰，跨出了有力的脚步，迎向他光明的前途。我們做父母的也終於鬆了一口氣，面露笑容的幫助他邁開了他重生的第一步。

——原載六十八年五月十四日中華日報副刊

游於三種走向之間

我自幼熟讀孔孟，這是一點也不自吹自擂。因爲在我幼年時，洋學堂並不普遍，而我們的長輩，都是「死腦筋」，只敬孔夫子，不洋迷信。對於那些靠教會起家的人，更會嗤之以鼻。所以在我十歲以前，就將四書、詩經、左傳，背得滾瓜爛熟了，尤其是孟子、左傳、詩經，最感興趣，整本地背，不會漏一個字，也不打一個疙瘩，那位比我晚一輩，却長我二十多歲的先生，眞的以我爲榮。幼年記憶力之好，與中年後記憶力之差，眞是一個強烈的對比。小時我唸完一本書，別人還唸不到三分之一，有的人一本上論或下論要唸一兩年，往往書有一半「吃」掉了，還背不出來，腦袋上的「栗子」東一個西一個，罰跪更是家常便飯。先生罵他們是「牛」，腦筋不開竅，是塊青石板。我也很奇怪，唸「人之初」時，「一而十，十而百」，居然會有人唸成「一籮穀，一籮麥」。家長們也往往引爲笑談。可是到了現在，和別人初見面，經過鄭重介紹，一轉臉我就忘記他姓甚名誰了！有很多面孔很熟的人，一年半載不見，一見面握手寒暄半天，可是始終想不起他是張三還是李四？由於這種壞記性，我一定得罪了不少朋友而不自知。

讀書沒有好記憶力非常吃虧，因此成年之後，我絕不貪多，而且一定選擇性之所近的書來讀，絕不爲了充門面而去讀那些毫無興趣的書。而且我有一個大毛病，不寫日記，不作筆記，我認爲那是「身外之物」，多了累贅。加上我是從事創作的，不是做學問的，因此只注重「悟」和「創」，而不重視抄摘整理。讀書時我也只重視「理解」，而不重視死記，和幼年時又恰好相反。但是只要我讀過那本書，我一定了解它的精義，多少有一點獨到的心得。

幼年、少年時期，我受孔孟長久的薰陶，可是一到青年時期，我就成爲一個新詩作者，這可以說明我並不是「死腦筋」。但是從莎士比亞、拜倫、雪萊，到普希金、尼克拉索夫等等外國詩人的作品，不管怎麼讀，也讀不出我們自己的詩人作品的那種醇厚馥郁的味道來。小說亦復如此。無論狄更司也好，大小仲馬、福樓拜爾、斯湯達爾，乃至卡繆也好，托爾斯泰、屠格涅夫、高爾基也好，霍桑、海明威、福克納、斯坦貝克也好，怎麼細心地讀他們的作品，也讀不出浮生六記、儒林外史、紅樓夢那種醇厚馥郁的味道來。這不僅僅是文字障，固然在文字語言方面外國作家比中國作家浪費，而最大的區別還是文化歷史的久暫及其內涵的深淺，因而影響到作品的思想意識形態，表達工具——語文的優劣，自然也有連帶關係。

五十歲以前，我是一位人文主義者，也可以說是孔孟之徒。我的閱讀範圍很少超過人文主義，雖然也看些科學新知方面的書籍和斷簡殘篇，但那完全是消遣性質。而人文方面又以文學爲主。五十歲以後，卻突破了人文主義的範疇，探本求源，追求中國文化的根；在這方面我有入寶山之感，使我幾乎放棄了文學創作。中國文化的博大精深，生意盎然，自我統合調整，豈是人文主義所能涵蓋得了的？在「宇宙爲心人爲本——中國文化的眞面目」這篇拙作中我一開頭就說：「要認識中國文化的眞面目，必須上溯中國文化的源頭。中國文化的源頭在那裡？那就是六經之首的易經，易經之所以列爲六經之首，除了按產生的時代先後次序而外，最主要的是易經是統合群經的中國文化的根本。中國文化的最大功能是統合（integration），特別具有這種統合功能的，六經之內的是易經，六經之外的是道德經。」

最近讀到外交界耆宿汪公紀先生的一篇大作「從杯觥交錯的外交到星斗滿天的占卜」，談到人的命運問題，他舉出「凱撒之死」、希特勒的末日，以及他父親的去世故事，來作證明。尤其是他老太爺去世前一星期在北平協和醫院體檢的結果，醫生親口告訴他：「Absolutly nothing」（絕對沒有問題）。這是現代西方醫學的證明，是科學的而非迷信。但是一星期後他父親非常健康高興地帶他去「來今雨軒」吃早點，走不多時，他父親突然說「我身上發寒，似乎有熱度。」經過十八天治療，便溘然長逝。西醫的話和醫術經不起考驗，他祖母幾十年前請人替他父親算的命却應驗了。究竟那是科學那是迷信呢？迷信還能經得起幾十年的考驗嗎？所以汪先生最後感概地說：

「總之這是解決宇宙之謎的大問題，我們應該認眞的正視，而不能認爲是迷信，輕易的把它棄之不顧，我們所棄置不顧的東西，還不夠嗎！」

一位外交家、學人，說出這種語重心長的話，應該比我早先寫的幾篇有關中國文化的文章，更能引起讀者的共鳴。

本來中國文化有三種走向，而這三種走向是齊頭並進、相輔相成的，後來人文走向單獨前進，走上了單行道，兩千年來，走出了毛病，本來是科學先進，結果變成後進了。因此有人認爲非全盤西化不可。這是中國文化的悲劇，這個悲劇還在繼續。

汪先生所說的解決宇宙之謎的大問題，實際上是大學問，這個大學問盡在易經和道德經中，命學不過是承其餘緒，解決人生問題的一個科學的具體的方程式，這個方程式的排列不是用XYZ，而是用天干地支，與天文的關係最爲密切。命學中的神殺無一不是星體，如天乙即是小熊座，文昌是大熊座，天德是太陽，月德是月球，它們與地球和人的關係十分密切。所謂子丑寅卯等就是方位。人出生的時間空間，關係一生的命運。研究這些問題的學問就是命學，它是完全依據宇宙自然法則而演算的，何迷信之有？江湖術士頂多知其然而不知其所以然，一般人更莫名其妙，因此視爲迷信，而糟蹋了這門科學。

命學不過是中華文化寶典的具體應用方法之一而已，其他如醫學、兵學等等，莫不脫胎於陰陽生化之原理原則。

中國文化本來是統合冥觀、實感、人文三種走向的有機體，奧妙無窮。而人文主義實在是一個最低的知識層次。在這個層次裡兜圈子實在是舍本逐末，所知的不過是某種現象而已，只看見表面現象，而不探本求源，不但不能了解問題，甚至造成錯覺。

孔子說：「志於道，據於德，依於仁，游於藝。」五十歲以後，我則游於三種走向之間。歲月悠悠，不知不覺，轉眼快到十年。在文學創作方面是一大損失，在知識層次的突破方面，則非在文學上的尋章摘句或寫一本兩本小說可比。不過中國文化實在太博大精深，我所投下的時間和精力未必能激起一點波紋，但不至於見了洋人矮三尺，也不會患上恐共病，作一片無根的浮萍。

原載六十七年四月十六日中華日報

文化與文學

在[redacted]的臺灣，除了美國的思想意識形態喧賓奪主之外，日本的思想意識形態[redacted]態也對我們隨時夾擊，如文化漢奸胡蘭成的「山河歲月」，公開在臺灣出版發行，而且還有知名之士撰文捧場，待如上賓，並且擁有一批徒衆。胡蘭成否定我們血淚斑斑的八年抗戰，在臺灣擴散日本思想意識形態，只不過是一個最明顯的例子而已。

因此這一年來我寫了一系列的文章：

一、中國文化的三條根（見六十六年十二月六日中國時報）。

二、文藝界的「洋」癇瘋（見六十六年十二月十四、十五日新生報）。

三、中國文化的宇宙觀（見六十七年一月六日聯合報）。

四、淺談當前文學問題（見六十六年十二月二十六日聯合報）

五、宇宙爲心人爲本——中國文化的眞面目（見六十七年一月二十七日中華日報）。

六、文化、社會形態與當代文學創作（出席亞洲作家會議所提論文，見英文亞洲文化季刊一九七八年春季號）。

七、人與宇宙自然法則（見幼獅文藝六十七年十二月號）。

為了證實中華文化的優越，反對盲目崇洋媚外心理，和害我們不淺的美國思想意識形態，我甚至不惜以應用科學的命學實例來說明中華文化的統合科學人文的功能。因此我又寫了兩篇文章：

一、從黎模昭母子之死談生死邊緣——人與宇宙自然法則的印證（見六十七年十月十九日中華日報）。

二、生死邊緣實例——短命嬌娃——兼談中國文化問題並答讀者（見六十七年十二月二日中華日報）。

此外我還寫了「易經的體用」，說明易經的統合功能，[redacted]

以上這類文章沒有別人寫過，讀者能否了解？究竟能發揮多大作用？我不敢講？但我可以說明兩件事實。

當「中國文化的三條根」發表的那天，第一個打電話給我的是素無來往的前師大校長劉眞先生，承他過獎，我不敢當。

當「從黎模昭母子之死談生死邊緣——人與宇宙自然法則的印證」發表後，華副蔡文甫兄一天接到幾十個電話，還替我轉來不少信。

知識份子的責任只是盡其在我，我不是政府要員，不能把我的觀念當作政見來推行；我也沒有錢辦報或從事出版工作，把自己的作品大量印行。我除了提供知識外沒有其他辦法。但是我希望主管教育、文化、宣傳的先生們，要注意建立[redacted]

我是從事文學創作的，一向不願談理論。但是[redacted]中華文化根本動搖的今天，我不得不談些根本問題，但我的力量有限，我所能講的話也就止於此了。

原載六十七年四月十六日中華日報副刊

中輯

文藝的危機

從「五、四」算起，新文學已逾知命之年；從三十八年算起，亦已年過二十，該是成人了。而對於作家個人來講，五十二年或二十二年，都是一個漫長而艱苦的過程。有不少的作家半途倒下，有不少的作家苟延殘喘，有不少的作家黯然擱筆。這是一條極其崎嶇不平十分難走的道路，而後天的失調更甚於先天的不足。一位作家的成長，是歷盡艱辛。如日本三島由紀夫那樣幸運的作家，中國幾無一人。而此人之缺少東方哲人修養，與文學家的定力，乃至狂暴毀滅，殊屬可惜。

如果以三島由紀夫鷹揚於東瀛，而藐視中國作家之無出息，那是很不切實際的看法。國情不同，民族氣質不同，自然難以相提並論。我國作家在後天失調的情況之下，能有這樣的創作成果，不敢妄言空前，應該可以說是差強人意。

可是現在大家漸漸有一種荒涼的感覺。這種荒涼，可能要持續很久，也許會一直荒涼下去。而在幾年以前，我已有預感。但我一直不敢形之於文字，一則我不會說假話，而肯聽眞話的人又太少；二則我希望此一危機不致出現。可是今天連報紙副刊編輯先生都有巧婦之嘆，可見這問題已經表面化了。冰凍三尺，非一日之寒。種瓜得瓜，種豆得豆。如其謂爲意外，不如說是必然。

很明顯的，目前文藝作品是處於青黃不接的狀態中。有二三十年以上寫作歷史的作家，多已擱筆。即使偶有所作，如非應酬，亦屬粧飾門面性質，很少全心全力從事。雖未完全退休，亦屬半退休狀態。這一代作家的作品，雖非字字珠璣，篇篇佳構，但編輯先生可以放心，只要原則確定，不必再字斟句酌。但這一代的作家不寫，或是偶然寫點也供不應求。報紙副刊和文藝雜誌的篇幅那麼多，編者要想編一份夠水準的刊物，則非易事。「長江後浪推前浪，一輩新人換舊人。」舊人不寫，讓新人出頭，未嘗不是一件好事，但文學不同於一般的所謂「接棒」。原因之一是，現代的功利教育，很難培養出非功利的文學作家。青年國文水準的普遍低落，亦是妨碍青年走上文學之路的絆脚石，所以纔有青黃不接的現象。而老一輩作家的擱筆，也正是年輕一代裹足不前的原因。此種危機的造成，由來有自，而且非止一端。

先以稿費而言，目前文藝作品大約一百至一百二十元一千字，但大多數刊物不及此數。平均一個月能寫十萬字純文學作品的作家很少，縱然能寫出來，月入亦不過萬元左右，勉强能維持一家人的生活費應酬費與子女教育費醫藥費。而平均每月寫十萬字純文學作品的作家第一必須專業；第二須有二三十年以上的寫作歷史，且有倚馬之才。即七步成詩的曹子建，如果生在今日，單靠寫作爲生，亦必然餓死。現在的青年人多經不起這種煎熬，也不會做這種傻事。學唱歌跳舞不要什麼學問，一年半載就可以賺大錢，台北英文中國郵報有篇文章說一位歌星的收入可以抵八個大學教授。準此而論，亦可以抵十個八個老作家。作家收入如此微薄，而版稅尚須扣所得稅百分之十，怎不生計艱難？

電影電視的發達，照理對作家的生活很有幫助，其實不然。小說的電影版權費不過一兩萬元，電視版權費不過一萬元，實在微乎其微，何況需要量少。而一部長篇小說改編成電視劇的編劇費則多達十二萬元至十五萬元，相形之下，更顯不公。而最難堪的則爲電影電視對文學的損害。如黃梅調的電影紅樓夢，對曹雪芹是佛頭着糞，對紅樓夢是一大侮辱。等而下之，更不必談。

近幾年來，每年的文藝獎多至四個，錢亦不算太少。照理這也是有助於文藝發展的。可是適得其反。文壽先生早已著文謂爲分贓示惠。而「漢奸獎」一出，更傷透了愛國作家的心。

對發展文藝貢獻最大的還是報紙副刊與文藝雜誌。約在民國五十年前後，各報副刊相繼擴版，文藝作品的確蓬蓬勃勃，尤以小說一枝獨秀，好的長短篇幾乎都是在報紙副刊擴版後三五年間發表出版的。臺灣文藝作品以這一時期最爲結實，質量均有可觀。可以說這一時期是文藝成熟期。不但作家個人頗有成就，整個文壇也是大豐收。可是好景不常，近年來却日益萎縮。究其原因，除上述各情之外，某些報紙副刊和雜誌之走偏鋒，盲目崇尚西洋文學，胡捧亂抬，製造偶像，標新立異，乃至以黃色作品與集體創作小說爲尙，遂使文藝一步步走入歧途。

以上種種，固使有識者齒冷心寒，更使愛好文藝靑年難辨是非，無所適從，乃至望而却步，因而造成了靑黃不接。文藝枯萎病正潛滋暗長，看樣子短期之內難以復甦。

一個作家的擱筆是很容易的事，而且隨時有此可能，而一個作家的成長，則非二三十年的時間不爲功。一個已有成就的作家無論他棄創作而就學術，或棄創作而經商作吏，決非作家的素願，更非文學之福。文學是無可代替的，電影不能，電視不能。文學生機一絕，縱爲經濟大國，政治大國或軍事大國，亦無異於一大戈壁。

誰能解救當前的文藝危機？誰就是中國的繆司。

六十年九月九日台北

貝克特高風

諾貝爾文學獎金得主撒姆爾・貝克特，於聞悉獲獎後即刻匿居起來。他的法籍編輯林登對記者說：

「我曾用電話和貝克特太太談話，兩人聽到得獎的宣佈都很苦惱。他以爲今年不會被諾貝爾獎所困擾。他的反應只有苦惱，於是立即避匿起來，以逃過任何種類的出風頭，這是他一生的作風。」

作爲一個中國讀者，我們對貝克特的作品知道得不多，更不知道他是何許人？他這次獲獎，我們甚至感覺有點意外，因爲日本明星式的作家三島由紀夫，早幾年就盛傳他要得獎，還有其他許多比貝克特名字響亮的作家，都是今年諾貝爾獎金的候選人，而今年的得主却是我們大不熟知的貝克特，當初頗以爲怪。看到了他的法籍編輯的談話，又不能不佩服諾貝爾獎金評審人的慧眼，雖然我們還沒有看到評語，但根據貝克特「一生」不出風頭的「作風」，和聽到得獎後馬上避匿起來，他之得獎則是理所當然。龍潛於淵，大魚決不浮在水面。這是普通常識。可是大多數人往往被水面的游鰷弄花了眼。或以燕雀爲鴻鵠。鶴鳴於九皋，常人往往看不到，聽不到。

名利是人生的兩大難關，名之爲障，詩人作家尤其難於突破。「實至名歸」不是壞事，可是虛名小利往往害人，能識透此中機關而不飛蛾撲火者幾希。捨本逐末，結果誤了千秋事業，古往今來，此例太多。惟智者方能突破此關，完成千秋大業。

諾貝爾獎金到現在仍不失爲世界上一項最高的榮譽獎，是給全世界兢兢業業的作家而有所成就者的精神鼓勵。可是外國作家視此項最高榮譽如敝屣的大有人在。前有蕭伯納、沙特，現在又有一個貝克特。蕭伯納之不領諾貝爾獎金，是因為他窮的時候沒有給他，他成為百萬富翁之後又無此需要；沙特之拒領獎金，因為他基本上是個存在主義者，他本身的思想言行可作解釋；貝克特之為此事苦惱，避不見人，怕出風頭，「是他一生的作風」。這幾個人都沒有一點矯情作用。他們都表現出一個真正作家的氣質。有諸內必形諸外，我們不必一字一句地讀貝克特的作品，他這次的表現就告訴了全世界讀者：他的作品的實質和內容。

文學作品不是文字游戲，而是作家思想、精神、人格的倒影。此種投射，生死以之，豈同兒戲？

在功利思想、現實主義瀰漫西方社會的今天，西方人所表現的是內心的空虛，他們所追求的看來是最現實其實是虛無飄渺的事物，甚至作家們亦難超越。但是貝克特不同流俗。他雖在法國住了二十多年，但他的名字遠不如後輩沙岡響亮。他之不願意出風頭，正表示他內心生活的充實，建立了他的自我世界，精神王國。作家到了這種境界，也就不難寫出不朽的作品。諾貝爾獎金是身外之物，得與不得，也就無足輕重了。

五十年華

抗戰初期我遠離家鄉時，父親才四十來歲，大伯父二伯父也不過五十多歲，雖然他們都是陽剛性格，活力比一般人強，尤其是「氣盛」。可是在外表上看來，多少有點老態，在我們子侄面前自然更要賣老。和他們年齡不相上下的人，更不如他們，不是氣喘，咳咳咔咔，就是彎腰駝背。有一位大財主史先生，年齡還不到五十，頭已經鉤到與腰齊了，身子看來比打黃鼠狼的弓還要彎些。而在這種年齡撒手西歸的人更不在少數。我有一位身長力大豪氣干雲的宗叔，夏天遇到了一陣暴風雨，就一病不起，死時才三十六歲。抗戰勝利後我回家時，很多長輩都已去世，包括大伯母、大伯父、二伯父在內。大伯父六十三歲，二伯父六十虛歲。他們三兄弟只留下我父親一人。他還不到五十。可是七八年憂患，加上二弟亡故，人已經老了很多。以後這一別就是二十多年。當時他正是我現在這種年齡，患上了「老年咳」；更由於青年時患了一次嚴重的眼疾，治療不當，視力幾等於零，垂暮之氣已經蓋過了他的好勝倔強。和我現在的情況相比，真有天淵之別。

倘若稍往上推溯，古人的健康情況更差。文起八代之衰的韓愈，年未四十，而髮蒼蒼，視茫茫，而齒牙動搖……和我們這一代人相比，那是差得太遠了。現在的四十歲的人，在七八十歲的長者眼裡還是「年輕人」，沒有成家的還多的是，自然不敢「賣老」，在某些場合還以青年自居哩。現在的人不但在外表上沒有上一代的人蒼老，在心理上更是年輕多了。

照中國算法，今年陰曆四月二十日我是四十九歲，五十虛歲，按中國人做九不做十的習慣，我可以做「五十大壽」了，而且也勉強稱得上「兒孫繞膝」（子女五人，外孫女兩個，。可是我沒有這種打算，在心裡上我總覺得我還很年輕，兒時事歷歷在目，怎麼就作了？實在沒有一點老的感覺。韓愈的那種情形，我並沒有。年輕時就有幾莖白髮，現在雖然多些，但毫不影響健康，至於視力，兩眼都在一點五以上，很多青年人也沒有達到這個標準。雖然看六號字書報要戴一百七十五度的「老花」，那只是為了保護眼睛，讓它們長久耐用。不戴仍然能看。牙齒不動不搖，胃口頗佳，體重六十五公斤，血壓高一百二十，低七十，都極標準，全身沒有任何毛病。倒是年輕時因病及戰亂關係，害了十多年胃病，來台灣後飲食起居正常，幾年功夫不藥而癒，現在吃東西百無禁忌，每餐不吃三盌總是「意猶未足」，飯後吃五條大香蕉稀鬆平常，一度被電扇吹成風濕的老毛病也完全好了。現在腰脚之健[illegible]五十歲的人亦難趕上。[illegible]時三層樓的石級，[illegible]一口氣[illegible]上來輕鬆得很，兩脚彈性十足，[illegible]的感覺。腰之柔軟，向前可以折疊起來，左右轉彎頭也可以靠住小腿。我在二三十歲時也辦不到，文起八代之衰的韓愈如果在年未四十而有此體能，那他一定不會那麼「自思自嘆」，反而「雄心萬丈」了。

現代醫藥的進步，挽救了很多人的生命，也增進了很多人的健康。台北市男人平均壽命超過六十八歲女人七十三歲，比光復時增加四十歲，就是個很明顯的例子。可是也有很多人吃安眠藥而死。因此把握禍福之機還是在自己。我的胃病沒有吃過一片藥，好了，我的風濕醫藥診不好，也自然好了。前者得力於飲食起居正常，後者得力於運動。而且現在身體比以前更好。這就是老子說的「禍兮福之所倚」，我也因禍得福。如果照吹電扇，而不運動，可能已經半身不遂，成爲廢人，如果好酒貪杯，三十幾歲就可能胃穿孔而死了。那有今日？那有未來？

四十五、六歲以前，我不運動，但也從未糟塌身體。可是得過胃病，得過風濕。四十六歲以後才開始運動，而且沒有一天間斷。不上班時早晨要運動一個多小時；上班以後，分爲早晚兩次，合共也是一個多小時。現在除早晨練太極操，晚上打太極拳外，還加[illegible]花[illegible]。看花是賞心樂事，可以使心情更加恬淡；搬花盆是有益的運動，可以使身體更加健康。兩者使我樂而不倦，不但不[illegible]參加任何[illegible]動，連電影也不願看。山水俱樂部本來是個有益身心的活動，對於晝夜不分，四體不動的朋友很好，但對我這個天天運動，天天與大自然接觸，嚴守生活規律的人來說，仍嫌不足，所以我十次也沒有參加。「[illegible]風雨不[illegible]，晴雨不[illegible]」。縱[illegible]十天爬山遊水，[illegible]將就全功盡棄。我家鄉那位四十來歲時身體就變成一張打黃鼠狼的彎弓的史姓大財主，就是大烟槍在口，美人在抱的結果，通宵牖將猶其餘事。

從前人說「三十不豪，四十不富，五十將相尋死路」。這說明人到五十，萬事皆休。現在時代不同，三十歲還在求學的多的是，四十歲窮兮兮打光棍的也不少，五十歲不但不尋死路（除非自殺，但自殺又不限於五十歲），還正如日方中，大有可爲。因此我對於即將到來的[illegible]十歲，一點也不恐懼，一點也不覺得它代表「老」字。在我個人來說，[illegible]點[illegible]成熟[illegible]的[illegible]，[illegible]以前，稚[illegible]，是屬於「幼稚」階段。「人生七十方開始」，[illegible]時稍嫌誇張，[illegible]世紀時，可能完全符合。此時此地如講「人生五十正成熟」，[illegible]情合理，[illegible]。五十歲以前，只能算是奠基，五十歲以後才是黃金時代。要[illegible]享要懂得盈虛得失，非到五十不行，五十歲實在是大好年華。

十元，中晚餐五十元，遊阿里山住賓館一天，每人連上下山車票食宿等費，總共約需五百元。一般旅客多爲上午八時上山，次日上午八時三十五分下山，下午二時上山，次日下午一時三十分下山。賓館爲配合旅客遊覽，每日上午九時，下午二時，都派嚮導導遊。

我們遊覽的第一站是火車站土產店，阿里山土產店有十來家，小米也是特產，每小袋十元。此外尙有黃花，冬菰、菊花、木耳、筍乾、冬蜜等等。我在路邊樹下發現很多野生黃花，現在雖然沒有開花，但這種植物都是道地土產，大雪山、大元山都沒有阿里山這麼多，因此我認爲黃花才是此地特產。其他的沒有親眼看見，不敢斷定是不是阿里山特產？至於那些雕刻品，化學製品，則無一樣是此地特產，正如日月潭，烏來等地所賣的一樣，都是「泊來品」。一般價格比山下高，連黃花也賣八十元一斤，和臺北一樣貴，因爲是團體行動，不能掉隊，我準備遊完以後獨自來買。

離開火車站就去姊妹潭，這一帶樹木參天，環境幽美，姊妹潭裏的水已近乾涸，姊妹潭的故事嚮導也講不出所以然來，又買不到一本阿里山導遊的書，我不能隨便杜撰，只能說它是高山中的一潭水，如此而已。

從前五十歲的人可以扳起面孔說教，現在五十歲的人還不夠格。談健康長壽之道更是太早。四十九年來我的胃病風濕能不藥而愈，保持現在這種健康狀況，一是生活單純正常；二是心理衛生，不要患得患失，活一百歲是平常事。

五十九年五月台北

二〇〇七年十月二日午夜重校

春遊阿里山

這次乘重遊墾丁公園之便，又值阿里山櫻花季節，決定歸途中上山一遊，事先由某軍張主任天祥代我訂好上下山來回車票，和阿里山賓館房間。三月二十二日上午八點，他又送我上中興號特快車，這種小火車相當整潔，來回票價兩百一十七元，上山需三小時四十分，下山需三小時二十分，以時間計算，不算太貴。如果沒有火車，上下阿里山那就太難了。

車過竹崎就一直爬山，中間經過四十八個隧道，最長的隧道六百多公尺，工程之艱巨可想而知。進入溫帶林之後，風景較佳，有深山氣象。火車經過足以象徵阿里山的神木旁邊時，特別停留十分鐘讓遊客觀賞。神木高五十二公尺，胸高直徑四六六公分，材積五百立方公尺，壽命三千年，但已呈死象，廬山黃龍寺前面的兩棵「寶樹」，與阿里山神木同屬檜木，但那兩棵「寶樹」比神木高三四倍，眞是抬起頭來會掉下帽子，而且枝葉繁茂，四季常青，只是基幹稍小一點，而這兩棵寶樹下面尚有一棵同樣高大的銀杏，也是枝葉繁茂，高可參天，這棵神木如果再高三四倍，不是這麼光禿禿的，那就很好了。

火車蜿蜒爬到兩千兩百二十七公尺，才到阿里山車站。三個多小時的行程，一點不覺得勞累，而且身上沒有一點灰塵，比起前一次坐老爺汽車遊墾丁公園要舒服乾淨多了。

阿里山賓館和其他旅社都派人拿着他們的旗號來火車站迎接客人，我和住賓館的客人都隨着嚮導搭乘阿里山賓館的專車來到賓館。

賓館地點是吳鳳鄉阿里山香林村三號，特修有汽車路通達，如循石級路而下，亦不過十來分鐘行程。

賓館為五層西式建築，外表美觀，內部亦甚考究，走廊、樓梯上下等處均鋪紅地毯，房內拼花地板，床鋪沙發都很高級，一切設備齊全，雖無碧瑤松林旅社那樣古色古香，但住得舒服，服務更非松林旅社可比。

賓館套房（三至五人）每天一千元，雙人房四百元，單人住三百元，單人房一人一百五十元，兩人住兩百元，榻榻米房三人兩百元，兩人一百五十元，團體房（十五人以上）每人六十元，一律另加小費一成，比普通旅社自然貴些，和觀光旅社差不多。

賓館內附設有相當漂亮的餐廳，除早餐供應西餐外，中晚兩餐都是中餐，早餐二十至四十元，中晚餐五十元，遊阿里山住賓館一天，每人連上下山車票食宿等費，總共約需五百元。一般旅客多為上午八時上山，次日上午八時三十五分下山，下午二時上山，次日下午一時三十分下山。賓館為配合旅客遊覽，每日上午九時，下午二時，都派嚮導導遊。

我們遊覽的第一站是火車站土產店，阿里山土產店有十來家，小米也是特產，每小袋十元。此外尚有黃花，冬菰、菊花、木耳、筍乾、冬蜜等等。我在路邊樹下發現很多野生黃花，現在雖然沒有開花，但這種植物都是道地土產，大雪山、大元山都沒有阿里山這麼多，因此我認為黃花才是此地特產。其他的沒有親眼看見，不敢斷定是不是阿里山特產？至於那些雕刻品，化學製品，則無一樣是此地特產，正如日月潭，烏來等地所賣的一樣，都是「泊來品」。一般價格比山下高，連黃花也賣八十元一斤，和臺北一樣貴，因為是團體行動，不能掉隊，我準備遊完以後獨自來買。

離開火車站就去姊妹潭，這一帶樹木參天，環境幽美，姊妹潭裏的水已近乾涸，姊妹潭的故事嚮導也講不出所以然來，又買不到一本阿里山導遊的書，我不能隨便杜撰，只能說它是高山中的一潭水，如此而已。

隨後到北興初級中學和帝王廟，這所初中雖然規模小些，但深山之中，人口不多，能有一所初中，也就彌足珍貴了。帝王廟很小，正在興修，倒是附近的慈雲寺規模較大，而且還在大興土木，建造僧舍客房，將來完工，能在這裏住幾天倒很不錯。

看三代木是今天最後一個節目，所謂三代木並非那棵三代時的神木，而是第三代的樹木，即第一代巨木死了，生出第二代，第二代樹木死了，又生出第三代，從姊妹潭過來，看到不少漂亮的第二代樹，這裏又看到好幾棵三代樹，人生以二十年爲一代，三代不過六十年，樹木三代則以千年計，那棵三代時的神木已經超過三千年，從前人慨嘆「山中也有千年樹，世上曾無百歲人」，現在百歲人瑞雖有，但人的壽命比起樹木來實在太短了，阿里山上隨便那一棵檜木，都比我們的年齡大，唐宋年間的樹木正不少呢！人實在渺小得很。

遊阿里山的最後一個節目，也是主要節目，就是上祝山看日出，下午六點向賓館櫃臺訂票，每人三十元，包括十元早點費在內。一個人旅行，晚上無人交談，也無人陪我夜遊，只好早睡。可是一床薄棉被，一床毛毯，一個人睡，不能保暖，頗有寒意，因此一夜都沒有睡好。四點半鐘，服務臺打電話叫我起來看日出，我馬上起來。盥洗完畢，就到樓下吃早點，外面正下着大雨，看樣子是看不到日出了。但既來之則看之，吃過早點我就上車，可是一摸口袋卻找不到車票，大概是交早點券時把車票丟了。看日出對我來說不是什麼稀罕事兒，幼年在家鄉，幾乎天天看長江日出日落，後來又看過洞庭湖上日出，和中國海上日出，那種景象我領略太多，本來可以不上祝山。但我不願因爲天雨和丟了車票就半途而廢，臨時向司機補票，隨同大夥出發。

途中有不少遊客撐着傘步行上祝山，這倒是一宗雅事兒，可惜我無伴無傘，不然昨天我就不會買票。因爲早起運動已成爲我多年習慣，這正是一個運動和欣賞風景的好機會呢！

車到山頂時正好天亮，雨還未停，但已經有很多人站在海拔兩千四百公尺處等看日出，山頭被雲遮住，山谷的雲海十分壯麗，如一層大白棉絮安靜幽閒地鋪在谷底，日月潭上的晨霧不能相比，只有站在廬山含鄱口看鄱陽湖上的白雲，那種上面是蔚藍的天，下面是碧波萬頃的湖，中間飄浮着潔白如絮的雲海的奇景可以過之，在臺灣，也只有阿里山的雲霧可與廬山相比。昨天下午我們遊覽時就是身在霧中，霧中看樹，霧中看人，霧中看花都別有情趣，這種情趣還次在阿里山才重新領略，上祝山雖然沒有看到日出，但在阿里山重新領略到霧中情趣，也就不虛此行了。

六點多鐘又返回賓館，這時已經雲散雨止，空氣十分清新，櫻花嬌艷欲滴，阿里山的櫻花開放得比陽明山遲，但櫻樹大而多，且不集中於一處，山上到處都有。賓館門前幾樹櫻花眞是繁花滿樹，妙在初放，如盈盈少女，眞個賞心悅目。而空氣之新鮮，尤非烟塵萬丈的大都市所能比擬。

阿里山的高度、氣候都和碧瑤、廬山近似，阿里山的檜木比碧瑤的松樹雄偉高大，山勢也比碧瑤更富有深山韻味。交通也比碧瑤方便，數臺灣名勝，阿里山可稱翹楚，是個耐人久住深思的好地方。

環島散記

蘇花公路初旅

台灣的名勝我只差蘇花公路未遊。這次有機會遊了蘇花公路。

四月二十一日上午，我和莫、葉兩先生從宜蘭去南方澳漁港遊覽。他們兩位是初去，我在幾年前爲了寫長篇「合家歡」，曾專程來南方澳參觀，並在漁會蒐集了不少資料，所以在我說來是舊地重遊，相隔數年，這漁港也多少有點改變，港邊的那些棚攤已經拆除，顯得清爽多了。

這次在魚市場又看到不少大魚，最多的還是鯊魚，旗魚也有不少。匆匆遊過之後，就回到蘇澳吃午飯。蘇澳飯菜之貴和宜蘭的特別便宜恰成對比。

我們搭一點半的班車去花蓮。蘇花公路的班車每天開兩次，上午六點半開一次，下午一點半開一次，一次有好幾部車，我們這一次是六部車子，我們坐的是第二號車。

車從蘇澳開出幾分鐘即爬上山頭，從山頭上看南方澳漁港，像個大火柴盒子，房屋也很低矮，整個看起來倒也不錯。除了踞高臨下地看南方澳之外，還可以遠望野柳基隆，基隆海外的龜山看得十分清楚。

太平洋浩瀚無比，一望無涯。藍色海洋上的漁船，像大草地上的蚱蜢一樣渺小。我的座位是靠海邊的窗口，海上風光一覽無餘。向下看則是千丈懸崖，雪白的浪花衝擊着巨石。車子彷彿天馬行空，但這和坐在飛機上的感覺完全不同，坐在飛機上不怕，坐在蘇花公路的車子上却無安全感，尺寸之差就會粉身碎骨。據說某學者上了車之後看到這種情形，嚇得面無人色，緊閉着眼睛吵着要下車回去，但是騎上了老虎背就不容易下來，徒然給同伴製造笑料。

蘇花公路確實驚險，車子儘在高山絕壁上七彎八拐，拐彎時彷彿是向海邊衝，可是在絕壁邊緣車子又轉過頭來，化險為夷。望望前後的車隊，每車距離大約五六十公尺，看來不但驚險，而且壯麗。

車行約一小時，忽然發現山谷下有一小塊平地，還有人家，原來這是南澳。在南澳停車休息。有幾個山地女人提着一串串螃蟹兜售，這些螃蟹和淡水河裏的差不多大小，但顏色更深，呈黑褐色，據說是山溪蟹，便宜得很，十塊錢三串，大約有三十隻，很多人都買了，我也想買，但旅途沒有地方弄，又不能帶回台北，只好作罷。

這裏出產一種黃玉米，顆粒小，但却清甜可口，在台北吃不到，和菲律賓克拉克空軍基地附近某鎮出產的又糯又甜的玉米有「異曲同工」之妙。

休息三十分鐘又繼續前進，這一段路沒有蘇澳到南澳那麼驚險，因為路基離海面較低，還有一小部份是在山裏七彎八拐。和平也是個中途站，這裏比南澳平地較多，店舖也多幾家。車子又停在這裏休息了一陣。

過和平以後地質較為堅硬，岩石成塊，有不少山洞隧道，愈近太魯閣山石愈堅。台灣的山脈很奇怪，東西橫貫公路只有大禹嶺以下，尤其是天祥到太魯閣這一段的石頭最堅，蘇花公路也只有快近太魯閣一段較為堅硬，其他各地山石很多都是可以用手揑成粉碎，所以山崩特多，遇雨公路時常中斷。石門水庫容易淤塞，也和這種鬆脆的地質大有關係。

我們預定在天祥山莊住夜，所以在太魯閣下車。回頭看蘇花公路，一眼望去並不算長，就是七彎八拐就擱時間，如果是直線，個把多鐘頭就可以到太魯閣了。現在却費了三四個鐘頭。

重遊天祥

十年前就走過橫貫公路，經過天祥，休息了一會。那時中國旅行社的房子還沒有完工，此外什麼都沒有。現在不知道如何？我們改乘小車向天祥進發，太魯閣至天祥十九公里，是東西橫貫公路最精彩的一段，峭壁插天，質堅無比，山澗中一塊塊的巨石都是大理石，峭壁底層也是大理石，澗水濃綠如膠，別處少見。因為天色不早，匆匆而過，明天回程還有時間從容遊覽，司機「快馬加鞭」趕到天祥。

天祥今非昔比。除了中國旅行社美侖美奐外，還新建了寶塔、寺廟、天主教堂、基督教堂以及文天祥塑像，還有幾家土產店。這是一進入天祥就能看見的。

天祥山莊也是新的建築，位置比中國旅行社高，樸素淡雅，環境清幽，院中的梅子樹綠葉成蔭子滿枝，是最佳襯托。管理員劉福隆先生年輕熱情，他種的野百合開得尤其漂亮，而且別有香味。

晚飯後我們先散步到文天祥塑像，瞻仰一番。整塊大理石刻的正氣歌，氣勢雄偉。文天祥最能代表中華民族精神，儒家精神，也是我們江西人的光榮，使我這個後生晚輩亦與有榮焉。看到文天祥塑像又自然使我想到另外幾位江西先賢歐陽修、曾鞏、王安石，以及比他們更早的本縣大詩人陶淵明。這些人在我們的歷史上閃閃發光，照亮了我們漫長的歷史，在他們的光輝照耀之下，我對於中華民族的前途從不困惑，我從不感覺到迷失方向，永遠不會吃迷幻藥，永遠不會嬉皮。

文天祥是儒家精神的代表，對面閃着五彩燈光的寶塔和寺廟，自然代表佛教，天主教堂、基督教堂自然象徵耶穌。美中不足的是沒有代表我們自己的道教的建築。儒釋道是我們歷史文化的三大支柱，在這種名勝地方似乎不該少了一隻脚架，耶穌教還不能代替它。

天祥的夜景很幽很美，梅林尤其富有詩意。在梅林中散步是一大享受，空氣清新無比，長久在這種地方生活，眞可以延年益壽。

從文天祥塑像下來，到幾家土產店看看。這幾家店舖裏有不少奇石。這些石頭都是山胞在深山中發掘出來，然後加工琢磨的。其中有一種玫瑰石，色澤如紅玫瑰。大自然眞是奇妙無比，天祥石頭之堅之美之奇，也是別處少見，價值最高的竟在十萬元以上。我們來的前兩天就賣掉一個十幾萬元的石頭。有錢的人多，好此道的人也多。寫文章的朋友縱有此雅興，也無此閒錢。我只買了四包天祥筍乾，據說這種筍乾燒肉十分鮮。

天祥之夜沒有車馬喧囂，沒有人聲吵鬧，可是却有水聲，夜深人靜時這種瀑布般的水聲，我有三十多年沒有聽到，從前住故鄉廬山時，深夜聽着轟轟的瀑布聲，悠然入夢，有天人合一之感。都市裏的機器聲、車聲，十分刺耳，決難與天籟相比。

一覺醒來，就聽見十分奇妙的鳥音，清亮好聽，在都市決無這種耳福，說台灣鳥不語的人，大概沒有到過天祥，沒有住過天祥。

我起來走到院中看看手錶，剛好五點十分。我連忙漱洗完畢，出來散步。

天祥是在高聳入雲的群山環抱之中，四面山峰構成了個大井口，天祥正好是井底。山色蒼翠如洗，空氣一塵不染，這眞是個最好作深呼吸的仙境。我便在平坦的籃球場上運動了約半小時，吸足了天祥的新鮮空氣。

昨天晚上劉先生告訴我們說，離天祥山莊兩公里多的山谷裏有個文山溫泉，我作完運動之後，葉先生便邀我一道去洗溫泉。我們三人循着往大禹嶺方向的公路走。因為八點半花蓮有車來接，我們想早點洗完轉來早餐，以免車子久等，所以我和葉先生快馬加鞭，一口氣急走了三四公里，但是始終沒有發現路邊的房屋標誌，看看已經走了快四十分鐘，依我們步行的速度判斷，足有四公里以上，只好廢然而返，來回十多華里的快步，加上半小時的球場運動，我這一天的運動量已經夠了，正好適可而止，洗溫泉等下次再來。

回到天祥山莊，劉先生帶我們到他的小花圃裏挖野百合送我們，送我的一個球莖特別大。不久前我和朋友去坪林遊玩，很想在山上找到百合，結果空手而回，想不到來到天祥劉先生却送了我這份厚禮。希望我也能像他一樣養得又肥又大。

早餐後乘車赴花蓮，沿途停車欣賞風景。先過吊橋到祥德寺和寶塔遊覽了一番，拍了幾張照片。寶塔踞高臨下，鳥瞰天祥，盡收眼底。祥德寺規模不小，佛像也很大，住的是比丘尼，是一個很好的遊覽區。

從祥德寺下來，繼續進發。澗中巨大的大理石，在陽光下更顯得晶瑩可愛。在「一線天」又停車看「石濤」。一排石壁，狀如波濤，在那上面刻上「石濤」兩字，眞不容易。此處兩山如巨靈之掌相合，下臨絕壑，上僅一線通天，鬼斧神工，嘆爲觀止。整條橫貫公路，以天祥到太魯閣最美，而天祥到太魯閣，又以一線天最爲神奇幽美。一般觀光客也往往從太魯閣至天祥而止。（一○○年十一月四日重校）

大理石工廠

從蘇花公路的和平到太魯閣天祥這一區域內，幾乎處處都有大理石。這是一大筆地下財富，取之不盡，用之不竭。

輔導會在花蓮設立了大理石工廠，此外還有幾家民營工廠，規模都不及輔導會的大。因此我們參觀了輔導會的大理石工廠。

從山上開採送來的大理石，都是一大塊一大塊的，有好幾噸重，堆在空場上，這些大石頭變成花瓶，變成桌面，變成烟缸……要經過不少程序。那龐大的鋸石機，先把巨石解體，然後依其大小性質，分由各種特製機器加工製造。原先我以為白色大理石最好，其實不然，白色的最差，黑色的次之，綠色的最好。因為綠色的質地特別細緻堅硬。

工廠設有奇石部和成品部。奇石部奇石甚多，和在天祥看的大同小異。成品部裝飾品較多，從小巧玲瓏的花瓶烟缸到染色的雞蛋都有。本來我們想買幾樣紀念品，但價錢和台北一樣，只好入大理石工廠而空還。葉先生在廢石堆裏檢了一塊四方有孔的綠色大理石，問賣不賣？結果破鈔了五十元。到花蓮仔細一看，還發現一條裂痕，不免後悔。

澄清湖

我們在鳳山下車，換車直赴澄清湖。我們預定在澄清湖住宿。

我最早一次到澄清湖是四十年前。那時叫大貝湖。我在海總服役，是從左營行軍去的。大貝湖只有一泓清水，四周都是荒山，間或有些相思樹。現在却非吳下阿蒙，道路很好，建築很多，已經成為南部一大名勝了。而我却不再是青年，而是半百之「翁」了。當年率領我們行軍的某公，早幾年就作古了，人是最經不起時間考驗的生物。

我們下榻在相思林中的一座帳蓬似的木屋內。這種屋子別具一格，另有一番情調。房屋周圍的玫瑰也開得很好。

澄清湖面積不小，湖水很清，據說湖中的魚有一人多長，一百多斤重，網不起來。照理這地方比石門水庫好辦。在我家鄉有一種鈎船，長江裏再大的魚也鈎得起來，決不會讓牠們在水中坐大，而無可如何。（二〇〇六年一月四日重閱

文藝座談

經花蓮、台東，我們又趕到鳳山參加文藝座談。這是最後一次座談。二十日上午從基隆開始，下午又趕到宜蘭，一天兩次，然後是花蓮一次、台東一次，這是第五次，也是唯一沒有教師參加的一次。

在這五次座談中，以基隆、台東談的問題最有份量、而切實際；以宜蘭花蓮情緒最為熱烈，宜蘭還延長了一個多小時，花蓮師專也要求單獨座談一次，但因時間不夠分配，未果；鳳山談的比較廣泛，對詩的疑問較多。大致說來，五次座談，小說佔的時間最多，而小說的「民族語言」問題又幾乎變成了討論的中心。從電視劇到小說，讀者對於中國人說的不是中國話，十分困惑，這是醉心西洋文學所造成的紊亂。我一方面向他們推薦紅樓夢、儒林外史、三國演義、水滸、聊齋；一方面請他們注意吸收現代中國人的活的語言。這樣雙管齊下，將來自己寫劇本也好，寫小說也好，就不會中國人說洋話了。

詩還是使讀者最不可解的問題，十年前如此，現在還是如此。大家都說看不懂新詩，新詩發展到現在，有五十年的歷史，而以這十年來，與讀者脫節最遠。這是一個嚴重的問題，值得詩人們互相檢討。詩人在創作態度上固然不必遷就群眾，但在創作方法上，運用文字語言的技巧上，却應該建立一座通往讀者心靈的橋樑，使大家能夠欣賞。這樣新詩和讀者之間就不會隔着一道牆。

× × ×

環島一周，費時七日，雪泥鴻爪，走筆散記。

溽暑憶匡廬

「域中之山，自五嶽外，匡廬最著名。其山雄高大，[illegible]百里皆見之，臨江傍湖，驛路出其下。言其高，則層峰揷天，雲雨在下；然而山巔多有平土，流泉隨地湧出，可耕可鑿。言其深，則重崗複嶺，迷徑惑溪，灌木長林，不見日月；然在在皆有僧舍，笠屐所至，隨意眠餐，無途窮之苦；言其奇，則孤峰拔地，絕壁造天，瀑落雲中，泉懸空際，然而意象古雅，標格淸疏，卽之可親，服之無斁。」——潘來遊記

這則遊記對廬山的形勢寫得最爲眞切。沒有到過廬山的人可以意會，到過廬山的人更加神往。在國內名山中，廬山佔盡地利，交通之便，非五嶽可比；丘壑之勝，古蹟之多，亦首屈一指；避暑更爲理想，眞有人間天上之概，政府積弱時，此時廬山正是冠蓋雲集，成爲名符其實的夏都。菲律賓之碧瑤，無論自然形勢，名勝古蹟，水陸交通，均難與比。

廬山屬江西九江縣，入山必經之地蓮花洞距九江縣城僅二十五華里，有汽車直達。廬山之享盛名遠在一兩千年前，騷人墨客，吟詠其間，不可勝計。其開闢爲避暑勝地，則爲近百年間事，英國傳教士E.S.Little爲始作俑者，以後各國傳教士聯袂而至，將長衝、星洲、草坡地、下衝、吼虎嶺、大林寺、醫生窪等勝地「租借」以去，總名爲牯嶺租借地。這些租借地的管理權直到民國二十五年元旦才正式收回。

牯嶺的房屋都是用山上的巨石砌成，石塊通常一尺多厚，兩三尺長，堅固典雅無比。不像現在士林、石牌、天母一帶興建的別墅，外面用一層薄薄的石片貼上，虛有其表。牯嶺夏天的氣溫在八十度左右（早晚更低），加上這種建築，室內更涼爽如秋。

廬山並不是很高的山，不過在長江平原看來，的確數百里可見。廬山的最高峰大漢陽峰才一五四三公尺，牯嶺才一二四九．一公尺。夏天氣候之所以涼爽宜人，一方面是濃蔭蔽日的樹木，最主要的還是變幻莫測的霧。

廬山的霧說來就來，說散就散。明明麗日當空，轉眼間就雲自山頭起霧向脚邊生，而又必然帶來一陣淅淅瀝瀝的驟雨，使你遍體生涼。霧來時你看不見別人，別人也看不見你；霧去時又是清明世界，朗朗乾坤。樹木經過雨水一洗，更是青翠欲滴，山色如畫，遠眺近視，妙趣橫生。「老廬山」出門一定帶傘，初遊者往往被一陣幾分鐘的雨弄成「落湯雞」。

看霧以「仙人洞」最妙。仙人洞上依絕壁，下臨深谷，霧自谷中升起，如波濤洶湧，排山倒海，瞬息之間，群山皆不見，萬木無蹤影，對面不見人，只聞笑語聲。霧一爬上絕壁，又消失得無影無踪，一切都恢復本來面目，如出浴美人。有時霧從絕壁之上，劈頭蓋腦地飄下來，帶來一陣急雨，墜入深谷又化作一縷輕烟，轉瞬不見。這種變化無窮，來去無蹤的霧，調節了廬山夏天的氣溫，使你不覺得燥熱，而涼生肘腋。

看雲以含鄱口最好，下面是碧波浩瀚的鄱陽湖，上面是青天白日，中間懸着一層白絮。人在雲層之上，又能上下一覽無餘。

山水，山水，好山應有好水。若論山水之勝，廬山應推天下第一。它面臨中國第一大江長江，背依中國第一大湖鄱陽湖，而它本身又是處處流泉瀑布。山水之妙，非拙筆所能形容，還是看看古人的題詠。

先看閔麟嗣的三疊泉詩：

飛流直下總雷同，別辟奇觀五老東。似有哀猿啼峽雨，惜無高閣聽松風，神仙自識青冥上，珠玉如生曲折中。俯視更須臨絕頂，芙蓉天半路蠶叢。

三疊泉是廬山的名瀑，自五老峰後三疊而下，聲勢雄壯，震耳欲聾。瀑布水俗名馬尾泉，又是一番氣象。形如馬尾，自懸崖絕壁臨空而下，十分壯觀。烏來的瀑布眞是小巫，不可同日而語。李白的兩首詩寫得最好：

日照香爐生紫煙，遙看瀑布掛前川；飛流直下三千尺，疑是銀河下九天。

西登香爐峰，南見瀑布水，掛流三百丈，噴壑數十里。欻如飛電來，隱若白虹起；初驚河漢落，半洒雲天裏，仰觀勢轉雄，壯哉造化功！海風吹不斷，江月照還空。空中亂潨射，左右洗青壁，飛珠散輕霞，流沫拂穹石。而我樂名山，對之心益閒。無論漱瓊液，且得洗塵顏，但諧夙所好，永願辭人間。

瀑布水在香爐峰之下，秀峰寺和歸宗寺之間，離秀峰寺最近，面向鄱陽湖，遠在星子縣城即可望見，而且如在目前。李白的「飛流直下三千尺，疑是銀河下九天」。雖嫌誇大一點，但可見其長。

度峽擕青玉，臨淵坐綠苔。水從双劍下，山挾兩龍來；春暖花翻雪，林空石迸雷。塵纓聊此濯，却去首重回。

這是米芾寫龍潭的詩。龍潭就是瀑布水注成的深潭，詩中所提的青玉峽，双劍峰都在附近，廬山山南風景之奇秀，以此一帶最著。

靈湧直與上天通，借路來從五老東。試倚欄杆敲拄杖，爲君喚起玉潭龍。

這是張孝祥寫玉淵的詩。玉淵在棲賢寺前，潭水碧綠，深不可測。大約民國二十二、三年間，有一美國人躍下游泳，一沉不起，葬身潭底。

廬山的著名瀑布和潭水，當然不止於此。如黃龍寺的黃龍潭，烏龍潭，和五乳寺後的瀑布，以及其他許多勝水，不能一一引述。再引幾首古人寫山的詩：

翠黛雲裳絕世容，聯肩秀立兩芙蓉；二喬都得英雄婿，不信名山老佳儂。
雲裡七賢偏冷峭，天邊五老太龍鍾；彭郎可嫁無媒說，待字年年姊妹峰。

這是曹龍樹寫姊妹峰的詩。在歷代詩人題詠中，我最喜歡這兩首。就詩論詩，風流蘊藉至極，而最難得的是他將廬山名勝「七賢」，「五老」，「姊妹」諸峰，甚至小姑山都天衣無縫地寫入詩中，且各有妙喻，把它們完全人格化了。

「姊妹峰」也是在秀峰寺和歸宗寺之間，又名「姊妹石」。形如兩姊妹聯袂而立，鬼斧神工，雖大畫家亦無此妙筆，在暮靄中或薄霧中遠眺，眞如兩位仙女，騰雲駕霧，冉冉升上高峰。

唐朝大詩人李白，最愛廬山，而且有與此名山終老之意。除了詠瀑布水詩，已見端倪之外，詠五老峰詩亦有此種表示。

廬山東南五老峰，青天削出金芙蓉；九江秀色可攬結，吾將此地巢雲松。

從前交通不便，李白能暢遊廬山名勝，雅興眞的不淺。蘇東坡，蘇轍也是足跡遍廬山，吟詠亦多，蘇東坡詠廬山詩對廬山的「峰」，「嶺」有獨到的認識：

遠看成嶺側成峰，遠近高低各不同。不識廬山眞面目，只因身在此山中。

廬山的山水之秀，歷代詩人題詠極多，從以上所引的少數詩中，已可見其梗概。廬山之所以名震中外，除了山明水秀之外，古蹟之多，也是它獨擅勝場的地方。「南朝四百八十寺」，廬山就有不少。例如棲賢、萬杉、秀峰諸寺，都是紅牆大山門，氣象森嚴，遠非台灣廟宇可比。

廬山雖爲避暑勝地，但春秋冬三季景色奇佳，可惜大多數人無緣欣賞。際茲溽暑，揮汗如雨，想起廬山，重溫舊夢。但願有朝一日，重歸故鄉，終老此山。

罗大之註：我的長篇小說「白雲青山」就是以此一時期的廬山為背景寫的。台灣有一位女讀者吳艷芳女士，看了「白雲青山」之後曾專程去遊覽廬山回來打電話告訴我的，可惜相隔數十年，今非昔比。

二〇〇七年十月四日夜九時二十分

我所看過的好戲

幼年時偶一聽見胡琴的聲音，便狂喜不禁。那麼兩根絃子和馬尾一來一往，就能發出那麼美妙的聲音，眞是不可思議。但由於地域的關係，却很少聽到琴聲，更看不到平劇。父親會吹簫、笛，但不會拉胡琴，所以「此曲只應天上有，人間難得幾回聞。」看漢戲的機會倒是不少，但年紀太小，不懂「文戲」，只能看看「武戲」。我不知那些漢戲班子是什麼字號，但大人們却能站在台子下面看三四個鐘頭，讚不絕口，那些短打戲的精彩，一直到現在我還沒有見過第二次，跟斗翻得又快又高，眞是落地無聲，從五六張桌子上翻下來，像飛燕落地。在疊起的五六把椅子的空隙中鑽上鑽下，柔若無骨。老年人愛看末脚戲，年輕人愛看花旦戲，我這個還沒上學的黃口孺子，却偏愛這種短打戲。

年齡漸大，進城上學後才看到京戲，但還不知道好壞。抗戰時在後方，看京戲的機會特別多，但都是海派。最少老生一行是麒派的天下，每一位頭牌老生的打泡戲都少不了「追韓信」，大街小巷總有人在哼哼唱唱「好一個，聰明小韓信……」給我印象最深的一位麒派老生是劉鳳池，還人的身材，扮像，都很帥，嗓門之高之衝，到現在我還沒有看到第二位，胡少安還差得遠，因爲胡的嗓子遠不如他的宏亮，他還稍稍帶點沙音，唱老生實在過癮。他每到一處必然轟動，他的蕭何和喬玄以及掃松下書的張廣才，尤其叫座。雖然「過火」，却偏有人愛看，就是在今天的台北，他也一定非常叫座，票房紀錄一定超過胡少安。可惜抗戰末期在江西寧都被人刺殺了，那時不過四十多歲。

抗戰勝利後我[illegible]到上海工作，一方面是看看十里洋場，一方面是想看看名角兒的戲。在上海八個月，我的工作十分清閒，每天下午一場電影，晚上一場京戲，這幾乎是固定不變的節目，星期天也是如此。

那時在上海天蟾舞台唱的是老生李宗義，青衣鄭冰如，「文藝坤伶」白玉薇（[illegible]）也唱過。李宗義的嗓門[illegible]高，他和鄭冰如的三娘教子，旗鼓相當，水準自然在後方伶人之上。在皇后戲院唱的是票友下海的老生紀玉良，青衣是言菊朋的女兒言慧珠，童芷苓也在這裡唱過。紀玉良雖是票友出身，可是唱得實在很好，一派京朝角兒的風範，可惜身材矮了一點，加之言慧珠身長玉立，兩人唱對兒戲高矮就不十分相稱。聽起來倒眞够味。

言慧珠的身材臉型都很美，眼神十分靈活，嗓子甜潤，在梅蘭芳的女弟子中應是第一人，她在雙姣奇緣中一趕三，最後去劉媒婆，幾句言腔，眞有乃父韻味，是一個聰明絕頂的女戲。這時他不但在紅氍毹上十分得意，還先後傳出和男明星白雲，作家徐訏的桃色新聞，芳名眞是響遍了十里洋場。現在聽聽她的「生死恨」唱片，還覺得她是最有「梅味」。

麒麟童是名角中最先正式唱營業戲的，他在黃金大戲院，青衣好像是王玉蓉？黃桂秋也在這裡唱過。

因爲在後方看麒派老生看得最多，對於這位麒老牌自然嚮往，尤其是「追韓信」，彷彿我到上海的目的就是要看他的「追韓信」。

麒派戲一向被人批評過火，但是麒麟童自己唱的追韓信一點不臉紅脖子粗。麒的身材是最好的老生料子，扮相極佳，台風穩健之至。追韓信時他從簾後面一走出來，揚著馬鞭，兩眼東張西望，滿臉焦急惶惑，身子搖搖晃晃，嘴裡唱：「催馬加鞭迷了道啊——」沙啞的嗓音，有氣無力的樣子，傳神之至。只看他這一亮相和聽他這一唱腔，就「値回票價」。麒派老生沒有那一個有他這份造詣，這是麒麟童的典型之作。其他如「煤山恨」，「文素臣」等戲，有點像話劇對白，看到半途我就走了。

乾旦黃桂秋的戲的確唱得很好，但始終不如坤伶言慧珠她們叫座，上海人稱他是「霉旦」。這可能和搭配有關，或是黃金戲院「風水」不好，連麒麟童自己唱也賣不到八成座。武生高盛麟好像也在這裡唱，他的「挑滑車」是我看過的武生戲中最好的。

天蟾舞台曾經演過一台最好的義務戲。好像是爲教師義演的？到現在我還記得的戲碼是「重慶梅蘭芳」楊畹儂的「春秋配」。楊的扮像並不好，唱得不錯。

給我印象最深的是馬連良和趙培鑫的戲。馬連良是久已想看的名角兒，趙培鑫這個名字我還是第一次聽見看見。在「草船借箭」裡馬連良飾魯肅，趙培鑫飾孔明。他們兩人搭配之佳，迄未再見。趙那時不像現在這麼清瘦，扮像極佳，台風也好，那時他唱的是馬派，也很耐聽。

馬連良的確名不虛傳，他的魯肅瀟洒儒雅極了！台步之美，表情之佳，簡直出神入化。在這種地方即使是一個完全不懂藝術的人也會知道什麼是藝術了。在「借東風」中他演孔明。這是他的拿手傑作，這次又特別卯上。在簾內唱「習天書、玄妙法、猶如反掌……」彩聲如雷。而最好的一句唱腔是「諸葛亮在壇台觀看四方」唱到「看」字猶如刀切一般，斬俏極了！這一句使全體觀衆如醉如痴，比他以前灌的唱片不知好聽多少倍？散場以後，戲院門口、電車上、汽車上，觀衆還是如醉如痴地哼哼唱唱，琢磨這句唱腔，這時你才會領悟到藝術的感染力量有多大？可惜那次的「借東風」已成絕響，既聽不到錄音，也聽不到唱片，一千塊錢一張我也要買。那夜「借東風」唱完以後，後台就有法院的傳票等他。因爲他到「滿洲國」去唱過戲。

很多人批評馬連良是大舌頭，但他這天無論唱，白「一點也沒有這個毛病。他的「審頭刺湯」道白之漂亮，語氣之傳神，無人能及。小疵不掩大瑜，馬連良的藝事是可以獨樹一幟，作後輩示範的。

抗戰八年，梅蘭芳蓄鬚明志，沒有唱過戲，在上海人的千呼萬喚當中，才在南京大戲院登台。首日是「四郎探母」，不管觀者如堵，怎麼擠破了頭，我也決不會錯過這個機會。

梅蘭芳到底是梅蘭芳，一進戲院，氣氛就大不相同，全場鴉雀無聲，屏聲靜息地聽。和他配四郎的是票友王琴生，王琴生和紀玉良的藝事在伯仲之間，如果能和馬連良唱這齣戲那就更好。

梅蘭芳這時已五十出頭，扮相不如少女之柔嫩，但臉型十分中看。一舉一動，都是大家風範。尋死尋活，撒嬌裝痴的做作，細膩之至，真的女人也做不出來。我也沒有再看到任何乾旦坤伶有那種做作。唱功不必說了。（註）

飾蕭太后的芙蓉草也是一絕，那種台步唯他獨有。他的蕭太后我看過好幾次，這次也最賣力。

特別使我刮目相看的是小生姜妙香。以前我看過他的「打侄上坟」，「棒打薄倖郎」許多窮生戲，又老又醜，十足班底相。可是這次他飾楊宗保，而且是從別的戲院趕來，精神抖擻，衷氣充足，幾乎一句一彩。名角到底是名角，一旦使出殺手鐧，還是不同凡響。顧正秋徐露反串楊宗保，唱的雖也響遏行雲，但難免雌音，沒有姜妙香那種「小生味」。姜妙香的楊宗保也是一絕。

來台灣以後，看戲不多。金素琴的「生死恨」，章遏雲的「鎖麟囊」，比較滿意。鬚生只有票友趙培鑫我才想辦法買票看。趙培鑫在台北第一次公演「失空斬」，「捉放曹」，我沒有看到，但一聽到他的錄音，我特別高興。他的唱腔不但在台灣不作第二人想，即在大陸名角中，亦少出其右，將他的「捉放曹」和譚富英的「捉放曹」比較來聽，自然覺得譚富英不過是個伶工，趙培鑫則唱出了書卷氣，這最爲難得，雅俗之間不可以道理計。「失空斬」的唱腔也够人琢磨的，他這兩齣戲在所有的伶票中我獨偏愛。直到他自港率領[redacted]的坤伶譚硯華來台時，我才有機會在兒童戲院看到他的「失空斬」，可惜嗓門已經不如從前，但韻味仍在。一擧一動完全大家風範，是够台灣很多醫生學的。他的另一齣好戲「洪羊洞」也在國光戲院看過。雖然嗓音未復，但無論唱做，已臻爐火純青。

跟他來台灣的譚硯華女士，我原先對他的期望不高，因爲他是第三[redacted]的坤伶。以前看過的使我失望。可是一看到他的「拾玉鐲」，又使我大喜過望，拾鐲，趕鷄，身段之美，表情的細膩，前所未見。第二天再看「霍小玉」，更不同凡響。她雖然沒有梅派青衣的嗓子，但是會唱、耐聽、臉上、身上全是戲，亭亭玉立的身材，如風中之柳，台步如行雲流水，這許多條件的綜合，就產生了藝術，產生了美感。從這齣戲可以看出譚硯華的天才和功力。也是我在台灣看的最好的青衣花衫戲。譚硯華在[redacted]劇藝術上確有推陳出新的貢獻。

我沒有參加過任何票房，也沒有與任何名角來往，我的喜愛[redacted]劇完全出自天性。我雖然不是行家，可是無論伶票，只要他一開口，一擧手，一投足，我就知道他有幾斤幾兩。如果我自幼生長北平，我的生命歷程可能不是現在這樣，大概不伶亦票。也許不會遇[illegible]

二〇〇七年一月四日夜校於北投

談年

「大人望插田，小人望過年。」這是故鄉的諺語。

插田充滿新希望，大人把一株株秧苗插下去，就彷彿看到一簇簇的金色稻穀，一倉倉一囤囤的財富。小孩子望過年的心情恰正相同。

過年雖然是臘月三十，可是一進臘月就嗅到了年味。臘月初八要吃「臘八粥」，這是年的序幕。「臘八粥」花樣很多，但不外紅棗、蓮子、豆類、大米、小米、麥、黍、高粱之類，總之湊成八樣就夠。顏色既多，味道又好。小孩子多好吃，有得吃自然高興。

農業社會是秋收冬藏，家裡倉囤已滿，自然有富足安全之感。半年辛苦半年閒，臘月正是最閒的時候。天晴時作點家務雜事，下雪時團爐烤火，吃吃花生、豆子，蕃薯片之類自己種植的東西，閒話家常，享盡天倫之樂。

臘八以後，第一件事是辦年貨，香燭紙炮山珍海味都要辦足，大戶人家辦得早些，小戶人家辦得遲些，不管遲早，總是一擔擔從城裡往鄉下挑，菜總要準備吃到二月花朝。

豬肉和魚多半不必買。欄裡的豬早已養得膘肥肉壯，除了賣的總要留下一隻自己吃。一過臘八就有人家殺豬醃肉，一隻豬最少有一百多斤，裡裡外外都是自己吃，醃肉總要掛一兩竹篙，魚自己的塘裡有的是，一到臘月幾乎家家都把塘水車乾，塘底盡是魚，其中以鯽魚鯉魚最多，金色鯉最漂亮，五六斤重的多得很，一次可以弄好幾百斤。故鄉是魚米之鄉，魚又不用自己養，有水的地方就有魚，今年車乾了水，明年一下雨水又滿塘，魚又滿塘，魚好像永遠吃不盡。沒有塘的可以上街買，長江裡的魚更大更肥，大鯉魚比十二三歲的孩子還長，一隻二三十斤重，光是魚子就有好幾斤，又嫩又鮮，比台灣的烏魚子好的多。魚子、豆腐、蘿蔔火鍋，其味鮮美無比，在台灣我還沒有吃過這麼好的東西。鯉魚在家鄉不算好魚，不過過年時一定要牠，三牲當中的豬頭，雞之外，就是鯉魚，這是祭祖不可缺的。提起祭祖的三牲也很有意思。豬頭上要留一撮毛；雞頭，雞尾，翅膀上也要留一撮毛；鯉魚也不能刮鱗。而且這三種東西每一種上面都要貼紅紙條。如果家裡沒養公雞，而以閹雞代替，則必須在閹雞腹內塞兩個丸子。母雞是絕對不能用的。「母雞還年」和「牝雞司晨」是一大禁忌。

臘月不但是大人休閒的時間，更是小孩遊樂的時候，而踢毽子又是重要的遊藝節目。其實踢毽子不僅是很好的遊藝，也是很好的運動。那怕是大雪天，天寒地凍，一踢毽子馬上全身發熱，棉衣自然穿不住，夾衣足夠。不但小孩子熱中這種遊戲，大人也參加，而且當仁不讓。踢得好的人毽子像在腳上生了根，不會掉下來。踢的花樣很多，毽子也很考究，都是用公雞或閹雞腰部兩邊放亮的「毽子毛」，再用有孔的銅錢作底，用布包線紮。銅錢也有考究，大的薄的不好，以乾隆銅錢最佳。雞毛毽子的好處是，彈性大，踢得高。不久前電視上曾舉行過一次踢毽子比賽，那種毽子不合格。鞋子也以棉鞋為佳。這樣踢的成績也會更高。

其他的節目是吹喇叭，打鑼鼓。

大人如果肯送一枝喇叭給孩子玩，小孩子比得什麼都高興，終日不停地吹，此起彼落，十分熱鬧，過年的氣氛顯得格外濃厚。

正月玩燈是要打鑼鼓的，臘月卻是操練的時候。故鄉玩燈的鑼鼓是有曲牌，有韻律，有節奏的，使用的鑼鼓也有四五種以上，是一種大合奏，一面打，一面把小鑼拋向天空，然後伸手抄住，普通都拋到一丈多高，小鑼在天空旋轉而下，非常好看，因此必須多多練習，才不會掉在地上丟人。一到臘月，這種鑼鼓聲處處可聞，真是臘鼓頻催，新年快到，我走遍[illegible]

個中國，還沒有聽到一處鑼鼓有故鄉的鑼鼓那種節奏美。

二十三送灶以前，家裡都打掃得乾乾淨淨。二十四是小年，有一頓吃。「二十七八，殺雞宰鴨」。這次殺的雞鴨是年三十吃的和祭祖的，醃雞早就和臘魚臘肉一道先做了。

過年前幾天，又忙著寫對聯，這都是讀書人的事，所有的不識字或不會寫大字的人家，買幾撂紅紙，往讀書人家送，再冷的天也得把那許多紅紙寫完。我十歲左右就當了這個苦差，大門口的，中堂的，廚房的，臥房的，牛欄的對聯能記住好幾百副。寫得腳凍手僵，也沒有一點好處。彷彿這是讀書人應盡的義務。一到年三十，家家戶戶都把紅紙對聯貼起來，十分熱鬧，眞個是「一元復始，萬象更新」。

不管天氣多冷，年三十一定要洗澡，零下多少度的雪天，又沒有暖氣設備，洗澡眞要有好大的勇氣。可是洗過澡以後就一身舒服，再加上穿新衣，戴新帽，那份喜悅眞有點兒難以形容。

吃年夜飯以前必先祭祖。方桌子圍上紅絨布，上擺三牲祭品，祖宗位前點上三尺長的大香，大門口放着萬字頭鞭炮，然後按長幼尊卑次序行叩首禮，禮畢才正式開飯。滿桌都是雞鴨魚肉山珍海味。

吃年飯時禁忌很多，不許打破盌碟調羹，弄掉筷子，更不許講「死」字。小孩子嘴不穩，大人事先要特別囑咐。如果有人出門不能回家過年，桌上照樣要擺一雙盌筷，以示團圓。此外還要說許多吉慶話兒。如閩筍、冬筍，不能叫「筍」，要叫「節節高」。魚也不能吃完，表示「歲歲有餘」。其實年夜飯的菜很豐富，魚也很大，自然吃不完。

飯後大人散壓歲錢，小孩子看見白晃晃的銀洋，個個眉開眼笑。一年到頭，就希望能得這筆壓歲錢。

這時還有一個最後節目，就是「辭歲」，晚輩要向長輩辭歲，東家來，西家往，打着有字號的燈籠在雪地裡行走也是一件賞心樂事。

禮教極嚴的家庭，平時長幼尊卑分得十分清楚。祖父輩的人物，平日對子孫不假辭色，晚輩畏之如虎，可是在三十夜辭歲以後，自然解除禮教的束縛，不分男女老幼，圍着桌子擲骰子，推牌九，打麻將，甚至賭寶，其樂融融。

半夜要「封門」，用錢紙貼封前後門縫，直到鷄叫以後，天亮以前，才鳴鞭炮啓封。

初一清早第一件大事是去廟裡敬香，向菩薩拜年。由老年人領頭，帶着族中子弟，往往踏着一尺多深的雪去到廟裡磕頭。

去廟裡敬香回來，就成群結隊挨家挨戶拜年。「恭喜發財」，「多福多壽」……之聲盈盈於耳。

初一到十五，是親戚朋友彼此往來拜年的日子，丈人家，外婆家是越早去越恭敬，往往一住十天半月，在這期間有牌有寶，有吃有喝，自然並不寂寞。

十五是燈節，其實從初十起就玩龍燈，一直玩到十五，十五是玩通宵，天亮以後才送龍王爺上天。

玩龍燈在故鄉是很莊嚴的事，寓有祭拜的意思。龍出行之前，先要請道士唸經，用公鷄祭祀。道士把鷄頭掐斷，用紅繩繫緊，把鷄頭掛在龍嘴裡，把鷄血塗在龍頭上。祭祀完畢，才正式出行。送龍王爺升天也要敬香祭祀，不能馬虎。

元宵以後，才漸漸恢復正常，開始新的一年生活。

悼詩人覃子豪

詩人覃子豪去世，出乎意外，也在意中。出乎意外的是，去世前我沒有去看他，朋友們多說他日有起色，且能起床行動，大家都認為中藥產生了奇蹟。原來臺大醫院斷定他只有兩個禮拜的生命，服中藥後居然突破了這一關頭，而且日漸好轉，想不到還是沒有逃出死神之手。在我意中的是，我知道他體質素弱，且患黃膽病，在他好轉期間，我看他眼白中的黃色仍然未退，臉色焦乾，因此未敢十分樂觀。鼎文兄亦持審慎看法，我們嘴裏未講，心裏卻認為是時間問題。他生於民國元年，死於民國五十二年國慶，剛好五十二歲，以從前人的眼光來看，不算短壽，以現代人的眼光來看，卻活得不夠，而以一個詩人、作家的寫作年齡來說，他實在活得太少！雖然他在臺灣新詩人羣中是年齡最大的一位，寫作時間也久，作品也很成熟，但還應該有更大的成就。中國新詩還在飄搖不定的時候，他的死尤其是一個重大的損失。幾年前他在愛情方面遭遇重大煩惱時，我極力勸他找一個年齡相當的女人結婚，讓生活和心情安定下來，但是他連這個目的也沒有達到。我知道他勇於愛，而怯於行的個性，曾有幾次直言，幾使我們的友情觸礁。

在臺灣的詩人朋友當中，除鼎文、紀弦二兄與子豪相交最久之外，我們的關係也算得很早。二十八年時我還是一個乳臭未乾的少年，他也正風度翩翩，我們便一起在重慶沙坪研究新聞，後來我們一同分發到第三戰區從事新聞文化工作，那時他以拿著來福槍的詩人姿態出現在東南，在前線日報編了一個「詩時代」雙週刊，對於當時的詩運頗有影響。

勝利以後，他來臺灣比我早，曾一度經商，往來於廈門、香港、臺灣之間，只是好景不常，曇花一現，終於進了物資局當公務員。三十八九年，臺灣寫作的人不多，當時我是這少數寫詩的中間的一個。他當時沒有發表過作品，我每次從左營來到臺北，都極力勸他恢復寫作，他終於寫了，後來接著在自立晚報編了一個詩刊，出版了「海洋詩抄」。他的「海洋詩抄」一出版，立刻贏得了他應得的聲譽。他告訴我「海洋詩抄」都是情詩，是寫給一個女孩子的，不過他寫得很含蓄、深沉，不瞭解他的愛情生活的人，不容易發現「眞意」。雖然他以後也寫過不少好詩，但我最喜歡的還是「海洋詩抄」，這本詩集和楊喚的「風景」都是可以流傳下去的作品。愛情生活對於一般人也許只能造成家庭困擾、桃色糾紛，然而對於一個詩人作家，却能轉變爲無價的作品。子豪兄愛情生活的豐富，是他創作的重要源泉，他的好詩幾乎無不與愛情有關。他不是一個有大氣魄的詩人，但他這類的抒情作品，應稱獨步。

子豪兄不但創作認眞，學習精神尤其可佩，他遺憾他的法文不如某些法文教授，不然他可以作更多的翻譯。他也從美國人學習過英文，只是斷斷續續，顯然沒有成功。住院前大約一個月，他還和我談過要利用時間好好地把英文學好，而且下了很大的決心，他並不在乎他的年齡。但是天不假，他似乎有很多工作未完，而中國詩壇尤其需要他，他對於中國新詩是一個眞有貢獻的人，建設多，而幾無破壞。現在正是中國新詩灰塵落地的時候，子豪兄個人也可以蓋棺定論了。

患難之交

衣不如新，人不如舊。朋友是越老越好。我不擅交遊，不是那種「見面熟」的人，很難交上新朋友。我的朋友多半是三十年以前的老朋友，更多的是貧賤患難之交。現在年[illegible]，還沒有一個富貴場中的朋友。原因是我從未富貴，富貴中人不會交我這個不富不貴的朋友；同時我也不敢高攀富貴中人，即使是過去的貧賤之交，只要這位朋友稍稍得意，我也會識趣地保持距離，進而疏遠。因為富貴和勢利彷彿是孿生兄弟，如果自己不識趣，必然自討沒趣。人生的煩惱已經夠多，不必再惹這種無謂的煩惱。職是之故，我的朋友確實寥寥可數。（不知者以為我「相交滿天下」，其實正是「知心能幾人」？）而且「多」是三十年以上的老朋友。桂光誠兄即其一也。

我和桂光誠兄相識於民國二十七年夏秋之交，他和我一位堂兄是同班同學。我從九江逃難到南昌，找到在南昌求學的堂兄，他正和他幾位同學預備去武漢投筆從戎，我自然參加了他們的行列，因而認識桂光誠兄。一開始我們就共患難，從南昌到武漢沿途搭難民車，三站五站一停，慢如牛車。可是還非坐這種七拼八湊的慢車不可，因為快車票已經賣到兩三個月以後，有錢也買不到車票，而我們又不能等那麼久，因為我們要「趕考」，所以決定走一程算一程，沿途換車。好在我們除了洗臉用具換洗衣服之外，什麼也沒帶，輕便得很。只要車頂篷上有一席地，我們就爬上車頂；如果火車頭上可以容身，我們就爬上火車頭。遇上空襲警報，我們也可以撒腿就跑。我們就這樣日曬雨淋，餐風露宿，上上下下，驚驚慌慌，在車上耗了一兩個禮拜，終於趕到了如火如荼的武昌。

到了武昌，我們住在電報局附近一家旅館裏，第二天就遇上八十三架日機大轟炸，我們也差一點一鍋爛。走出洞來，我們都面如死灰，外面到處是斷瓦殘垣，一片煙火，滿地血腥，屍骸東倒西歪，斷肢殘臂，怵目驚心。我沒有經過這樣的大轟炸，驚嚇過度，以後兩三個月一聽見蜜蜂蒼蠅的嗡嗡聲都會拔腳狂奔，晚上更是睡不安穩。

在轟炸的間隙中，我們報了名，考了一天，便搬到市郊一個和尚廟裏等候放榜。在這段日子裏，我們天天在炸彈警報聲中度過。放榜的那天夜晚，光誠兄和我堂兄他們去看榜，我沒有去，因為我怕聞屍臭，更怕見街沿一具具白木棺材和棺材前面一燈如豆，以及令人傷心欲絕的孤兒寡婦的啼哭。同時我也怕鬼，大轟炸之後晚上沒有電燈，街頭巷尾漆黑一片。他們看榜回來時很高興，說我考得最好，只有他們一位同學沒有考取。

報到的那天又遇上轟炸。幸好我們是下午四、五點鐘去的，不然軍服沒有穿上就作了冤死鬼。兩三點鐘去報到的學生十之七八都炸死了。因為這次轟炸全部投的是殺傷彈，敵機是專門為我們這些請纓報國的學生而來的。很多二十歲左右的純潔青年在沒有摸到槍桿以前就拋頭顱灑熱血了。這次我們又僥倖不死。

入伍後光誠兄雖然和我不同隊，但我們的命運是相同的。我們都是赤腳草鞋，陰曆九十月間，我們還是穿的稀薄如紗布的草黃單軍服，晚上蓋一床薄軍毯，半夜在寒風刺骨的山頭上站崗，以及「八寶飯」食無定時，而睡又無定處的長途行軍。到了四川，我病得死去活來，他幸而無恙，他矮而結實，身體比我好。一年後我們才分道揚鑣。這一分不僅在工作事業上我們走的方向完全不同，乃至人生觀也大異其趣，而且很多年沒有見面。直到三十三年(民卅四)冬，我從贛州逃難經過他的家鄉鷹潭，恰巧在街上碰著他，我因為要趕大伴，連他府上都沒有去。後來我在樂平一家報社工作，他到樂平招考憲兵，我們才又碰上，他還特地到報社來和我晤談。他顯得更懂事更成熟，身體也十分健壯，而且現出「龜背」了，和他叔父桂率眞上將的「龜背」有點相似，不過具體而微。我以為他在軍人事業上可能直追乃叔。而我已經搖筆桿多年，且已成為十足的老百姓，不作此想。

勝利後我趕到上海，又穿上軍服，而且和光誠兄在同一個大單位工作，我們接觸的機會更多。他總是那麼雄赳赳，急忙忙的樣子，不論公事私事，說幹就幹，熱心、負責。第二年我到南京，雖[redacted]完全是搖筆桿。他也離開上海，到南京海軍總部工作。他和乃叔僕僕風塵，我是從下午兩點到晚上兩點處理[redacted]新聞稿，工作時間地點不同，所以見面的機會並不多。一年後我又離開南京，他一直留在海軍總部。

三十八年七月我和朋友[redacted]到臺北，過了兩三個月朝不保夕的生活，我雖任大理街「經濟快報」主編，但是拿不到錢，我寫信去左營請光誠兄想想辦法，他回信要我去左營，一家人在他家裏打了幾天地舖，他才把我們安置好。從那時起直到他去世為止，二十多年來，相處時間很多，彼此瞭解也就更深。雖然我們個性不同，志趣不同，但患難交情不同尋常。他對朋友熱忱，樂於助人，他幫過很多人的忙。別人只要有一點長處，他就到處揄揚。有一位受過他幫助的同學曾對我說：「光誠對你是逢人必言，言必稱堯舜。」我非堯舜，亦無任何長處，他是愛人以德。而他對朋友的缺點卻隻字不提。即以這位對我講這種話的學長來說，光誠兄幫助他是不遺餘力，可是當光誠兄事業遭遇重大挫折，而他卻仕途得意時，他便過門不入，視同陌路。光誠兄卻不道其短，且奉如長官，毫無怨色。此種涵養，我自愧不如。光誠兄的另一德性，是他的敬業負責精神。他無論幹任何工作，總是那麼認真，努力不懈，負責到底，眞是公而忘私，[redacted]忘家。他的胃癌絕症，就是長期積勞成疾。這次的逝世更是勞累的結果。兩年前他開刀後情況很好，半年前他到一家私人公司工作，仍然是過去那股幹勁。一個月前的一天中午快下班時，我打電話約他到新公園晒晒太陽，聊聊天，他說：「今天沒有空，我要加班。」我勸他注意身體，並問他那天有空？他說不一定，有空會打電話約我。因爲他不願意別人知道他在作事，也不想我到他工作的地方去，所以我一直等他的電話，想不到却突然接到達夫兄的信，說光誠兄已入彌留狀態。我趕到基隆海軍醫院時，淸香嫂說他已經兩三天不省人事。用氧氣幫助呼吸還是非常痛苦。他小兒子在旁大聲叫他也毫無反應。我走過去叫他時他却突然淸醒過來，望著我兩眼發紅，掙扎著想說話，抽搐了半天，却說不出一個字，差點斷了氣。他只剩下皮包骨，和病前那種矮壯情形完全兩樣，和二十年前雄赳赳的少壯軍人氣派更有天淵之別。我走後大約三個小時，他終於離開人世。他完全是累病累死的。他替私人公司作事也是中午加班，白天未作完的事，晚上帶回家去再幹到一點鐘才睡。別說是一個病人，就是一個健康的人也非倒下去不可。

光誠兄不但對工作負責，愛護朋友，對妻子兒女更不待言。他自奉甚薄，十分克己，對妻子兒女却無微不至。一有空就替兒女處理信件，擦拭皮鞋。他是一個只講奉獻而不求收穫的人。

他是一個好朋友，好父親，好丈夫，好軍人。責任心重，榮譽心重。由於責任心和榮譽心太重，忽略了自己的健康，使他少活了十年二十年，實在令人惋惜。他無赫赫名，亦無金錢地位，因此我不能不寫點眞實話悼念他。如果他是位炫赫人物，那就用不著我這枝禿筆了。

儒林外史精華錄

唐詩、宋詞、元曲，在中國文學史上是各樹一幟的；清朝卻是一個小說的朝代。《紅樓夢》、《儒林外史》、《聊齋誌異》以及《浮生六記》（第一篇閨房記樂是小說）等不朽著作，都是清人作品。——不是因襲改寫的，是眞正的創作。

我們自己的文學寶藏實在太多，可惜棄置不顧。月亮是外國的圓的心理，在文學方面對我們是一個損害。這篇隨筆只是一鱗半爪，現在我還沒有時間作通盤研究整理工作。對《紅樓夢》我則有一專著《紅樓夢的寫作技巧》（商務出版），以探討這一傑作。

我相信月亮不是外國的圓，中國的月亮更圓，最少在文學方面如此。不過中國人走了一世紀的背時運，現在還未脫霉運，只要大家有自信心、自尊心，好運不遠。

一、屠戶和舉人

周進六十多歲，還是個老童生，由夏總甲介紹到觀音庵作猢猻王，一年館金十二兩銀子，勉可餬口。見了三十多歲的王舉人自稱晚生。由於別人造謠中傷，夏總甲嫌他獃頭獃腦，不知道奉承，第二年就失了館，打破了飯盌，只好跟做生意的姐夫金有餘一干人當個記帳的。一天跟他們到省城貢院參觀，金有餘使了小錢他才得進去。一走進『天』字號，看了兩塊擺得整整齊齊的號板，一陣心酸，一頭撞暈過去。醒了又放聲大哭，滿地打滾，口吐鮮血。後來大家出了二百兩銀子替他捐了一個監，就錄了個貢監首卷。進頭場又中了舉，會試又中了三甲進士，授了部屬。以後一帆風順，陞了御史，欽點廣東學道。

到廣州上任，有一個面黃飢瘦，花白鬍鬚，頭戴破毡帽，身穿麻布直綴，凍得乞乞縮縮的五十四歲的考了二十多次的老童生范進。周學道起初看了范進的卷子，認爲不成話，丟在一邊。後來想想自己在這裏面吃了很多苦頭，不敢馬虎，看到三遍才曉得是天地間之至文，一字一珠，給范進取了個第一名。

范進的丈人胡屠戶，拿了一副大腸一瓶酒來表示賀意，但還是訓了他幾句：

「我自倒運，把個女兒嫁與你這現世寶窮鬼，歷年以來，不知累了我多少；如今不知因我積了什麼德，帶挈你中了個相公，所以我帶個酒來賀你。」

鄉試時范進又想去趕考，沒有盤費，同丈人胡屠戶商量，胡屠戶一口啐在他臉上，罵了一個狗血噴頭：

「……你自己只覺得中了一個相公，就癩蝦蟆想吃天鵝屁，……如今痴心就想中起老爺來？這些中老爺的都是天上的文曲星，你不看見城裏張府上那些老爺，都有萬貫家私，一個個方面大耳。……你問我借盤纏，我一天殺一隻豬，還賺不得錢把銀子，却把與你丟在水裏，叫我一家老小喝西北風？」

范進不到黃河心不死，還是瞞着丈人參加了鄉試。出場回家，家人已經餓了三天，又被屠戶罵了一頓。

范進的母親要他拿了一隻生蛋的母雞去賣了換米煮粥。去了不到兩個時辰，報子就來報喜，說他中了第七名「亞元」。范進看了報帖兩手一拍，笑了一聲：「噫！好了！我中了！」往後一跤跌倒，不省人事。醒來後又拍手大笑，就瘋瘋癲癲。大家不知道如何是好，最後想到那個屠戶，要胡屠戶打他一個嘴巴，使他清醒。胡屠戶作難地說：

「雖然是我女婿，如今卻作了老爺，就是天上的星宿，天上的星宿是打不得的，……打了天上的星宿，閻王就要拿去打一百鐵棍，發在第十八層地獄，永不得翻身。」

胡屠戶終於被衆人逼不過，只得喝兩盌酒，壯一壯膽，一巴掌打將去：「該死的畜牲，你中了什麼？」但那手早顫起來，不敢打第二下。范進眞的被他打明白了。胡屠戶的手却隱隱作痛，彎不過來，自己心裏懊惱道：

「果然天上文曲星是打不得的，而今菩薩計較起來了！」

別人對他說：

「老爺，你這手，明日殺不得猪了。」

胡屠戶說：

「我那還殺猪！有我這賢婿老爺，還怕後半世靠不着嗎？我每常說：『我的這個賢婿才學又高，品貌又好，就是城裏那張府周府老爺，也沒有我女婿這樣一個體面的相貌。』……我小老這一雙眼睛，却是認得人的！想着先年我小女在家裏，長到三十多歲，多少有錢的富戶要和我結親，我自己覺得女兒有些福氣的，畢竟要嫁與個老爺，今日果然不錯！」說罷哈哈大笑。

不但胡屠戶如此，向不來往的張鄉紳也登門拜訪，送房子請他住，其他奉承巴結的更不在話下。

吳敬梓沒有學過現代心理學，是個道地的「土包子」，他却以動作和語言深刻地表現了舉子和屠戶等人的心理，生動地描畫出人性。

今天我們許多留學生，在家裏是少爺小姐，爲了鍍金，不惜在美國當Boy當Sister。時代雖然不同，和周進范進的心理相差也不太遠。胡屠戶這種人更多的是。

人總是人，好的作品萬古常新。文學的價値在此，創作的價値在此。

二、嚴貢生嘴臉

張鄉紳約范舉人去高要縣看湯知縣。在關帝廟裏遇到一位方巾闊服，粉底皂靴，蜜蜂眼，高鼻樑，落腮鬍鬚的嚴貢生。他馬上和范舉人張鄉紳拉交情，叫家人拿了一個食盒，提了一瓶酒，擺上雞鴨糟魚火腿之類九個盤子，敘說一番。嚴貢生說：

「……湯父母到任的那日，敝縣闔縣的紳衿，公搭了一個彩棚，在十里牌迎接，小弟站在彩棚門口……轎子將近，遠遠望見老父母兩朵高眉毛，一個大鼻樑，方面、大耳，我心裏就曉得是一位愷悌君子。却又好奇，幾十人在那裏同接，老父母轎子裏兩隻眼睛只看着小弟一個人。……」

「總因為你先生為人有品望，所以敝世叔相敬；近來自然時時請教。」張鄉紳說。

「後來倒也不常進去。實不相瞞，小弟只是為人率眞；在鄉里之間，從不曉得佔人寸絲半粟的便宜，所以歷來的父母官都蒙相愛……」

隨後又說高要是廣東出名的縣份，錢糧、耗費、花布、牛、驢、漁船、田房稅，不下萬金。又自拿手在桌上畫着，低聲說：

「像湯父母這個做法，不過八千金；前任潘父母做的時節，實有萬金。他還有些枝葉，還用着我們幾個要緊的人。」

這時恐怕有人聽見，把頭轉來望着門外；一個蓬頭赤足的小廝走了進來，望着他說：

「老爺，家裏請你回去。」

「回去做甚麼？」嚴貢生說。

「早上關的那口猪，那人來討了，在家裏吵哩。」小廝說。

「他要猪，拿錢來。」嚴貢生說。

「他說猪是他的。」小廝說。

吳敬梓當場給嚴貢生出醜，看到這裏不禁會心地一笑。但是這件事並沒有完。後來湯知縣出堂，將囘子發落了，正要退堂，見兩個人進來喊冤。一個叫王小二，是嚴貢生的緊鄰。他說去年三月內嚴貢生家一口才生下來的小猪，走到他家去，他慌忙送囘嚴家。嚴家說猪到人家，再尋囘來，最不利市，押着出了八錢銀子，把猪就賣與他。這口猪在王家已經養到一百多斤，不想猪走到嚴家去，嚴家把猪關了；小二的哥哥王大走到嚴家討猪，嚴貢生說猪本來是他的，你要討猪，照時價估價，拿幾兩銀子來領了猪去。王大是個窮人，那有銀子，就同嚴家爭吵了幾句，被嚴貢生幾個兒子，拿拴門的閂，桿麵的杖，打了一個臭死，腿都打折了，所以小二來喊冤。

另一個是五、六十歲的老者，禀道：

「小人叫黃夢統，在鄉下住。因去年九月上縣來交錢糧，一時錢少，央中人向嚴鄉紳借二十兩銀子，每月三分錢，寫立契約，送到嚴府，小的却不曾拿他的銀子；……至今已是大半年，想起這事來，向嚴府取囘借約，嚴鄉紳問小的要這幾個月的利錢。小的說：「並不曾借本，何得有利？」嚴鄉紳說小的當時不拿囘借約，好讓他把銀子借與別人生利；因不曾取約，他將二十兩銀子也不能動，誤了大半年利錢，該是小的出。小的自知不是，向中人說情願買個蹄酒上門去取約；嚴鄉紳執意不肯，把小的驢兒和米同梢袋，都叫人短了家去，還不發出紙來。這樣含冤負屈的事，求太老爺作主。」

「一個做貢生的人，忝列衣冠，不在鄉里做些好事，只管如此騙人，其實可惡！」湯知縣聽了便將狀子批准。

嚴貢生聽到消息，一溜烟急走到省城去了。

他弟弟嚴監生，有十多萬銀子，使了銀子替他了却這兩樁公案。

嚴監生一錢如命，臨死時看燈盞裏點的是兩根燈草，伸出兩根指頭不肯斷氣，後來扶正的趙氏瞭解他的意思，挑掉一根燈草他才閉目。這樣一個弟弟肯花掉十幾兩銀子爲他了却公案，總够手足之情？可是嚴貢生回家後却說：

「這是亡弟不濟，若是我在家，和湯父母說了，把王小二、黃夢統兩個奴才，腿也砍折了。一個鄉紳人家，由得百姓如此放肆？」

不僅此也，嚴監生子死由他兒子過繼，他硬說弟弟遺孀是妾，把她趕到廂房去住，明目張膽奪產，層層告狀，務必要正名分。

最妙的是他從省城帶着兒子媳婦，雇了兩隻大船回家，價銀子十二兩，立契到高要付銀。將近高要，他忽然兩眼暈花，吐出許多清痰，喝了開水，吃了幾片雲片糕，放了兩個大屁，登時好了，留下幾片雲片糕，放在後鵝口板上，被饞嘴的掌舵吃了，他只作不看見。可是一靠岸就有文章，他說那是他吃的藥，掌舵的說是雲片糕。他發怒說：

「放你的狗屁，我因素日有個暈病，費了幾百兩銀子合了這一料藥，……你這奴才，猪八戒吃人參果不知滋味，說的好容易，方才這幾片，不要說値幾十兩銀子？……」

隨後卽開拜匣，寫帖子，對下人說：

「送這奴才到湯老爺衙裏去，先打他幾十板子再講！」

掌舵的嚇了，衆人按着掌舵的磕了幾個頭，嚴貢生自轉彎說：

「既然你衆人說，我又喜事匆匆，且放着這個奴才，再和他慢慢算帳，不怕飛上天去！」

罵畢，揚長上轎，行李和小厮跟着，船家眼睜睜看着他走了。

這就是嚴貢生！吳敬梓以三章多點的篇幅，把他「夾帶」出來。如果不仔細閱讀，小心拼湊，很容易疏忽過去，以為他不是一個重要人物。

吳敬梓輕輕地給我們勾畫出這麼一個典型的知識份子。我們現在不缺少這種角色，但是不知道要費多大力氣才能刻畫出來？

三、眞假牛布衣

名士牛布衣，客死蕪湖甘露庵之後，僅僅留下兩本詩稿，眞的身後蕭條。老和尚受了牛布衣的重禮，把詩稿鎖在枕箱裏面。

牛浦郎是甘露庵附近的一個十七、八歲的窮小子，晚間利用庵裏的琉璃燈讀書，老和尚十分同情鼓勵，招待他到殿下去讀，每晚讀到三更才走。

一天，老和尚聽他唸詩，覺得他不俗，說過些時日要給他兩本詩看。恰巧老和尚下鄉唸經，把房門鎖了，殿上託牛浦郎照顧。牛浦郎想到那兩本詩，「三討不如一偷」，把老和尚的房門和枕箱的鎖撬開，發現兩本錦面線裝的書，上寫「牛布衣詩稿」，慌忙拿了出來，又把枕箱和房屋鎖好。他看詩題是「呈相國某大人」，「懷督學周大人」，「與魯太史話別」等等，知道是現任老爺們的稱呼，何等榮耀！因此他想：

「他這人姓牛，我也姓牛，他詩上寫了牛布衣，並不曾有個名字，何不把我的名字，合着他的號，刻起兩方圖章來印在上面……這兩本詩可不就算了我的了？我從今就號叫牛布衣。」

第二天他眞的請郭鐵筆刻圖章，把小名郎字去掉，一方陰文，刻「牛浦之印」，一方陽文，刻「布衣」二字。郭鐵筆以為他眞是牛布衣，敬禮有加，連筆資也不敢領。

以後老和尙到京裏去了，甘露庵託他照顧，他就取了一張白紙，寫了五個大字：「牛布衣寓內」，每日到庵裏走走。

有個董孝廉在京裏讀過牛布衣的詩，慕名來訪，牛浦安排他在岳舅丈卜家會面，要卜誠卜信權充長隨，捧茶侍候，自己架勢十足，一派官腔。董孝廉走後，卜家兄弟氣得臉紅脖子粗，數說他一頓，他反而奚落教訓他們，甚至說：

「不是我說一個大膽的話，若不是我在你家，你就一二百年也不得有個老爺走進這屋裏來！」

「沒的扯談，就算你相與老爺；你倒底不是個老爺！」卜誠說。

「憑你那個說去！還是坐着同老爺打躬作揖的好！還是捧茶給老爺吃，走錯路，惹老爺笑的好？」牛浦說。

「不要惡心！我家也不希罕這樣老爺！」卜信說。

「不希罕？明日向董老爺說，拿帖子送到蕪湖縣，先打一頓板子！」

於是雙方鬧到縣裏，經郭鐵筆勸解，才算罷休。卜誠說：

「郭先生，一斗米養個恩人，一石米養個仇人，這是我們養他的不是了！」於是請這位『牛布衣』走路。他便去投奔淮安府安東縣新補的知縣董老爺了。

在路上他碰上牛玉圃，攀了本家，作了牛玉圃的孫子。因爲犯了鹽商萬雪齋的大忌，使牛玉圃吃了一個暗虧，弄得灰頭灰臉。牛玉圃後來知道是上了他的當，尋到了他，誆他上船，到了沒有人烟的龍袍洲，牛玉圃圓睜兩眼，大怒說：

「你可曉得我要打你哩！」

牛浦嚇慌了說：

「做孫子又不曾得罪叔公，為什麼要打我呢？」

牛玉圃說：

「放你的狗屁！你弄的好乾坤哩！」

於是叫兩個夯漢，把牛浦的衣裳剝盡了，帽子鞋襪都不留，拿繩子綑起來，臭打了一頓，抬着往岸上一攛，攛到一個糞窖子跟前，他不敢動，一動就要掉進糞窖去。牛玉圃却不管他死活，扯起篷來走了。

這一段雖然和「牛布衣」大名無關，看了却令人噴飯，分明是吳敬梓存心「整」這個冒牌貨。

後來牛浦得一位安東縣姓吳的戲子行頭經紀搭救，到了安東縣，還招他做了女婿。這是他第二次結婚。

見了董知縣，董知縣果然歡喜，要留他在衙門裏住。「牛布衣」不肯，董知縣說：

「這也罷了，先生住在令親家裏，早晚常進來走走，我好請教。」

於是「牛布衣」三日兩日進衙門走走，借着講詩為名，順便「撞兩處木鐘」，弄起幾個錢來。

董知縣陞任，接任的向知縣問他有什麼事相託沒有，董知縣說：

「倒沒有什麼事，只有個做詩的朋友，住在貴治，叫做牛布衣。老寅台清目一二，是感盛情。」

不但董知縣對他如此關照，董家把門面一帶三四間屋都與他住。他在門口貼了一個帖，上寫「牛布衣代做詩文」。

眞牛布衣的太太輾轉找到安東縣，問假牛布衣：

「你這位怎叫牛布衣？」

「我怎不是牛布衣？但我認不得妳這位奶奶。」

「我便是牛布衣的妻子，你這廝冒了我丈夫的名字在此掛招牌，分明是把我丈夫謀害了，我怎肯同你開交！」

於是官司打到向知縣那裏，向知縣以天下同姓同名的多，不願管這樁無頭官司，把牛奶奶解回紹興原籍。因此無人識破牛浦是假牛布衣。

但是吳敬梓交代得清清楚楚，讀者的眼睛是雪亮的。現在把別人的作品換上自己的名字發表，這樁事兒可能是向牛浦學來的。編輯先生那又分得出誰是眞牛布衣誰是假牛布衣呢？

四、戲子鮑文卿

安東縣知縣向鼎，因為處理「牛布衣」案件欠妥，崔按察司要參他。崔門下一個戲子鮑文卿，雙膝跪下，按察司問他有甚麼話說？鮑文卿回答：

「方才小的看見大老爺要參處的是安東縣向老爺。這位老爺小的也不曾認得。但自從七、八歲學戲，在師父手裏就唸的是他做的曲子，這老爺是個大才子大名士。如今二十多年了，才做得一個知縣，好不可憐。……」

按察司看他一個戲子也有憐才之意，就不革向知縣。却將這些緣故寫了一個摺子，差了一個衙役把鮑文卿送到向知縣的衙門去，意思是要向知縣送鮑文卿幾百兩銀子，讓他回家做個本錢。

向知縣對於鮑文卿這位恩人自然十分感激，但鮑文卿靑衣小帽，見了向大人叩頭盡禮，拉他坐他也不敢坐，敬他酒他跪在地上也不敢接，恐怕有失朝廷體統。向知縣封了五百兩銀子送他，他一釐也不要。向知縣只好差人送他回南京老家。

按察司聽到這些事，說他是個獃子。

鮑文卿回家之後重理舊業。一天走進茶館，看見一個人頭戴高帽，身穿寶藍緞直裰，脚下粉底皂靴，獨自坐在那裏吃茶。鮑文卿近前一看，原來是他同班唱老生的錢麻子。

「我方才遠遠看見你，只疑惑是一位翰林科道老爺，錯走到我們這裏來吃茶，原來就是你這老屁精。」鮑文卿說。

「文卿，你在北京走了一遭，見過幾個做官的，回家就拿翰林科道來嚇我！」錢麻子說。

「兄弟，不是這樣說。像這衣服靴子，不是我們行事的人可以穿的。你穿這樣衣服，叫那讀書的人穿甚麼？」

後來向鼎陞了安慶知府，要鮑文卿到他衙門裏去，在船上遇到兩個安慶府的書辦，這兩人對他百般奉承，晚上悄悄地向鮑文卿說：

「有一件事，只求太爺批一個『准』字，就可以送你二百兩銀子。又有一件事，縣府詳上來，只求太爺駁下去，這件事竟可以送你二百兩。你鮑大爺在我們太老爺跟前懇個情吧。」

「不瞞二位老爺說，我是個戲子，乃下賤之人。蒙太老爺抬舉，叫到衙門裏去，我是何等之人，敢在太老爺跟前說情？」鮑文卿回答。

「鮑大爺，你疑惑我這話是說謊麼？只要你肯說這情，上岸先送五百兩銀子與你。」書辦說。

「我若是喜歡銀子，當年在安東縣曾賞過我五百銀子，我不敢受。自己知道是個窮命，須是骨頭裏掙出來的錢才做得肉。我怎肯瞞着太老爺拿這項錢？……你們服侍太老爺，凡事不可壞了太老爺清名，也要各人保着自己的身家性命。」

後來向鼎陞了福建汀漳道臺，路過南京，特來看鮑文卿，鮑文卿已經死了二十多天，尚未出殯。因為他是戲子，沒有人題銘旌，向道臺說：

「有甚麼不好寫？取紙筆過來！」

於是他寫了「皇明義民鮑文卿享年五十有九之柩。賜進士出身中憲大夫福建汀漳道老友向鼎頓首拜題。」這個銘旌。

戲子在當時是與忘八吹鼓手一例看待，屬於賤民。吳敬梓在唯功名利祿是圖的儒林中，安排這麼一個明禮義、知廉恥的戲子鮑文卿，用心之苦，構思之巧，與牛浦郎這個冒名頂替的角色，前後輝映，大作家就在處理人物方面最見功夫。

附 七言絕律六首

懷舊河山五首

其一

雁落平沙水半塘　荻花翻白菊花黃　風帆點點歸舟晚　幾樹丹楓送夕陽

其二

萬里長江萬里山　匡廬不厭百回攀　漢陽五老雲中住　姊妹翩翩霧靄間

其三

一峯一寺一孤松　寺寺峯峯細雨濃　千歲老松千羽鶴　寒山夜半寺鳴鐘

其四

一丘一壑足優游　壑壑丘丘夾水流　太白樂天來更早　晚生遲到一千周

其五

西望柴桑不見家　避秦渡海逐年華　江州司馬三更淚　靖節先生五斗嗟
昨夜兩鬢猶未白　今朝雙眼已昏花　春雷何日驚龍起　故國河山處處嘉

註：余籍隸江州，早年專攻新詩，追念前賢感懷身世，來台後，因以江州司馬為另一筆名。

壽宋鍔七十有序

宋鍔將軍，籍隸湘潭，蚤歲赴烟台習海軍，壯年膺命武官，駐節英美。勝利後返國，任海軍參謀長有年，復擢升參謀次長，運籌帷幄，恂恂儒者。今宋公七秩大慶，余忝列舊屬，其胞侄揚曜，且爲余之[redacted]至友，囑余賽索詩於余，余雖少學，不敢辭也。因賦七律一首，不計工拙，以示賀忱。

雲鎖烟台浪逐天　鵬飛鯤化想當年　屠鯨壯志吞河嶽　使節丹心照史編
帷幄運籌決千里　綸巾羽扇着先鞭　壽翁應解盈虛數　七十人生一半仙。

二〇〇七年八月五日重校於北投 紅塵寄廬

附錄：憶初會文壇鐵漢—墨人先生

馮馮

多年以前，當我對文藝尚未有若何興趣之時，我就已經久仰「墨人」這一位作家的大名了。我知道他是一位赫赫有名的詩人和小說家，對他非常景仰。可是一直沒有看過他的作品——因爲我那時候還是沉迷於偵探與武俠小說，雖仰慕文藝作家而不看文學作品，眞是夠荒唐的。

有一天，偶然從一位朋友手上搶到一本獲得中華文藝獎金的文藝小說《黑森林》，隨便翻開看看就放不下手，看完了，看看作者的名字，原來是「墨人」！從此我就深深被他的樸實無華與精純洗練的文字和豪放的筆調所吸引，更增崇敬之心！我心中也在希望過，有一天，有機會讓我見一見這位名作家的面，看看他是什麼樣子。

三年多以前，我以極其偶然的機會闖進文藝圈，首先認識王藍先生，並且在他的力荐之下，爲文藝協會翻譯一批短篇小說爲英文，寄往奧國參加比賽。我因此首次看到了作家們的手稿，其中一篇是署名「墨人」的，字很草，可是筆力很健，運走如飛，似是忽促寫下，文章却是一氣呵成的，我用我的淺陋英文將這篇文章譯出，譯完以後，我告訴王藍先生，說我在這一批文章中，對這一篇印象特別深刻。不久，墨人先生這一篇作品膺選爲當年世界最佳小說之一，我也因英譯此文而開始受到許多人的注意和關切。

某夜，王藍先生帶我到名作家蔣碧薇女士府上，我看見了兩大圓桌的貴賓，王先生一一介紹，原來都是鼎鼎大名的名作家，我興奮得除了鞠躬，什麼話都不敢講。不久，他們開始打牌，我傻楞楞地坐在一個角落，孤單單的。正當我覺得發窘之時，王先生喊我過去，他說

：「密斯特馮，我來介紹一下……：你不是要見墨人先生嗎？這一位就是！」

站在我面前的是一位身材魁梧高大的中年人，看起來不過是三十五六歲，臉色紅潤，兩眼烱烱閃光，胸膛挺得很直，背很厚，個子比我高了至少半個頭。他非常謙和可親地伸手和我相握，非常用力，握得我手痛，他講話很快，江西口音很重，一連串地講了很多，我連聽都來不及，可是我深深地感受到他的熱誠。

我好奇地打量他，眞不敢相信他就是鼎鼎大名的墨人，那末年輕？身體那末「棒」，像個運動員，又富有軍人氣概，眞是一個鐵漢。我坦白地告訴他我的感想，他已經享有隆譽多年，我總以爲他最少也該有六十歲。其實不過四十左右。

我們很快就談得很投機，他問我的情形，我一一告訴他，並且表示深深敬仰他，說我也希望學學寫作。

「要得要得」他說：「這樣子很好，你可以試試看；你有決心，一定會成功的。」

我說我希望到他府上拜候請教。

「要得要得！歡迎你隨時來玩，拜候是不敢當。」

後來，過了些時候，名作家章君穀先生帶我上墨人先生家去。那天墨人先生請客。

我想像着他家也是一個漂亮的大公館，心裏未免又緊張起來。到了大直，我們走進一段山路，轉了幾個彎，到了一個眷屬村子，走進一條小巷的盡頭，首先就聞到撲鼻而來的雞糞氣味和聽到幾百隻雞亂叫。進了他家的門口，我看見院子側面有一個很大的養雞棚，墨人先生和太太原來還是養雞專家；他正在笑嘻嘻地在家中做勞動服務。

那一頓飯我吃得心中非常不安，因爲墨人先生殺了兩隻生蛋雞招待。而從這個狹小的房子看來，我發覺他經濟情形並不好。房子是公家的，很小，一廳一房，住滿了四五個上中學的孩子，他把光線好的房間和前廳讓給孩子們住，自己和太太住在接近廚房的小小房間——其實只能叫走廊，那張床又是單人床。他太太是近視眼的，戴着眼鏡，地方又小又矮，她躬着背端菜，出出進進，一家人輪留上菜勸客，弄得滿身大汗。

他家後面是山坡，有一個天主教墳場，他帶我去參觀，我看見那些十字架與墓，心中非常不舒服，他卻豪邁地說：「我每天早上都到這上面來散散步。」

住陋舍，毗鄰鬼域，一個男孩患着嚴重的胃病，養鷄蝕本，他似乎都不放在心上，看他：還是那末洒脫樂觀，胸襟寬濶，在大自然中渾然忘我；看他：大踏着健步爬山。

「這山谷一帶風景不錯，我沒有事常常到上面來跑一跑，運動運動，或者坐下來靜靜地地想想。」

老實說，我看不出那山谷何美之有，我心中不同意，可是不由不佩服他的胸懷。

幾年來，我們交往日益密切，我發現他的生活非常嚴肅而有規律，待人寬厚，律已至嚴，他似乎很少有什麼娛樂，他現在已經不養鷄了，專心寫作，寫得很多，大多數是短篇與中篇。他的另一篇作品，前年再次入選為世界最佳短篇之一，他現在正在從事創作一本一百五十萬字左右的長篇「大地龍蛇」為了怕打攪他工作，我最近也較少去看他了。

最近在暑期文藝營中我們見過一面，他強健如昔——他的體魄在文人中是罕有的，從未聽說他生病。一位受訓的同學告訴我說墨先生的授課講話速度比誰都快，記筆記大吃苦頭。他的確是很健談的，可是要看談話的對象是什麼人。有時候我發覺他也非常沉默。

關於墨人先生，我想寫幾萬字也寫不完，他在文學上的崇高成就，人所共仰，自然無庸由我來多說，我只是在這裏提一提他的一些小事。這篇隨筆，由於倉卒，也未經由他過目。我想，以這一點隨筆，是未能表示我個人對於墨人先生的崇敬的，他除了在文學上非常值得我學習之外，他的胸襟氣量，耿直剛正，苦幹不懈的毅力，都非常值得我師法。他那鍛鍊得來的運動家般的強健體魄和奕奕有生氣的精神，我也感覺得無限欽慕的！

（一九六四年九月二日台北）

原載香港「文藝雜誌」第十五期

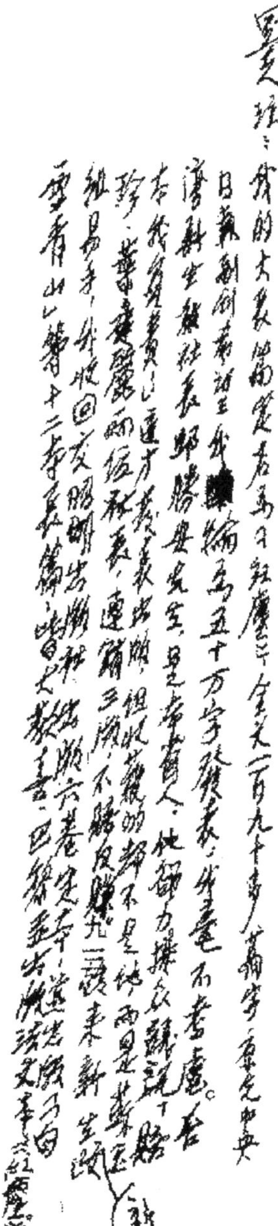

83.12.30

落拓江湖一怪人

世論新語

文藝界耆宿墨人教授，寄來一詩一闋，對後學勉勵有加，愧不敢當。其中七言絕句云：「放翁情結板橋身，落拓江湖一異人；上下古今無掛礙，千崖萬壑一枝春。」墨老稱樓主為「異人」，這是對道家的最高推許。其實我是個「怪人」，怪裡怪氣。譬如：有人對李登輝總統有「情結」，而我只對古人，而且是落拓江湖的陸放翁，和鄭板橋兩位先賢有情結，能無怪乎？

墨老另一首是「鷓鴣天」詞：「獨下瓊樓不患貧，入山修道解迷津。兩袖烟霞人不識，一身錦繡更沉淪。／西來主，東效顰，可憐島上少經綸。冠蓋京華多爾爾，坊間認假不認真。」其中「兩袖烟霞」是道家仙語，只有呂洞賓祖師始可承擔，樓主絕對「消受不起」。至於台灣道教和道家人士，更沒有半個膽敢妄稱兩袖烟霞（兩袖香火倒有），他們只能夠「可憐島上少經綸」。至於官場和文化界，亦正如墨人大師所言：「冠蓋京華多爾爾」了。不過朱高正老弟的境界，應該算是「多爾爾」之外，有些糊塗蛋總以為，朱博士只會罵人，就像有一個「叫獸」背後嘀咕，指樓主方塊文章「不高級」，同樣的道理。一句話，「思想有包皮」！

為了對墨老作「善意的回應」，樓主信手拈來詩詞各一，算是投桃報李，以示「道不孤，必有鄰。」

詩曰：「莫非元白是前身，佛道雙修一墨人；慢說騷壇多滯礙，需堆掃盡又新春。」元白指元稹、白居易，兩位大詩人是莫逆之交，尤其元微之既是詩人，又是小說家，與白樂天唱和最多，時稱「元和體」。樂天曾遭貶為江州司馬，古江州即墨人先生的故鄉九江。

鷓鴣天：「貧道天生不畏貧，葫蘆斜掛訪漁津。桃源洞口無人識，笑看魚沉日自淪。／東廊女，效西顰，竹苞猶負有經綸。紅塵出入誰能爾？五柳先生意最真。」樓主的詩詞多半是「罵人」的，說它高級也好，低級也好，言之有物，於願足矣！請看，「魚沉」代表頹廢派詩人的沒落，「日自淪」代表幾個自以為「大」詩人或「名」詩人，自動奄奄一息。東施效西施之顰，代表台灣某些現代派詩人，學西洋二三流現代詩，卻又學不像。「竹苞」是紀曉嵐給一財主和「小犬」寫的橫匾「竹苞堂」，拆開來看，即「个个艸包」；而草包居然自負，實在令人便秘。「紅塵」是墨人教授的長篇小說。五柳先生陶淵明有詩「此中有真意，欲辯已忘言。」「陶公是墨人先生的[illegible]同鄉，「江西老表」。

下輯

器識與文藝

接奉文協吳若、陳紀瀅、王藍、宋膺四位先生署名的大函，大意說今年(一九七〇)「五四」是中國文藝協會創會三十周年，要在下就「我與文協」或「我與文藝」爲題，撰文紀念。殷殷盛意，卻之不恭。

我非文協會員，自不宜就第一題着筆。我和第二題雖扯得上一點關係，但我不是文壇要人，對文藝界無擧足輕重的影響，更不足爲後世法。如果光說自己如何如何，又難免老王賣瓜，因此第二個題目對我來說，也不太合適。

但是有幸逢此盛會，一直悶聲不響，亦有未當。

「五・四」運動對中國整個文化來講，是所得者少，所失者多；而所失的是我們文化的精華，所得的是人家的糟粕。究其原因，是首倡者並未眞正認識中國文化—只見其弊，未見其利，只知其一，不知其二，見了一樹病害，而毀掉整個森林，這是西方文化的霸道方法。我在「文藝界的洋擱瘋」一文中曾對「五．四」流弊影響所及詳加論列。對中國文化之再評估認識亦在「中國文化的三條根」、「宇宙爲心人爲本——中國文化的眞面目」、「中國文化的宇宙觀」、「人與宇宙自然法則」，以及「李約瑟與中國文化」中，表示了我的淺見，不再重述。

「文藝」不過是「文化」的一環，「文化」是根，「文藝」是花朶，根不深，不健不壯，花朶就開不大，開不久。今天很多人都想「超越」，希望一夕之間超越國界，成爲世界性的作家，這種雄心壯志未可厚非，但是他們忽略了最重要的一點，那就是從什麼地方起飛？從那一個立足點跳躍超越？

文藝本來沒有國界，但是文藝不能離開生根的泥土。西洋文藝有西洋文藝的泥土，中國文藝自然也該有中國文藝的泥土，一旦離開自己生根的泥土，必然枯死。今天我們的文藝正在生死邊緣。這不是我危言聳聽，師範大學客座教授程石泉博士的「文藝評論集」的「西方文藝上的現代主義——畢卡索」、「龐德其人其詩」、「論某些臺灣的新詩」等文，都談到這類問題。

文藝雖然是感性的、創作的成果，但是不能缺少理性的、學識的根基。光憑感性和創作天才，固然可以產生作品，甚至可以轟動一時，達到很高的票房紀錄，但是在識者眼中，一眼就可以看出它到底有幾分根基？曹雪芹不是單憑創作天才寫出「紅樓夢」的，天才的背後是作者對中國文化的整體了解，其浸淫之深，尙無出其右。「紅樓夢」之不朽在此。所謂技巧也者是末而不是本，今日本末倒置者甚多。所謂「器識」是從根本產生的，而不可求之於技巧的。

「士先器識而後文藝」，這句話在今天可能不大中聽，但這是文藝的振衰起敝之道。索忍尼辛之得諾貝爾獎金，起先我以爲是文藝作品本身的實至名歸，他到美國定居後發表的幾次談話，使我對他的見解比對他的作品更加欣賞。由於他對俄共極權政治了解之深，所以他才能寫出「古拉格群島」；由於他對西文化虛浮無力之認識，所以他才能說出那些擲地有聲的話。索忍尼辛的器識，是他之所以成爲一個大作家的最好說明。大作家之不同於一般作者，正如大政治家之不同於一般政客一樣，其分際在於器識、品性和學養，政治手腕和創作技巧直餘事耳。

作家應先器識而後文藝，器識的高低決定作品素質的高低；文藝運動家更應先器識而後運動，器識的高低決定運動的成敗。往者已矣，來者可追，亡羊補牢，猶未爲晚。

我寫此短文出於一片至誠，絕無絲毫惡意。作家與運動家應各盡所能，提高本身品質，盡自己的本份，從大處着眼，不必斤斤計較虛名虛位，斤斤計較者難成大器，願與朋友們共勉。

原載六十九年四月二十日中央日報副刊

（一九八〇）

抗戰文學的整理與再創作

今年七七是抗戰四十二周年，報紙副刊多有特刊談論抗戰文學，大家還沒有忘記中華民族這一歷史災難，總是好事。事先我也參加過一次座談會，談起抗戰文學，不少人都認爲繳了白卷。如果認爲抗戰文學只是戰爭文學甚至是戰場文學，可以說是繳了白卷；如果不限於戰場，不限於軍事行爲，擴而充之到敵人轟炸後方，以及全民同仇敵愾，毀家紓難，同舟共濟，包括整個士氣民心，那我們的文學作品並沒有繳白卷，只是還沒有一部像「西線無戰事」那樣描寫戰爭行爲和戰場心理的作品能已，但不能說我們沒有抗戰文學。

抗日戰爭是全民戰爭，而不是一個單獨的戰役。當時的國策是焦土抗戰，長期抗戰，全面抗戰，這樣一個以全中華民族對抗日本侵略者的戰爭，其可歌可泣的事跡自不限於戰場。中華民族是用一點一滴的血汗匯成抗日戰爭的洪流，後方老百姓死於日機轟炸之下的比前方將士還多，全家擁難的更不在少數。二十七年武昌大轟炸是我親身經歷的事，每天幾十架飛機作地毯式的轟炸，最多的一次是八十三架，武昌大朝街、小朝街、蛇山一帶幾成火海，到處斷垣殘壁，屍橫遍地，大熱天人死了幾個鐘頭就發臭，我是武昌大轟炸之下倖存者之一，那種慘痛的情形我曾經寫在我的一個抗日長篇「火樹銀花」裏（立志出版社出版）。其他各種形式各種角度的抗日文學作品更不在少數。（即以當時武昌街頭的情形而言，轟炸之後除了立即清理死傷，撲滅火頭之外，抗敵宣傳隊也馬上在瓦礫堆上高唱「八百壯士」、「淞花江上」、「打回老家去」……並在街頭演出抗日短劇。這些文藝活動也不能說與文學完全無關。）可惜手邊缺少資料，不能列一份抗日文學作品清單。幸而周錦先生[redacted]以個人力量蒐集了抗戰的詩和散文，編為「中國新文學創作叢刊」的第二集「中國的怒吼」、第三集「中國的奮鬥」、第四集「中國的勝利」，這三集中的詩和散文，全是從各種角度，描寫抗日戰爭，描寫中國人的戰爭感受的抗日文學。可惜他個人力量有限，我想不然他一定會把抗日的長短篇小說、獨幕劇、多幕劇蒐集編印出來，對抗戰歷史、抗戰文學作一個完整交代。

三十[redacted]全國政府遷臺之後，大陸來臺作家有三大創作主題，一是抗日，二是反共，三是懷鄉抗日及同時反共，我舉這三者原本相關，難以觸實，不易截然劃分清楚，因為抗日戰爭是一體兩面的，大自七七蘆溝橋事變，至抗戰勝利這八年期間，以這段時間內的史實，作爲描寫的重點，自然理所當然地應稱之爲抗戰文學；如果時間向前推到九一八，向後延長到[redacted]尤其是在一三兩個主題之下的文學作品，其實都可以稱之爲抗戰文學。在這個大前提之下，如果我的記憶不錯，在臺灣完成的抗日長篇小說，有陳紀瀅的「華夏八年」、王藍的「藍與黑」、楊念慈的「廢園舊事」或「白牛與黑蛇」？趙滋蕃的「子午線上」或「海笑」？拙作「靈姑」（寫抗日初期學生抗日活動與心態）「江水悠悠」（寫淪陷區老百姓在日寇鐵蹄、游擊隊[redacted]縱橫交錯之下的苦難生活與心態。以上兩書都編入中華書局出版的「墨人自選集」。）以及前面提到的「火樹銀花」（寫青年學生於抗戰初期投筆從戎直至抗戰勝利的全部過程，實際上也就是我和同學們參加抗日的過程）[redacted]此外[redacted]是徐訏的「風蕭蕭」，這是一部抗戰期中完成的長篇，也是一部暢銷的抗戰文學作品。至於抗戰的短篇小說單以現在臺灣的作家來說就不計其數，當年文獎會時代得獎的短篇大多是抗戰文學作品。我個人的短篇也有很多是屬於抗戰文學的。

抗戰文學作品既然不少，爲什麼還有不少人認爲我們繳了白卷呢？我想一是沒有仔細讀過別人所寫的抗戰文學作品，因此在印象上形成了一片空白，二是我們還沒有一部綜寫戰爭行爲和戰

[redacted]因此有人以爲我們繳了白卷。[redacted]如果說繳了白卷那就言過其實，而且抹煞了當代作家的心血，這是不大公平的。爲了不使當代作家的心血白費，同時提供後代作家再創作參考，因此，我要特別提出兩點呼籲：

壹、整理出版抗戰文學作品：

不少朋友談到抗戰文學，多半偏重於小說，尤其偏重於長篇小說。長篇小說自然是文學的重鎮，但是詩、散文（含報導文學）、戲劇，甚至歌曲也不能忽略。抗戰時期發揮了激勵民心士氣作用的首推歌曲，其次是戲劇，詩也發揮了很大的作用，報導文學也不例外，不僅是小說。因此我主張分門別類整理出版。

甲、詩集。抗戰的詩大多是氣勢磅礴的敍事長詩，即使短詩也如匕首般的鋒利，絕少風花雪月無病呻吟的作品。當時的詩刊很多，「詩創作」是最著名的一個，詩也十分蓬勃。整理抗戰文學絕對不能忽略詩的貢獻。整理出幾本有代表性的詩集也絕對不成問題。

乙、散文集（含報導文學作品）。抗戰時期的報導文學十分發達，散文高手也不少，詩人、小說家也寫散文，出幾本具有代表性的散文也無問題。

丙、戲劇集。獨幕劇、多幕劇公演的很多，其中沒有發表出版的還不少，今天在臺灣的老一輩的劇作家、導演、演員，應該可以提供不少珍貴的劇本。

丁、小說集。小說發表、出版的最多，整理起來也最容易，份量之大，也非前三者可比。長短篇出十本二十本當非難事。

同時我還要在這裏提供兩點整理的拙見：

一、向現在臺灣或海外自由地區的作家徵求抗戰作品，盡量蒐集，以免滄海遺珠；不在自由地區作家的作品，也應該儘量蒐集。

二、整理出版抗戰文學作品，不同於編印一般選集，不能偏頗，應着重於作品的保全。我們應該把抗戰文學作品當作文學史料看，以供後人再創作時借鏡參考。

貳、再創作抗戰文學：

整理出版抗戰文學作品，是文學財產與文學史料的保存；再創作抗戰文學作品，是對抗戰史的全面掃描與縱深的探索，以及文學價值的擴大與提升，使之因而產生具有代表那個民族大災難的偉大作品。我們雖然不能滿足於現有的創作成就，但我們也不能失去再創作的信心。不過，我們應該正視的是，再創作抗戰文學作品必須具備下面四個條件：

一、經驗。人類的智慧是經驗累積的，文明是智慧的運用而產生的，作家之於作品，生活經驗尤其重要。抗日戰爭是血肉橫飛的慘痛歷史，生活經驗尤其不可忽視。雷馬克如果不是出生入死的戰士，就很難寫出「西線無戰事」那種作品；曹雪芹如果不是出身於那種大世家，也寫不出「紅樓夢」。

二、感受。有了抗戰的生活經驗，還要有特別敏銳而深刻的感受，文學作品不能只寫表面現象，必須將人物的內心世界呈現出來。詩人作家的感受自然不同於一般人，但其間亦有深淺之分，感受愈深者作品的深度也更深。因此再創作抗戰文學作品的作家，亦必須比前人有更深的時代感受。

三、才情。文學創作感性第一，理性其次。感性基於才情，理性基於學問。學問再大，而無才情，只能寫抗戰史，而不能創作抗戰文學。一個作家即使沒有具備寫抗戰史的史學知識和修養，如果他具有文學創作的才情，他就可以寫出抗戰文學作品。一個缺乏才情的人，想像力便不豐富，不能彌補生活經驗的不足，文字和語彙也缺乏感染力量，因此不能從事文學創作，更不能負起創作抗戰文學的歷史重任。

四、功力。這裏所謂功力，是指創作才能、經驗和一般學養。而一般學養又包括史地知識、政治知識、軍事知識，以及對中國傳統文化的深刻了解與體認等等。

如果具備了以上四個條件，再創作抗戰文學便不是難事，而且事半功倍。因此六十歲上下的當代作家的歷史責任也特別重。這一代的作家能不能負起這個歷史重擔呢？我的看法是我們並不缺少這種作家，問題是客觀的環境能不能配合？那麼怎樣配合呢？

一是安定作家生活，使他們能專心寫作，不必天天上班或作些人人能作的普通事務，浪費有限的生命。因為凡是參加過對日抗戰的作家，他們的創作壽命最多還有十年。歲月不饒人，這是一個最殘酷的事實，尤其是大部頭的長篇巨著，最耗精力，曹雪芹不到五十，「紅樓夢」未竟全功，他就抱恨以終了。

二是史料的提供。有關抗戰史料，即使是屬於歷史秘辛，也應該提供作家參考，作家愈是深入歷史事件，愈能觸動創作靈感，也會增加參與感。很多資料是作家個人無法取得的。而一般等因奉此的資料，對創作是沒有多大幫助的。二十年前我在國防部史政處工作時，曾經標點校勘過「北伐戰史」原稿，發現作戰計畫、兵力部署、戰役經過，都是制式寫作，很少戰鬥實況與個人動作事跡的描寫，相當呆板，與西洋戰史、個人傳記的多采多姿大異其趣。因為我們的戰史是出之於一般參謀人員的手筆，不是出之於史學家與傳記作家之手，因此對作家的啓發反而不如原始資料。我寫「詩人革命家胡漢民傳」時也有同感。

三是放寬寫作尺度。抗戰已成歷史，無關軍事機密，我們的抗日部隊當時裝備給養之差，應該可以據實描寫；農家出身的士兵知識水準之低，也不是什麼秘密。我們以這樣的部隊打到抗戰勝利，不是羞恥，而是光榮和奇蹟。過去我寫的抗戰小說，就沒有暢所欲寫，我想其他作家也是一樣，因此自然減少了作品的震撼力量，只有挖空心思在其他方面加以補救。這對創作是一種掣肘，對作品是一種損害。

我們要想再創作具有歷史性、代表性的抗戰文學作品，以上的三個客觀條件必須密切配合。否則只有期待後世後人了。因此整理已有的抗戰文學作品，顯得格外重要。薪盡火傳，這樣才不致於眞的繳白卷。本來「成功不必在我」，我們這一代的作家，只能有一分熱發一分光，作得雖不盡理想，但並沒有完全繳白卷，白紙黑字，事實俱在，不是胡說。歷史的重擔需要大家來挑，這個艱巨的工作正是中華民族的智慧和氣魄的一大考驗。

寫於七七抗戰四十二周年原載中央日報

作者補註：

今天是二〇〇六年十月二十七日，台灣早已物[illegible]換星移，抗戰時代的作家，多已作古人，幸存者早已擱筆，沒有參加過抗戰的年輕作家，也[illegible]體會切膚之痛，我這篇短作，只能當作一個白髮老女話天寶遺事而已。

二〇〇六年[illegible]十月二十六日於北投[illegible]寫 [illegible] 下午七時十五分

我看中國的

中國小說至唐人傳奇，已經粗具規模了，唐人小說中不少水準甚高的作品。迨至宋朝已發展到長篇階段，平話故事就是長篇小說的濫觴。到了明朝長篇小說就大有可觀。但三國演義、水滸傳都不能算是真正的創作，因爲作者都有所本，以三國爲歷史小說，但作者在人物創造方面十分成功，對於後人的啓示很大。

中國的長篇創作小說始於金瓶梅。金瓶梅的作者雖然借用了水滸傳裡面的西門慶、潘金蓮兩個人物作爲發展故事的藍本，但那是作者「借古諷今」的不得已的苦衷，以避免「文字獄」，這也正是作者聰明的地方。但金瓶梅完全是創作，而且是一部相當成功的長篇創作。

清朝是一個小說的朝代。「紅樓夢」、「儒林外史」是兩部劃時代的巨著。「聊齋誌異」、「浮生六記」雖是短篇（浮生六記的閨房樂是小說），但都是不朽的著作。「紅樓夢」更是一部長江大河般地氣勢磅礡的空前[redacted]大長篇小說[redacted]的巨著，是經典之作。

在中國許多輝煌的古典小說中，我想提出年代比較近的清朝作品來略微談談。

「浮生六記」的「閨房記樂」是一個膾炙人口的純情的短篇小說。作者手法細膩而又不矯揉造作，夫妻間一片純情躍然紙上，女主角芸娘成爲中國女性的典型人物。這篇小說固然是作者的夫子自道，但不是一般傖夫俗子所能道得出來。人間固然有許多可歌可泣可嘆的故事。如果不遇著大手筆便烟消雲散，春夢無痕。但沈三白却爲我們留下了不朽的「浮生六記」，塑造了不朽的芸娘。

「聊齋誌異」雖然談的多是狐鬼怪力亂神，但却是非常精鍊的短篇小說。此時此地有人提倡過小小說，但是並無結果，最少我還沒有看到一篇有「聊齋」這樣精鍊的短篇。爲了提供讀者參考印證，我不妨舉出「武技」一篇爲例：

李超，字魁吾，淄㈠之西鄙人，豪爽好施僧。一僧來托缽㈡，李飽啗之，僧甚感荷，乃曰：「吾少林也㈢，有薄技，請以相授。」李喜，館

星人附誌：本篇稿爲[illegible]作[redacted]居紐約 拙作散失甚多，此其一也。

的古典小說

墨人

之客舍，豐其結，旦夕從學，三月藝頗精，意得甚，僧問汝益乎？曰：「益矣，師所能者，我已盡能之。」僧笑，命李試其技。李乃解衣唾手，如猿飛，如鳥落，騰躍移時，翩翩然竦人而立。僧又笑曰：「可矣，子既盡吾能，請一角低昂。」李忻然，即各交臂作勢，既而支撐格拒，李時時蹈僧瑕㈣，僧忽一脚飛擲，李已仰跌丈餘，僧撫掌曰：「子尚未盡吾能也。」李以掌致地，慚沮請教。又數日，僧辭去，李由此以武名，遨遊南北，罔有其對。

偶適歷下㈤，見一少年尼僧，弄藝於場，觀者填溢。尼告衆客曰：「顛倒一身，殊大冷落，有好事者，不妨下場，一撲為戲。」如是三言，衆相顧，迄無應者。李在側不覺技癢，意氣而進。尼便笑而合掌，纔一交手，尼便呵止，曰：「此少林宗派也。」即問尊師何人，李初不言，固請之，乃以僧告。尼拱手曰：「憨和尚，汝師耶？若爾，不必較手足，願拜下風㈥。」李請之再四，尼不可，衆慫恿之㈦，尼乃曰：「既是憨師弟子，同是個中人，無妨一戲，但相會意可耳。」李諾之。然以其文弱，故易之，又少年喜勝，思欲敗之，以要一日之名。方頡頏間㈧，尼即遽止，李問其故，但笑不言，李以為怯，固請再角，尼乃起。少間，李騰一踝㈨去，尼駢五指下削其股，李覺膝下如中刀斧，蹶仆不能起，尼笑謝曰：「孟浪迕客㈩，幸勿罪！」李舁歸，月餘始愈。後年餘，僧復來，為述往事。僧驚曰：「汝太鹵莽，惹他何為？幸先以我名告之，不然，股已斷矣。」

㈠山東縣名　㈡求佈施　㈢武術有少林派　㈣露其隙而攻之　㈤山東縣名　㈥願居其下的意思　㈦勸導　㈧上下抗拒　㈨足踝　㈩鹵莽

這是一篇武俠小說，但不像現代武俠小說那麼荒誕不經，故事過程交代得十分清楚，人物性格也很突出，而文字之簡鍊已經到了加一字則太多，減一字則太少的地步。全篇不過六百來字。現代中國的短篇小說家辦得到嗎？世界短篇小說之王莫泊桑辦得到嗎？寫「老人與海」的海明威辦得到嗎？

三十五年的舊作　南先生　二〇〇八年三月三十日　墨人

錢手，大作感謝。

中國古典小說與戲劇

最近幼獅文藝編者突然打電話給我，要我答覆一個有關中國古典小說的問題：

「爲什麼中國的古典小說不如西洋小說？」

這個問題使我感到有點意外，因爲我從來沒有這種想法，也不知道這種想法從何而起？她要我寫三百字的答案，當時我就在電話中答覆她：

「我的看法恰好相反。」

隨即又給她寫了三百字。

但是事後想來，那三百字的答案意猶未盡，尤其是關於有些人否定中國文學價値的這一點，我深以爲憾，我個人更不敢苟同。加之這一年來我又看了不少古典戲劇——國劇，因此我想把中國的古典小說和戲劇一併談談。希望國人對我們的古典小說和國劇重新體認，不要再抱着金飯盌討飯。

我國小說起源甚早，到了「湯問」、淮南子「本經」、山海經、穆天子傳……都有神怪小說素材，而魏文帝的「列異傳」、干寶的「搜神記」……更是美化過了的神話小說。

唐人小說在中國小說史上更有相當重要的地位。無名氏的「白猿傳」、杜光庭的「虬髯客傳」、元稹的「會眞記」、白行簡的「李娃傳」、蔣防的「霍小玉傳」、沈旣濟的「枕中記」、李公佐的「南柯太守傳」、郭湜的「高力士外傳」……無論是俠義、言情、歷史、諷刺，都有傑出的表現。而且唐朝的小說對後代的戲劇提供了豐富的題材，影響極大。如國劇的荀派名劇「霍小玉」就是根據「霍小玉傳」改編的；董解元、王實甫又根據元稹的「會眞記」改編爲「西厢記」，而張君秋的名劇「西厢記」即本於此。其他如「梅妃」等等，亦都是根據唐人小說改編迄今仍然上演的。

宋朝的白話小說的興起，奠定了明朝長篇小說的基礎；清朝在小說方面更有突出的表現。

中國家喻戶曉的長篇古典小說「三國演義」、「水滸傳」、「西遊記」、「金瓶梅」、「紅樓夢」、「儒林外史」等，不但氣魄雄渾，人物衆多，而且都是不朽之作。「浮生六記」雖是中短篇，亦有其不朽的價値。今天有人提倡小小說，但「聊齋誌異」實在是最傑出的小小說，誰能增一個字？減一個字？

為了維護中國文學的尊嚴，肯定中國小說的價值，破除存在主義、意識流撒下的迷天大霧，十幾年前，我就在商務印書館出版了「紅樓夢的寫作技巧」（現已絕版），完全從小說創作觀點，分析「紅樓夢」的寫作技巧與文學價值。我還沒有發現有那一部西洋小說能與「紅樓夢」相提並論？不但「紅樓夢」有它極其崇高的地位，「儒林外史」對人性的發掘，科學的諷刺；「西遊記」的豐富想像力；「三國演義」、「水滸傳」將枯燥的歷史、遺事寫成多采多姿的小說，又豈是西洋小說所能取代否定的？

本來我想把我們的古典小說名著多分析幾部，最少要再分析一部「儒林外史」，但草草勞人，實在是有心無力。看着別人把西洋文學捧上天，有意無意地否定自己的文學，我也只好徒呼負負了。

中國古典小說不僅有它不可抹煞的文學價值，它與中國戲劇又有極其密切的關係，甚至可以說是中國戲劇的母體。但我們的戲劇也遭受西化論者的輕視和否定。

隨西洋文學潮流以俱來的是話劇。話劇固然有話劇的價值，但話劇不能代替我們的傳統戲劇——國劇。以藝術境界而言，更不能相提並論。話劇在中國之不能開展，原因很多，如果和國劇的藝術欣賞價值比較，其間的差距則不可以道里計。

國劇是冶音樂、舞蹈、武藝、文學於一爐的綜合藝術，可以單項存在，也可以綜合演出。如所謂「雲門舞蹈」，就可以借用國劇演員表演舞蹈與武藝，這就是它的單獨存在；國劇的武生去當打仔明星，更不同凡響，這也是單獨存在價值的最好證明。而「芍藥開，牡丹放，花紅一片……」又是文學上的單獨存在。國劇戲詞庸俗的固然不少，但生動典雅的更多，尤其是青衣唱詞，如梵王宮、紅梅閣、白蛇傳、李香君、韓玉娘、西廂記、黛玉葬花……都有生動典雅含蓄的唱詞，都是文人的精心之作，遺憾的是電視演出字幕往往寫錯，那只怪寫字幕的人只略識之無，而咎不在國劇本身。

國劇是綜合藝術，百看不厭。但它的表演則因人而異。同樣一齣戲，因爲演員的不同，觀衆便有不同的感受。一位造詣高的好演員，可以把戲演得出神入化，使觀衆忘記自己的存在。

國劇多脫胎於古典小說，如「借東風」取之於「三國演義」，「紅樓二尤」取之於「紅樓夢」是。國劇是我們的國粹，是中華文化的藝術精華，應該復興而發揚光大。這二、三十年來，幸賴軍方大力維護，纔使最能代表中國文化的這一藝術形態沒有在西洋文化的衝擊之下而完全沒落。由於大陸來的老一輩的演員生活有着，新血又不斷產生，因此還能在國藝中心輪流演出。

在後起的演員當中，自然有不少可造之材，但值得特別一提的是海光梅派青衣新秀魏海敏。她主觀條件優越，確是十年二十年難得一見的上駟之選。當然，她還沒有到達爐火純青的地步，但是具有自成一家的潛力。希望她自己善自珍惜，名家多加指導。

要想復興中華文化，需要作的事很多，而文學藝術則爲當務之急。因爲十年樹木，百年樹人，樹人的工作最難，不僅需要時間，尤其要選材施教，黃牛不能當馬騎，作家和國劇演員的培養，首先要選擇適當的對象。

在文學藝術方面我們不要妄自菲薄，我們要有自尊心和自信心；但我們也要百尺竿頭更進一步。繼承傳統，發揚光大，才是正途。

原載六十八年五月十日中央日報副刊

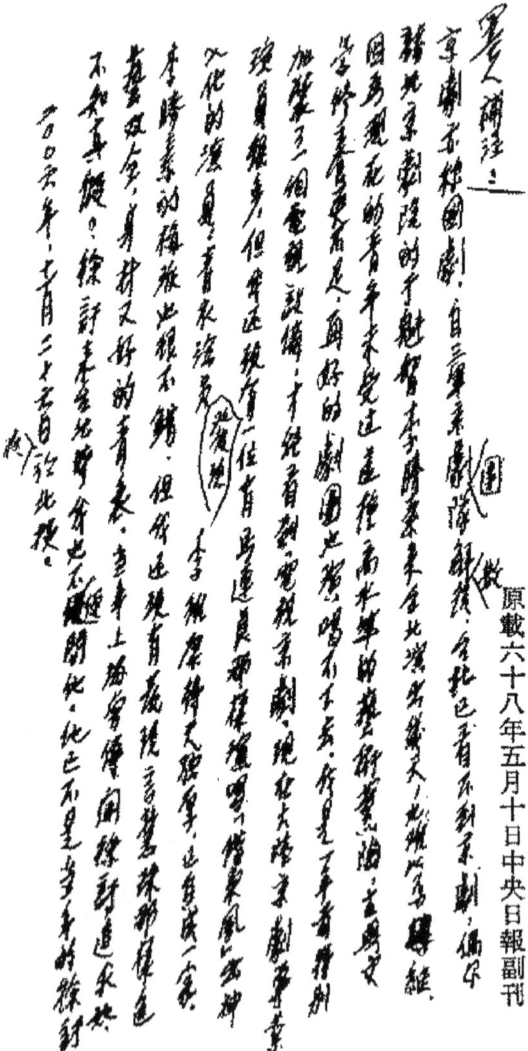

國劇與演員

中國文化經過幾十年西洋文化的衝擊，以及「全盤西化論」的影響，西洋的思想意識型態，有逐漸取而代之的趨勢，中國文化日漸式微這一事實，已難否認，更不可忽視。[redacted]提倡中華文化復興運動，自與這一情況有關。

中國文化的具體表現，除了衣、食、住、行之外，當推文學、藝術、戲劇。而現在除了國畫和國劇仍然保存純粹的中國文化特質之外，其他無論建築、文學、服裝……多已西化。

國劇如果不是軍中大力支持，也早已沒落了！如果國劇再沒落，中國文化就面目全非，只有到故宮博物院和歷史博物舘去追尋憑弔了。在日常生活中是看不到的，無怪日本人說一到臺北如置身東京，連流行歌曲也是東洋調調，作爲一個「文化大國」，「文化古國」，國人作何感想？

國劇與中國古典文學作品的關係十分密切，尤其是古典小說，影響國劇最大，國劇的故事內容十之七八取材於小說。三國演義、水滸傳、金瓶梅、西遊記、紅樓夢……充實了國劇的內容，使國劇多采多彩。如失、空、斬，甘露寺、黃鶴樓、古城會、臥龍弔孝、白門樓、捉放曹……取之於三國演義；十字坡、林冲夜奔、坐樓刺媳……取之於水滸傳；黛玉葬花、紅樓二尤、寶蟾送酒……取之於紅樓夢；有關西門慶與潘金蓮的不少戲取之於金瓶梅；有關孫悟空、豬八戒的許多戲都取之於西遊記。

但國劇是冶音樂、舞蹈、武藝、文學於一爐的綜合藝術，通過舞臺，通過演員的表演，表現極高的藝術境界，這是話劇和電影無法比擬的。最好的話劇、電影連看三場也就不想再看了。但同一齣國劇則百看不厭，甚至一輩子也看不厭，甚至一個字的唱腔，也可以使人廢寢忘食，如癡如狂。因一齣戲，由於派別的不同，演員的不同，而表現不同的風格，不同的境界、不同的韻味。內行看戲更注重演員的咬字吐音、白口、水袖、臺步、身段、眼神……不僅限於劇情。一位成功的演員是面面到，樣樣行。長於唱而拙於「做」、或長於「做」而拙於唱都不是好演員。因此，一個國劇演員之成功成名，絕非倖致。如四大名旦之首的梅蘭芳，除了嗓子甜潤圓亮之外，其他亦無一不佳。他雖是男性，不但無陽剛之音（[redacted]），身裁亦極適中，扮相、表情更富有女兒態，即使到了五、六十歲唱全部四郎探母，還是一人到底，不但坐宮四猜無懈可擊，回令一場的假裝抹脖子自殺的慧黠姣嬈亦恰到好處，不露半點輕浮，無怪自始至終全場觀眾鵝雀無聲，連最後一排，也能聽得清清楚楚。

馬連良的成功成名也非偶然。他身裁的適中、扮相的俊秀、臺風的瀟洒，無出其右；嗓子也寬亮而圓潤，有些唱腔十分蘄峭，如勝利後在上海天蟾舞臺義演「借東風」的「觀看四方」的「看」字，比快刀切豆腐還乾淨俐落，聽來更耐人尋味；演「草船借箭」的魯肅（趙培鑫的孔明），那種「替古人擔憂」的神情，眞是淋漓盡致；演「借東風」的孔明，出場急走幾步，又一停三搖，身段之美妙瀟洒，無以復加，無怪乎還一亮相就是一個滿堂采。別人唱「借東風」、「草船借箭」，比起他來，簡直是一根木頭。唱腔後人還可以憑唱片（借東風的唱片比那次義演遜色多了，尤其是「看」字的唱腔）揣摩，而那種身段、臺步、做表，不親眼目擊是難以想像的。雖然也有人譏笑他是「大舌頭」，但「審頭刺湯」的道白之好亦無出其右。只有言菊朋的「臥龍弔孝」的唱腔可以與他的「審頭刺湯」的道白媲美。

前人說：「三年出個狀元，十年出個戲子。」可見培養一位成功的國劇演員比教育出一個狀元還難。從前的科擧制度，反正三年總有一個狀元，但是國劇演員不同，演員全憑自己的演出，觀衆的考驗，縱然請人力捧，如果不是眞材實料，無論怎樣捧也捧不出頭。所以有人唱了一輩子也只能作個硬裏子，甚至跑龍套。此中關鍵十之七八由於先天條件。一個天分高、條件好的演員，便容易出人頭地，他不止於摹仿，還能獨出心裁，自我創造。唯其如此，才能自成一家。文學藝術，如果止於摹仿，絕無前途。

復興中華文化的途徑很多，發揚國劇藝術是一個有效的手段。怎樣發揚？一是編寫新的劇本；二是培植新的演員。在培植演員方面一定要選上駟之材，不可隨便湊數，一個五音不全的人要他走這條路那就害了他一輩子，也是投資的浪費；三是整理舊的劇本，不合情理的劇情，應該修正；四是糾正現場演出和電視字幕錯字百出的錯誤，這種錯字實在令人難以容忍；五是推廣國劇教育，除了星期日招待國中學生之類的演出之外，大學的音樂系、戲劇系、中文系、外文系應該配當一點國劇欣賞的課程。根據我的經驗，不是大學生不喜歡國劇，而是他們不懂。我曾多次在家裏放唱片給我的學生聽，讓他們一面看唱詞，一面聽，我一面解釋，他們都覺得奇妙得很。沒有人不歡喜的。

只有男女老幼都愛自己的文化、自己的文學藝術，我們的文化才能復興，我們的文學、藝術、戲劇才有前途。

二〇〇七年一月五日重校

由沙特想起

英國文豪蕭伯納，辭諾貝爾獎金不受，是因爲他窮的時候沒有給他；他成爲百萬富翁之後，他又不在乎那幾萬美金了。還有一點，就是他應該鼓勵的時候沒有得到鼓勵，而那兩三年他沒有作品產生，却給了他諾貝爾獎金，他頗有「你不雪中送炭，我也不要你錦上添花！」之意。一般人只注意別人的成功，忽略了別人的困苦。蕭伯納早年的文學生活，非常的不得意，稿子一本一本地退，沒有人願意發表出版。等他聲名顯赫，鈔票滾滾而來之後，以前的退稿出版商也搶着要。難怪他一肚皮的悶氣，視諾貝爾獎金如糞土了。

無獨有偶，法國存在主義哲學家兼文學家沙特，也辭諾貝爾獎金不受。他不是「放後馬砲」，而是在未公佈之前，得到了消息就寫信去表示不要。他的意思是不要任何獎品，「不論是一袋馬鈴薯或諾貝爾獎金」。如果以他事前的行爲而論，不會是沽名的釣譽，或自高身價。

沙特的文學作品似乎還沒有介紹到中國來，究竟如何？我們不敢臆斷。既然能得諾貝爾獎金，諒非泛泛。但是作爲一個存在主義的哲學家，他在歐洲的影響力沒有人敢予忽視。而他把他的哲學帶進文學，這影響必然更大。尤其是我們現代中國人，精神一片空虛，任何哲學的文學的思想，都可以左右我們。只要是新的，西洋的，都搬進來，甚至無法分辨好壞。人家放棄了的，我們還如獲至寶，自相炫耀。一旦沙特闖進我們的文壇，可能又會造成一片紊亂，或是一窩蜂的現象。

勞思光把存在主義稱爲「否定的哲學」，是「旁門」不是正統。歐洲幾位存在主義的哲學家都表現了這個荒謬的時代，但未提供解決荒謬的方法。沙特更表現了這時代的可悲，他的「存在的意志」的觀念在文學上可能產生危險。中法兩個民族在氣質上有不少相似之處，而法國文學的影響又實在不小，沙特的影響也是可以預見的。

但是我們的新文學的內容如何呢？大英百科全書有這樣的評介：

「作家們能自由地借用了歐美的理論與技巧，其中一部份作家曾留學歐美。西方文學的趨勢普遍地反映在中國的，都是幾十年前的東西……。」

如果照我們現在的某些趨勢發展下去，要是將來大英百科全書將我們的現代作家帶上一筆，可能會有這樣的評論：

「……某甲的某書，顯示着喬伊斯的影響；某乙的某書則顯示着沙特的影響……。」

那麼，我們自己的文學呢？在世界文學潮流中淹沒了；我們自己的作家呢？在世界文學潮流中滅頂了。

作爲一個哲學家，沙特的影響力很大；作爲一個文學家，他的著作銷售數量雖然還抵不上臺灣的作家，但是他的影響決不可以輕視。在文學上起領導作用的往往是那些沒有商業價值銷路不佳的著作。而不是「票房價值」極高的通俗小說和暢銷故事。諾貝爾文學獎金之給沙特而不給沙岡，就是因爲沙特對我們這一時代產生深遠的影響。而不是因爲沙特的書銷了多少萬本。在此之前，我們的文藝作家和讀者好像只知道年輕的女作家沙岡，而不知道在思想上起領導作用的沙特。甚至我們早幾年就出現了「中國沙岡」，却少有人提到沙特。

不管將來沙特在中國有沒有沙岡那麼榮幸？他對我們會產生多少影響？是好的影響還是壞的影響？但是沙特拒絕接受諾貝爾獎金這件事，我們應該予以尊敬。我們可以視爲這個存在主義的哲學家對這個「荒謬時代」的「否定」行爲；這個存在主義的文學家敝屣尊榮的高尙氣質。這對我們應該是個好的影響，這倒是很可以「學」的。對他的文學作品，即使有人馬上翻譯過來，我們倒不妨採取保留態度，即使有人學到了家，仍然不值得向自己人炫耀。外國的月亮不一定比中國的圓，外國人的眼光可能比我們尖銳，他們能透過外衣看出原形。這是不可不愼的。

怎樣才能開創我們自己的文學世界？這是一個迫切的課題。新文學運動了幾十年，昨天是左拉、托爾斯泰，今天是喬伊斯，明天是沙特，總不是辦法。我們自以為「新」，非常「現代」，人家卻看得出來是幾十年前的東西。讓別人說出來也只有那麼大的「光彩」。

中法兩個民族都是情感豐富、長於文學藝術的民族，看看人家，不妨想想自己。即使我們自己要想獎勵那位作家，錢雖不多，最好也要有句把公公正正，令人心服的評語。這雖不是作家本身的事，倒也是息息相關的。

罡人弟：

到二〇〇七年十月倫其我還沒有看到台灣作家受政府或社會重視，而一些傳，不論是平面的和電子媒體，以都是兇殺新聞，有的人会討好媒体，散新聞，反而[redacted]顛倒了價值判斷，真正成熟有信心的作家即使受到國際與中國大陸的尊重禮遇，反而遭藐視，不能露面，大魚總是沉在水底深淵，自有天地，世有伯樂而後有千里馬，古今皆然。

二〇〇七年十月五日 徐枝 于紅塵草廬

創作精神

文藝界的「現代病」，始於現代詩，已經有二十年以上的歷史，其結果是烏烟瘴氣，你不懂，我不懂，甚至作者也不懂，彷彿詩壇在發神經病。其所以如此，多半是「時髦」二字害人。誰也想走在「時代的前端」，誰也想表示自己「新」，誰也不願意落伍，尤其是那些害了想作領袖病，想出人頭地的妄人。其實那些歪歪倒倒，大大小小排列的字體的「詩」，早在抗戰時期的桂林，民國三十年左右的大詩刊上出現，作者是鷗外鷗，陽太陽，今天的一些年輕的現代詩人當時還沒有出生，這種詩何新之有？不過當時並沒有人重視，自然沒落，更沒有人標新立異。想不到它居然能在臺灣死灰復燃，而且成為運動，成為派別，可笑亦復可悲。

小說的「現代病」，沒有新詩那麼嚴重，歷史也短得多，只是少數初寫作的人想「標新立異」，「一鳴驚人」，絕大多數的富有創作經驗的作家，都沒有那麼衝動，這得力於小說家比詩人理智。

現代科學現代哲學對於文學的影響是十分自然的事，一個作家的運用現代科學知識哲學知識於文學創作也是順理成章的事。但是有一個大原則不可忽視：即科學是科學，哲學是哲學，文學是文學。文學如汪洋大海，可以無所不容，無所不包，犯罪心理，性心理，變態心理自然都可以寫，但文學是文學，不是心理學的實驗報告，作家更不是某一派學說的代理人，文學有更高的藝術價値，是一種獨立存在。愛因斯坦的定律可以被李政道、楊振寧推翻，但是誰能推翻沙士比亞、杜甫、李白、曹雪芹……諸人的作品？科學發明愈新愈好，文學創作却不能以此種態度衡量。

如果以「新」，以「時髦」而言，Joyce 的 Ulysses 出版時我們很多人還沒有出世，不能算「新」。它的出名一部份由於用「意識流」寫作的大膽嘗試，一部份由於英美當局把它當作淫猥的書籍禁止。（見 Robert Graves and Aland Hodge 的 The Reader on Your Shoulder）說穿了沒有什麼稀奇。而我們中國讀者又有幾位能讀懂這本書？

作爲一個作家，最要緊的是自己創作，走自己的路，而不是成天跟在別人屁股後面跑，冒充洋時髦。更不要相信那些半吊子說的你是現代作家他是舊派作家的鬼話。作品不分新舊，只問好壞。作家必須他是他，你是你。有這種獨立創作精神，才能獨立存在。跟別人跑學不好，跟洋人跑更是誤已誤人。黃鼠狼變貓，變死不高！這才是眞理。

創作第一

要想作爲一個作家，必須先是一位腳踏實地的人。因爲任何事情可以買空賣空，玩弄權術，創作必須貨眞價實。投機取巧縱能僥倖於一時，決難垂之久遠。文藝作品往往不是當代人能確定其眞正價値，因爲當代人與作者多少有點牽連，恩恩怨怨，自所難免。只有後代人才是絕對的客觀，作者已死，才有定論。莎士比亞的作品，現在的英語世界，幾乎把它當作聖經，紅樓夢也是曹雪芹死後許久才發現其眞正價値。作者唯一能作的事，只是創作，不斷地創作，認眞地創作。其他的可以不必過問。

可是我們也有不少專愛裝修門面，不務實際，而好弄權的人。因此才有「沒有作品的作家」產生。這是「臺灣特產」，別的國家沒有，從前大陸上也沒有。這少數人雖然冒充成「家」，但沒有人承認，更沒有人「尊敬」。

文藝創作是一件非常嚴肅的工作，辛苦的工作。如果就「創」的意義來講，有作品的人都不一定能當「作家」二字而無愧，何況根本沒有創作？因此我們對於那些腳踏實地，埋頭創作的人，不問他有名無名，應該特別尊敬。通向作家的路只有一條：創作，創作，創作！

創作的艱辛

前幾天，有一位愛好寫作的青年朋友到我家裏來，問了我很多寫作上的問題，不答覆嗎？文章負了他一番熱忱；答覆嗎？却一言難盡。因爲這是一本難唸的經！結果我自然不能辜負他的熱忱，因爲十年來我曾經義務地爲不少青年朋友修改作品，那比講幾句話更費勁。但這次我未能暢所欲言，也沒有鼓勵他寫作，因爲我自己的感慨太多。好在他留下了一篇幾千字的小說，我還有機會向他提供見。

看了中副（宣誠先生譯）的「作家筆下的短篇小說」之時，我不禁發出會心的苦笑。這篇作品說的雖只是短篇，却道出了創作的艱苦。那位青年朋友和我所談的題材問題，從這篇文章裏面可以得到一部份答案。

不但初學寫作的人會爲題材苦惱，就是有經驗的作家也有同樣的苦惱，尤其是短篇小說。因為短篇不同於長篇，長篇題材想好之後，可以連續寫下去，普通的寫十幾萬字，長的可以寫上一百多萬字，主題還是那個主題，人物還是那些人物，故事還是那個故事，頂多是多加穿插，大體上是不會改變的。如以當前的所謂「武俠小說」而論，照那些作者的寫法，大可以為寫到這個世界毀滅為止，因為「小說」中的人物可以死而復生，一粒靈丹妙藥就可以解決一切問題，其他的更不在話下了。但是真正的小說是不是這樣容易？絕對不是那回事。長篇只是不必變換題材，寫起來也不是輕而易舉，如果不是胸羅萬象，大筆如椽，寫到十幾萬字就會難以為繼；而一個真正成功的小說家，還不作興向讀者說故事，難就難在這裏。我常想「老人與海」如果是中國作家寫的，那會連發表的地方都找不到，還談什麼諾貝爾獎金？但海明威比中國作家幸運，那麼一個短短的中篇，除了使他贏得最高的榮譽之外，還賣了三十幾萬美金的製片權費，又找到好萊塢的「絕物」史賓塞來演，誰說美國人只會賺錢，不懂文學藝術？

長篇既不易寫，短篇尤其困難，因為麻雀雖小，肝膽俱全。而最大的困難是題材必須篇篇翻新，不但要與自己寫過的不同，而且要與衆不同。同時必須挖空心思，絞盡腦汁。那位德國作家如果不是個中人，絕對道不出那份艱苦！而當他把幾年前的舊作，三十年前的故事，重新改寫，換個新題目，交給那位要求「故事必須非常的新，並須從生活中取題材！」的出版商時，那位出版商居然非常高興地說：「好極了，這正是我們求之不得的，……今天像你這樣很新的短篇小說題材，到處有的是，只要你俯身去拾就行了。」這位作家倒很幽默。

假如題材眞的只要俯身去拾就行，臺灣稿費雖低，作一個拾荒者倒也不算太壞。問題是，那怕只有幾千字的短篇，你可能想上幾天。

最近三個月來，讀者和朋友們都覺得我寫得很多，但很少人知道我付出了多少腦汁？爲了寫短篇，我不得不擱下長篇。假如我有四五萬元的生活基金，我就會先完成那篇寫了五十多萬字的長篇，而毋須拼命寫短篇了！然而我却和電臺的節目主持人差不多，每隔十來分鐘就得更換節目，而且都得自己做，連唱片也不能放。寫的時候在想，不寫的時候也在想，常常一個人坐着發呆，往往三兩天下來，腦子裏還是一片空白。有時爬上公墓，看看死人，有時跑到西門町看看電影，但對我都沒有多大的幫助。多半是睡在床上想出一點題材，但還必須付出長夜失眠的代價。

我平時不抽烟不喝酒，人多時才逢場作戲，所以我從不乞靈於烟酒，倒是聽聽京戲可以調節我的情緒，「生死恨」尤令我迴腸盪氣，它可以增進我作品裏的一點古典氣氛。

那位德國作家在窮思苦索之餘，對裁縫與木匠因羨生妒，是很自然的事，但不算新鮮。凡是從事創作的人幾乎都有這種感覺，因爲裁縫有布料，木匠有木頭，要做什麼也有一定的尺寸，而作家則要無中生有，不但別人的尺寸不合用，自己的手法也必須篇篇翻新。世界上還有什麼比這更吃力的事？

有些人也許會以爲作家名利雙收，大有可爲。在美國一個小說作家一書成名，一書致富的不算奇事，在日本作家也是天之驕子，日本最紅的明星也趕不上作家的收入。而此地的稿費一般說來能按時付得起五百元一千字的就算信用卓著了，但平均一個月寫十萬字的作家實在太少，就是專說故事也很難辦到，利在那裏？至於名也是靠不住的，如果不是眞正寫在讀者心上的東西，很難持久，寫在紙上的東西不一定可靠，即使活着的時候能夠勉强維持得住，死後却很難說了。名利皆空，火中的鳳凰是特別需要勇氣和定力的。

創作是艱辛的。要想作一個眞正的作家，更應先有殉道的精神。然後才不會被虛名浮利誘惑，才不致於灰心。「作家觀」確定之後，才經得起創作的熬鍊，經得起世俗的考驗，不然人家要武俠就寫武俠，要故事就說故事，那就「差之毫厘，失之千里」了。世界上求名求利的方法很多，但都比做作家强。作家是「予」而不是「取」，尤其是中國作家，取得最少。『紅樓夢』的讀者何止千百萬？曹雪芹生前得了多少？我們前一輩的人還把『紅樓夢』當作邪書哩！

如果願意自找苦吃，創作倒是一個很好的磨鍊；如果願意取最少的報酬，付最大的心力，作家也是九流三教之外的一種行業。但必須穿過重重荆棘，才能拿到那點稿費。一舉成名的事很少，一舉成功的事更不多，很多事都可以投機取巧，創作却是例外。十年時間投下去，可能沒有一點聲響；寫了一輩子，也許沒有一篇作品能留下來。

創作就是這麼回事！作家就是這種人！如果你歡喜自我陶醉，你會比任何人都滿足，因爲你寫了那麼多字，出了那麼多書；如果你有自知之明，你可能比任何人都空虛。在物質上你沒有享受，在精神上却充滿痛苦，而當你一旦發現這種尷尬情況時，也快「死翹翹」了！

如果你不識趣地向閻王訴苦，說你在陽間白走了一趟，閻王可能板起面孔打你的官腔：

「什麼事不好幹？誰叫你發神經病當作家？」

創作的題材

最近似乎又有人談到作家應該寫什麼的問題，甚至有人開出「單方」，而開「單方」的人又似乎不是實際從事創作的。我孤陋寡聞，偶見一鱗半爪，未窺全豹，究竟是怎麼一回事？不敢臆測。

事實上實際從事創作的作家，可能更重視題材，也更為題材苦惱。譬喻年輕一輩的作家，從小在臺灣生長，根本沒有去過大陸，以大陸作背景的題材，多半不敢動筆，尤其不敢動筆寫長篇。我自己有幾個想寫的長篇，也就因為沒有在那幾個地方生活過，遲遲不敢動筆。臺灣的空間只有這麼大，可寫的，已經寫得太多，不宜寫的，絕大多數的作家，都會自律。而一些有新聞價值的東西，作家並不一定認為值得寫成文藝作品，所以作家不像記者那樣「搶新聞」一樣地搶題材，而且也沒有那麼大的尺度。一般地說，作家的自律精神是值得社會尊重的。偶有極少數名利第一的作家寫過一兩本有「票房價値」，並無文藝價値的作品，還是受到口誅筆代。往事歷歷，不必細表。至於那些凡是標明什麼言情小說或是白紙印成黑字的東西，都往作家頭上一推，眞正的作家反而哭笑不得。

但是題材問題的確存在。中國作家既然沒有海明威那樣幸運，也只能就他所最瞭解的來寫。能寫好身邊瑣事，也就很不容易。鑽石雖小，價値連城。如果「開單方」可以成爲作家，作家毫不可貴。可貴的是怎樣寫出來？怎樣寫好？《紅樓夢》寫的不是驚天動地的大事，「異鄉人」和「老人與海」更單純。作家應該給人看的是內心世界，內心世界越大越深，作品的價値就越高越久。

當然，作家最好擴大現實的眼界，再返回內心世界。從創作觀點來講，最好是早點[redacted]回大陸。那是全世界最豐富的文學土壤，取之不盡，用之不竭。老年人的一句話，就具有幾千年的文化價値。妙手得之，作品不朽。

學問與創作之間

中外有學問的人很多，作家只是少數。而這些少數的人，看來好像都沒有多大的「學問」，因爲即使像莎士比亞、蕭伯納那樣舉世敬仰的作家，都沒有受過什麼正規教育。我們的曹雪芹、吳敬梓，也並非什麼進士出身，沒有赫赫功名。而他們在著作裡所隱藏的學問，以及他們對「學問」的看法，却非等閒。如果從前的「功名」和現在的學位代表學問，那我們現在有學問的人比科舉時代不知道要多幾千百倍？但是作家還是少數，沒有成正比地增加。即以學文學的本行來講，成爲作家應該是天經地義，當仁不讓的事，可是連百分之一都不到，這到底是怎麼回事？難道書是白唸的？學問沒有用處？並不如此，學問有學問的用處，不過不一定能用之於創作。

到現在還有多少人在考證莎士比亞的眞假，有的認爲是培根的化名，有的認爲根本沒有莎士比亞其人。同樣的，也有不少人在考證曹雪芹的身世，甚至考證賈寶玉、薛寶釵、王熙鳳……是何許人？公說公有理，婆說婆有理。不管誰是眞正的王麻子剪刀舖，無可否認的，考證莎士比亞和曹雪芹的人都很有學問，看起來遠在莎士比亞和曹雪芹之上。所不同的是，曹雪芹寫出了「紅樓夢」，莎士比亞寫出了「羅密歐與朱麗葉」那許多英語國家的人奉爲經典的作品，而那些大學問家都沒有寫出來，却往往教人如何寫，妙就妙在這裡。大家弄不清楚的大概也在這裡？學問家的地位身份高於作家的大概也在這裡？

學問應該普遍受人尊敬，作家尤其應該尊敬有學問的人，本身也應該有點學問。不過學問與創作之間，還有一堵牆，要通過這堵牆，學問才能用得上，否則縱然學富五車，拿到十個博士學位，還是不能創作，不能成爲作家的，非不爲也，是不能也，縱有此心，無能爲力。

學問和創作之間的這堵牆是什麼？是表現能力。天才加學問，庶幾近之。創作是表現，是無中生有，大別於作文成章，引經據典毫無用處。說得淸楚，道個明白，也是徒然。哲學家很多，爲什麼卡繆能把存在主義寄託於莫魯梭？其他許許多多的哲學家只能寫哲學論文？這原因就在於卡繆除了學問之外，還有表現能力。抑有進者，作家的學問並不限於那一方面，更不限於死的書本，還要有很多活的知識，而這種知識又不是照本宣科的，各人都有獨得之秘，甚至可以意會，不可以言傳。因此寫出來的作品纔各不相同。這和十載寒窗人人可通的學問又大異其趣。而且，更難的是，縱有天大的學問，在作品裡也要不着痕跡，一着痕跡，品斯下矣。因此，作家看起來大多沒有學問，相形之下，別人也就更有學問。作家之不受重視，創作之被視爲小道，其在此乎？

但是作家最好認輸，不要和別人比學問。隨時找尋自己所需要的知識——書本上的和活的知識。寫出一兩本好作品，讓有學問的人去考證，張冠李戴都沒有關係，作者的名字不過是個符號，誰看見莎士比亞和曹雪芹從棺材裡爬起來申冤？

如果一生寫不出一部好作品，那更要承認不學無術了。海明威、莎士比亞、曹雪芹還有人說他們文法不通呢。

創作本來是一件披荆斬棘的事，不是尋章摘句的工作。明乎此，眼前的尊卑毀譽也就不必計較了。

批評與創作

我願意開宗明義說兩句話：有創作才有批評，無創作即無批評。我的目的只有一個：希望這兩件事相輔相成，不是相尅相刑。這樣才能保持一線生機，使表面繁榮，其實仍然貧血的文壇，有大豐收的一天，和再生產的能力。

在探討實際問題的過程中，如有失言之處，也希望不要誤解。

臺灣光復之初，三十八年以前，還是一片未開墾的處女地，文藝界能有今天這種氣象，雖說距離大豐收之期還有一段時日，但目前的小熟，得來已非易易，不知道洒下了多少作家的汗水與眼淚？這一痛苦的事實，千萬不可忘記！

說句公道話，這十多年來，創作方面是有表現的，作家個人，或多或少都有進步。當年一批開荒的作家，今天仍然打落門牙和血吞，不忮不求，繼續孜孜創作的，尚不乏人。這股忠於文藝的傻勁，不是剛毅木訥，具有殉道精神的人，很難堅持下來。一個作家，如果在未完全成熟之前退却，或者倒下去，那是前功盡棄，浪得的虛名，在整個文學史上，不會留下絲毫痕跡。偶爾發表過幾篇文章，或者出過三兩本書，便以作家自命，沾沾自喜，都是不成熟的表現；把自己看成前無古人，後無來者，中國的莎翁，中國的卡繆，中國的喬伊斯，更徒見其幼稚。創作是一條最難走的路，只有第七，沒有第一。不走完這條路，很難保持「作家」頭銜於不墜，走完了這條路，還不一定是一位眞正的作家。從事創作的人，必須先有這種認識，方可成爲大器，才有希望寫出站得住的作品。

這些年來，作家和作品在數量上每年都有增加。自然不是每一個人都是成功的作家，每一本書都是不朽之作。如果存此奢望，那是太不瞭解創作之道和實際情況。古今中外，該有多少作品？又有百分之幾是不朽之作？在臺灣能有百分之二三的作品站得住，就可以算是豐收。可惜的是，一直到現在，我們還沒有作過普遍公正的作品分析工作。這裏面一定有不少缺乏宣傳的好作品沒有發現出來。毋可諱言的，過去我們的文藝批評，是最弱的一環，大多的評論文字，是變相的商業廣告，或者不是把作者捧上九重天，就是把作者罵得體無完膚，缺少眞知灼見的持平之論。

恕我說句直話，作爲一個批評家，不是搞創作失敗了的人可以勝任的。批評是一種高深學問，不讀破萬卷書，很難成爲一個權威批評家，很難說出一針見血的話。正如醫生開刀，高明的一刀見效，蒙古大夫，自然誤人性命。而批評家在做學問當中，有一門最基本的學問決不可以忽視，那就是豐富的創作經驗。托爾斯泰是一位大作家，也是一位批評家，毛姆亦復如此，詩人艾略特又何獨不然？證之目前臺灣能寫出一針見血的批評文字，學理與創作經驗兼收並蓄的先生們，也正是非同小可的作家。有創作經驗作支柱的批評，離譜的很少。醫生之重視臨床經驗，正是彌補照本宣科的不足。但是從事創作的作家，很少願意寫批評文字，寧可埋頭創作，把自己對於文學方面的見解，溶化於具體的創作之中，這也是臺灣文藝批評偏枯的一個原因，不過很少人注意及此，甚至以爲搞創作的人不懂理論。可是不說話的人不一定是啞巴。

批評家需要很大的學問，但可以力學而成。如果本身是個作家，倒可以事半功倍。創作需要學問，但更需要才氣，如無才氣，讀破萬卷書也很難成爲作家。這兩件事現在形式上已經分裂爲二。如能二者合而爲一，當更理想。旁觀者清，看別人的作品往往好壞立見，也說得頭頭是道。當局者迷，作者對於自己作品，往往爲了某種原因，而不忍割愛，或明知故「犯」。

批評家和作家在形式上雖然已經獨立存在，各立門戶，但仍然是兩位鄰居，是朋友而非敵人。作家不必輕視批評家，批評家也不必高高在上，儼然君師。作爲一個作家，應有接受任何考驗，和歷史批判的勇氣。活着的時候固然可以請人捧場，把自己捧得暈頭轉向，但死後請誰「護航」？文章千古事，不是今天賣了幾千幾萬本書，拍了十部八部電影，就可以永垂不朽。貨賣識家，莫謂現在，將來的讀者都是青光瞎。如果連這一點認識和自覺都沒有的作家，眞不知其何以成爲作家？作爲一個批評家，更應該具有大智、大公、大仁的修養與襟懷。大智才能透視，分析；大公才能不爲私慾所蔽，不偏不倚，冷靜批判；大仁才不斬盡殺絕，保留一線生機與祥和之氣，而符合中國文化精神。

今天的文藝作品，有「劣幣驅逐良幣」的趨勢，低級的色情趣味代替高尙的文學思想情操的事實。鑑別眞僞的工作，倒是當務之急。這一工作作得允當，的確可以幫助讀者選讀優良的文學作品，是無量功德。

就創作而言，還沒有到蓋棺定論的時候；眞正的成功失敗，要看以後二三十年，只有惟恐這批人不倒而別有用心的人，才迫不及待地宣判他們的死刑。因此，當前的文藝批評，應當從愛出發，才能期待未來的大豐收。

最後我願再强調一下，有創作才有批評，無創作即無批評。批評家與作家雖已各立門戶，但是鄰居，不是敵人。創作不易，批評也難，雙方下筆謹愼，自然會有好的作品。從事創作的作家，不妨抽點時間寫寫批評，從事批評的批評家，也不妨花點功夫從事創作。甘苦與共，才能痛癢相關；經驗交流，才能抉微發隱。創作出之以誠，批評發之於愛，正心誠意，臺灣文壇當有一番新氣象、新面目。

作品的價值

以前作家出書，別人只問銷路，不計其他，書商更是如此。彷彿銷路好，就是世界名著，銷路壞，便毫無價值。沉不住氣的作家，銷路好，便沾沾自喜；銷路壞，便垂頭喪氣。這是對於自己的作品缺乏「自知之明」。

書的銷路好壞，第一要靠宣傳。宣傳有兩種，一是出版者的大吹大擂，捨著登廣告，廣播，捨得替作家捧場（事實上也是替自己捧場）；二是作者自己的宣傳，書評之外再製造新聞，利用新聞。如此雙管齊下，作品不難暢銷。第二是寫作時就看準對象。今天的讀者有三大群，一是中學女生，二是士兵，三是家庭主婦和年輕的職業婦女。這三大群讀者當中只要抓住其中之一的心理和知識水準，不論作品好壞，都可以暢銷。說穿了沒有一點巧，只看作者願不願意投機？願不願意成為「名」作家？而最難抓住的是中年以上的高級知識份子，如專家大學教授之類。要測量一本作品的價值，這群讀者是最好的風向針，一個這種讀者，勝過千百位普通讀者。

但是最近居然也有些人不問作品的銷路如何？而談到作品的價值問題，這是一種可喜的進步。不過對於價值的判斷，還缺乏深刻的認識。如有人認為主題正確健全的就缺少價值，主題歪曲黃色的就有價值，即其一例。

作品的價值的主要關鍵在於思想，在於表現能力，其最後決定在於作者的整個表現能力。正面的作品難寫，反面的作品好寫，這是事實，也是群衆心理問題。能夠寫好正面作品的作家，其表現能力遠在能寫好反面作品的作家之上。這點絕對不可忽視。至於「紅樓夢」的崇高文學價值，決非因為主題不健全，而是由於曹雪芹已經洞澈人生，以儒、釋、道思想經緯其間，再加上特殊的表現能力，發掘了各階層的人性，塑造了衆生相所致。曹雪芹這位偉大的作家已經被誤解夠了，我們不能再誤解。勞倫斯豈能望其項背？

文學作家追求什麼

東吳大學舉行了一個文藝寫作座談會。邀請了十來位報刊主編和作家參加。

我因爲座位不好，被自治會當主席的同學指定首先發言。我想愛好寫作的同學最關心的是創作發表的問題，我和他們一樣是投稿人，情況相同，地位平等，醜媳婦都要見公婆面，因此我推荐了幾位主編先生發言。他們發表了許多寶貴的心得和高見，幾位作家也相繼發言。

因爲講話的人多，我以爲我既是陪着公子趕考而來，也可以平安渡過這一關，輕鬆地陪着公子回去。想不到突然蹦出一個大問題：「文藝作家追求什麼？」因爲不是問我，我也不大關心，問題也不是書面提出的，文字可能有點出入，但大意如此。這是個燙蕃薯，大家推來推去，沒有人願意沾手，最後徐蔚忱兄往我身上一推，以報主編先生們的「一箭之仇」。雖然十分燙手，我也只好接任。

我不知道是那位同學提出這個問題？但這是這個座談當中一個最重要的問題，一個十分中肯的問題，一下擊中了從事寫作的人的要害。以往我也參加過不少的大專學生聯合或個別學行的文藝座談會，從來沒有人提出這類的問題。

沒有時間讓我考慮，更沒有時間讓我準備，我只能信口說出我個人的淺見：

第一類的作家追求的是金錢和虛榮，談不上文學藝術；只要稿子好賣，書好銷，便沾沾自喜，揚揚自得，這是他們的全部目的，不計其他。

第二類的作家既追求文學藝術，也追求金錢名譽；爲了生活，稿子和書必須有人接受，但他們不過分遷就別人，自己有自己的創作觀點，文學觀點，必要時寧可犧牲金錢虛榮，保全個人令譽。

第三類作家追求文學藝術，無視於金錢和虛榮。稿子不好賣，書沒有人出，不在乎。自己有定見定力，寧可餓死，決不寫流行歌曲，迎合低級趣味。照一般的說法，這類的作家追求的是眞、善、美。但他個人有他個人的獨立世界，有他個人的思想王國。而他這種世界和王國一旦建立，必然突破時間空間，爲藝術之神所承認，而他自己亦永垂不朽。

就世俗的觀點而論，第一類的作家名利雙收。臺灣的稿費版稅雖低，但其收入遠較一般公務人員大學教授爲優。而且作這類作家可抄近路，不必化二三十年時間磨鍊。

第二類作家不如第一類作家幸運，但可勉強維持生活。此中少暴發戶，多憑功力。即使爲了生活寫作，作品亦在水平線上，且有不少佳構，令編者讀者暗中喝采。

第三類作家最倒運，在臺灣簡直無法生存。但是每一個國家每一個時代更需要這種作家。然而我們慣於錦上添花，不願雪中送炭。而且也缺乏這種眼力。第一類作家最受歡迎，第三類作家受盡冷落，第二類作家則在夾縫當中討生活。

在這裡我願意提出我膚淺的看法。第三類作家毫無疑問的可以登上文學的高峯，但是在他登上高峯之前極可能半途倒下。因此，第二類作家登上文學高峯的機會較多，但必須天賦特厚，身體，才華和學識三者俱備。第一類作家可以享受眼前的榮華，但永遠無法進入文學王國。

「作家」這個空頭銜，對青年人可能有點誘惑力。但眞正的文藝創作是件十分艱苦的事，唸四年中文系、外文系，可以拿到文學士的學位，但是寫三四十年文藝作品，不一定能成爲一個大作家。此中更無博士學位可拿。作家不能靠中外前輩作家的作品混飯吃，他必須自己創作，一個字一個字地寫，不夠要求，編輯先生不要，即使編輯先生登了出來，也不表示永垂不朽。世界上沒有任何工作，比這件事更渺茫，更難得到一個圓滿的結果。如果追求的僅僅是個作家頭銜，在以上三種作家當中，事先可以作個選擇，作個心理準備，不要走寃枉路，人生只有幾十年的光陰。

虛榮害人

儒林外史裡的匡超人，微時是個孝子，那種雙膝跪下托着病父的兩腿在床上瓦盆裡出恭的情形，恐怕很多人都辦不到？但是他能辦到。不但事親至孝，對不義的哥哥也十分恭順，生性至厚。可是中了秀才補了廩之後，就漸漸轉變了。

第一個有恩於他的人是浙江選家馬純上馬二先生。他流落他鄉時馬二先生鼓勵安慰，並慨贈十兩銀子讓他回家，他並拜馬二先生為盟兄。

第二個有恩於他的人是同鄉書吏潘自業潘三哥。潘自業不但設法讓他賺錢，而且還替他成了親。

他的老師給事中李老爺提拔他到京師當教習，開始得志。老師問他已否婚娶？他想丈人是撫院的差人，恐怕見笑，就說自已沒娶親。於是老師把外甥女兒許配給他。

考取教習之後要到本省地方具結。潘自業因案坐監，聽說他回來了托蔣刑房傳言想會一會他，敍敍苦情。其實潘三哥作奸犯科的事也有兩件與他有關，他却對蔣刑房說：

「……潘三哥所做的這些事，便是我做地方官，我也要拿訪他的……如今設若走一走，傳的上邊知道，就是小弟一生宦場之玷，這個如何行得？」因此不去。

後來他遇見名士牛布衣和馮琢菴，談起選文的事，便大吹大擂一番，說北五省讀書人在書案上供着「先儒匡子之神位」，牛布衣笑道：

「先生，你此言誤矣！所謂先儒者，乃已經去世之儒者，今先生尚在，何得如此稱呼？」

牛布衣當面出他的洋相，他還強辯。馮琢菴和他談起選家馬純上馬二先生，他又自抬身價地說：

「這馬純上兄理法有餘，才氣不足，所以他選的也不甚行。選本總以行爲主，若是不行，書店就要賠本。惟有弟的選本，外國都有的。」

一個生性至厚的匡超人，竟被虛榮所害，可惜。社會有很多無形的陷阱，如果不退一步想，好人也會掉進去。吳敬梓輕描淡寫，却把一個匡超人寫得前後判若兩人。他用的不是意識流的手法。

中國的月亮

在中國歷代中，以文學著名的如唐朝的詩，宋朝的詞，元朝的曲，在文學上都有其代表性。因此「唐詩」，「宋詞」，「元曲」，幾乎成了後人的口頭禪了。

明朝有四大奇書，即：三國演義，西遊記，水滸傳，金瓶梅。這四大奇書都是小說，前三種都有所本，是改作而非創作。只有金瓶梅是眞正的創作。這是一部反映明朝社會腐敗、生活糜爛的寫實小說。故事曲折多變，人物描寫極爲成功，只是寫男女私事過份暴露，勞倫斯的查泰萊夫人的情人亦難比擬。就小說本身而言，勞倫斯雖是遲生了幾百年的晚輩，也難望前輩笑笑生項背。

但是明朝還不能稱爲一個小說的朝代，因爲創作不多。清朝才是一個眞正的小說朝代！聊齋誌異，儒林外史，紅樓夢都是不朽的創作，足可以作爲這一代的文學代表。

聊齋誌異雖是神怪小說，篇章甚短，故事的發展不夠，然其結構的嚴謹，文字的洗鍊，已登峯造極，幾難更動一字。這是蒲松齡二十多年的心血結晶。

紅樓夢更是多彩多姿，集中國小說的大成，集中國語言的大成。它不僅充分具備了小說的三大要素，人物創造的成功，更舉世無雙！洋人不懂中文，所以它未被列為世界十大名著。（正如世界通史，我們雖是文明古國，所佔篇幅極少，無關重要，同樣使我不服。）但它是名著中的名著，拿十個諾貝爾文學獎金也不算多。可惜曹雪芹是中國人，又早生了三兩百年。但曹雪芹是永生的，現在雖是「月亮是外國的圓」的時代，但中國人總有一天看到洋人睜大眼睛說「月亮是中國的圓」！紅樓夢就是中國的月亮。

儒林外史雖然沒有紅樓夢那麼感人，但仍不失為中國的月亮。吳敬梓雖然是兩百多年前的作家，但語言運用的成功，人物創造的成功，值得我們今天的作家學習的地方還很多。今天許多小說裡面的彆彆扭扭的白話，那有吳敬梓用的白話那麼純淨而有韻味？如果吳敬梓不是純粹寫兩種讀書人的嘴臉，而穿插了一些愛情故事，則儒林外史的讀者一定會更普遍。但這無損於儒林外史的文學價值。

少年時讀儒林外史不甚了了，時讀時廢。現在自己也學塗鴉，格外心領神會。它不但是中國的月亮更是今天的文藝作家的一面鏡子。從它裡面不但可以學到一些東西，更重要的是照照自己。

純文學與大衆文學

留日甚久的文學家崔萬秋先生，所撰「日本的文壇」一文，對於日本文壇的狀況敍述甚詳。這種客觀深入的介紹，最有助於我們瞭解別人。日本人接受西洋文明比我們早一步，不僅工商業如此，文學亦然。我們三十年代的作家，不少是留日的，「五、四」以後我們的新文學運動，或多或少也受了他們的影響，這都是不容否認的事實。

現在日本作家社會地位之高，已經到了使商人動腦筋利用他們的照片和三言兩語作商業廣告的地步。大衆文學作家年入數千萬日元那是早就報導過的舊聞了。

但是日本人做事總有其嚴肅的一面。訪問我國的日本詩人高橋喜久晴閒聊時儘管談笑風生，不拘細節，一談起詩立刻就顯出那種「純文學」的嚴肅態度。

崔先生的大作裡也說：「日本人把純文學譬作手織綢！把大衆文學譬作混紡。」這是一個最恰當的譬喻。

那麼「手織綢」和「混紡」的差別在那裡？崔文也有很恰當的說明：

「手織綢品質堅固，到孫子的時代還可以穿。純文學亦然，文學作品的生命長久。」

「至於大眾文學，則等於摻雜人造絲的混紡。緯絲使用文學的素質，經絲則摻入當時流行的感情和思想……可是不夠堅固，隨穿隨丟，不能持久。」

這種恰當的譬喻，勝過千言萬語和長篇累牘的解釋論爭。儘管日本純文學作品也是「市場狹窄」，但庄野潤三還是拒絕了ＮＨＫ廣播公司改編他的「夕雲」為電視劇本，自然一千萬元的版權費也拒絕了。這是一筆相當於一百多萬臺幣的數目，這種精神就非同小可。

反觀我們的文壇，卻是以市場價值和社會關係決定文學價值，以大眾文學代表純文學，以贗品的「混紡」代表貨真價實的「手織綢」，我們連識別「手織綢」與「混紡」的起碼知識也沒有，此種怪現象，實在令人「不忍卒談」。

國際性與民族性

美國人像畫家亞瑟•艾略特，五十六年七月一日在文星藝廊與我國畫家歡叙，交換有關繪畫藝術方面的意見。根據記者先生客觀的報導，艾略特是個眞正的內行，也是我們的諍友。

近年來我們在文學藝術方面，曾有一股特別西化的傾向。尤其是年輕的一代，其强烈的程度幾乎完全否定我們的文學藝術傳統，否定我們的固有文化。而美其名曰「創新」。實際上是既不新，更非創，只是接受本世紀西洋文學藝術的一部份的表現方法。學習本來不能算是壞事，學習人家迷失了自己，却是文學藝術的最大損失。

「艾略特認爲今日中國繪畫受西洋影響很大，而他個人的意見，則希望能看到中國的畫家能多多接受中國自己的傳統和精神，這樣對西洋人而言將是一種最佳的說服。對建築方面他也持相同的見解。」

他山之石，可以攻錯。艾略特的話又非隔靴抓癢，照理應該重視。可是「有人主張繪畫應爲國際性，不分所謂東方或西方影響。」艾略特到底不失爲一個行家，一個諍友。他對於我們的畫家的這種「高論」，「不表同意」，他認爲「各國的繪畫各有其民族根源，不容抹煞。」不僅繪畫如此，文學亦然。凡是追求「國際性」的畫家作家，必先表現其「民族性」，如果喪失了本身的「民族性」，迷失了自己，就談不到「國際性」。理由很簡單，「皮之不存，毛將焉附？」而文學藝術這種「非工業性」、「非商業性」的作品，又最講究「個人性」和「民族性」，如捨本逐末，何異緣木求魚？

艾略特還有更率直的表示：「畫家在作畫時，不應先存有這幅作品完成後能賣多少錢的想法，作畫時應絕對忠於藝術，至於作品完成後別人願出多少代價，則是以後的事。」他這些話同樣適用於作家。

綜觀艾略特所言，並無新奇之處，可以說是老生常談，是一個畫家的最平實的意見，惟其平實，且對我們的文學藝術一針見血，所以格外值得重視。要想我們的文學藝術具有「國際性」，**必須掃除「幼稚病」和「商業性」，充分發揮「個性」和「民族性」，此外別無他途。**

時間空間人性

「尋尋覓覓、冷冷清清、悽悽慘慘戚戚。乍暖還寒時候，最難將息。三杯兩盞淡酒，怎敵他晚來風急？雁過也，正傷心，却是舊時相識。滿地黃花堆積，憔悴損，而今有誰堪摘？守個窗兒，獨自怎生得黑！梧桐更兼細雨，到黃昏點點滴滴，這次第，怎一個愁字了得？」

這是李清照的聲聲慢。這首詞將女性的「愁緒」寫絕了。宋朝多少詞家，唐代多少詩人，沒有一位對於「愁緒」的表現能如此纖細深刻，令人廻腸盪氣，悽惋欲絕。

李清照是宋朝詞人，生於一〇八一，她所處的時代是靖康前後，山河破碎，烽火連天，又死了丈夫，國破家難，因而寫出這種表現個人愁苦的千古絕唱。這首詞寫作的年月雖不可考，但當在八百年前，並沒有因爲時間的久遠、「形式」的「陳舊」，而減低它一絲一毫價值；也並沒有因爲她是濟南人，而北平人不能體會；也並沒有因爲她這首詞是以大陸的自然環境作背景，而臺灣人不能欣賞。何以如此？她掌握了人性、表現了人性、超越了時間、突破了空間，所以不朽。

同理，霍桑的「紅A字」、雨果的「悲慘世界」、巴爾札克的「高老頭」、莎士比亞的「羅密歐與朱麗葉」……我們並沒有因爲他們不是中國人，作品內寫的不是中國的東西，在時間上和我們又相去甚遠，而無動於衷。況且他們早生於無諾貝爾獎金之世，即當今的諾貝爾獎金作家，也無法掩蓋他們的文學光芒。

作品之不朽，無關於現代、古代、中國、外國，自然也無關於任何獎金，而是基於人性。誰能把握人性、表現人性，這種作品就可以不朽。創作之道無他，人性而已矣。惟矯揉造作、裝模作樣者無緣，等而下之更無論矣。

超然物外安分守己

一九六六年十月二十五日是畢卡索八十五歲生日，這位世界聞名的畫家，隱居在他的鄉村別墅裡面，以免盛名干擾他的藝術。

他的鄉村別墅重門深院，本地的餐館老闆像平常一樣送食物給他，那天是幾打牡蠣和一個大生日蛋糕。但畢卡索不一定吃它。

八十五歲的畢卡索過着一種更隱居的生活，生日那天他的太太和兩個兒子都不在身邊，只有僕人聽用。雖然消息很難透出他的重門深院，但新聞記者說他這天以最大部份時間繪畫。拜訪他的朋友說他正在同時畫四幅畫，以與時間賽跑。雖然他已經完成了一萬件藝術作品，他的朋友認爲他仍然有很多事情必須完成。

他的畫室裡的幾千幅畫，價值連城，它們的正確價值，要到他死後才能知道。

像畢卡索這位譽滿世界，已經八十五歲高齡的大畫家，除了工作以外，他沒有想到別的東西，甚至連自己的生日也不慶祝。這就是藝術家的特色之一。畢卡索之能成為大畫家，決非偶然。從這種性格上去瞭解他，比從作品上去瞭解他更能探本索源。作家藝術家之不同於一般人，就在他能超越世俗而不忘本份。像畢卡索其人，無論金錢、名譽，足可以招搖過「世」，作各國名公巨卿的上賓。但他捨此而不為，寧願躲在鄉下繪畫。畢卡索的可敬可愛在此。

不凡的藝術家、作家，不管是那一國人，總有其超然物外安份守己的相同氣質。

斯坦貝克

美聯社報導美國諾貝爾文學獎金得主小說家斯坦貝克，到了越南。

這位六十四歲蒼髯鬚的小說家到越南幹什麼？他要到水上到山裡去聽去看。他說他要學打M—16自動來福槍，和M—79手榴彈投射器。他已經六十四歲，兒子在越南美國陸軍服役，他用不着當兵打仗，他爲什麼要學打槍，要學投手榴彈？他有一句話雖是老生常談，但値得一些鄙視寫實的作者思考。他說「如果我不瞭解它們，我怎麼能寫那些事情？」他在越南無限期的停留，就是仔細觀察研究而寫作他所看到的和感觸到的事物。

斯坦貝克之到越南，純粹是爲了寫作；而他之不惜冒生命危險，無非是爲了求眞，求實，而寫出他所看到的和感觸到的事物。單從這件事情看，斯坦貝克不是存在主義的作家，而是一位道地的寫實主義的作家。他在美國，怎樣的胡思亂想，怎樣的意識流，也寫不出越南人民的疾苦，越共的狡詐殘酷和美軍的艱苦奮鬪……因此他還是要親自到越南去。我們罵他思想怎樣落伍，技巧如何陳舊都好，斯坦貝克還是斯坦貝克，他不會假充「時髦」，坐在美國幻想越南戰場的事，而寫出「走在時代前面」使讀者如墮五里霧中的作品。

我們的作家，論年齡很少有人超過斯坦貝克，論寫作經驗也難和他比較（他的第一本書 Cup of Gold 是一九二九年出版的），論名望大概也不好意思說已經超過了他？他得不得諾貝爾獎金對讀者沒有什麼影響，他的作品擺在那裡，我們有什麼辦法否定他？

撇開一切不談，斯坦貝克這種實事求是的精神，值得我們借鏡。作家不是超人，作到「平實」二字，無論其人其文，都有可觀。站在半雲天裡，未見得一個觔斗能翻十萬八千里，倒栽葱的機會倒比較多。

曹雪芹・莎士比亞

世界有兩大作家爲後人聚訟紛紜，而又未成定案。這兩位作家是誰？一是英國的莎士比亞，一是我國的曹雪芹。

關於曹雪芹的爭論，是「紅樓夢」後四十回的問題。一派說是高鶚寫的，一派說是曹雪芹的原著。公說公有理，婆說婆有理。弄得讀者不知道誰是誰非。關於莎士比亞的爭論那更滑稽，有的根本否定了這個人。我們不是英國人，自然更弄不淸楚這樁公案。

但是這兩位作家都有一個不爭的事實，那就是他們的作品的價値無人敢予否定。莎士比亞的著作早已成爲英國文學的經典，不但英語系國家文學教授要靠莎士比亞吃飯，連我們的英國文學教授也要靠他吃飯。曹雪芹的「紅樓夢」雖然沒有像屈原、李、杜等人的作品那樣養活一批國文教授，但是私淑心儀的人不知幾許？從那麼多學者教授化那麼多的時間精力在考證後四十回這件事看來便知梗概。因為林語堂先生的一次公開演講，指出「紅樓夢」後四十回是曹雪芹的原作，又引起葛建時、嚴冬陽、趙岡諸先生的反駁。

姓名只是一個符號，作者也是一個符號。有沒有莎士比亞這個人？不是重要的問題；「紅樓夢」後四十回是曹雪芹寫的，還是高鶚寫的？也不是重要的問題。重要的是怎樣接受他們的文學遺產。莎士比亞（或者是培根吧）的作品好在什麼地方？曹雪芹（就算是高鶚吧）的「紅樓夢」好在什麼地方？壞在什麼地方？學英國文學的人怎樣寫出比莎士比亞更好的作品？學中國文學的人怎樣寫出比曹雪芹更好的作品，纔是頂頂重要的事。莎士比亞曹雪芹的偉大，不是那兩個符號的偉大，是他們作品的偉大。除掉「羅密歐與朱麗葉」等作品，就沒有莎士比亞，更扯不上培根；除掉「紅樓夢」就沒有曹雪芹，自然更不會有高鶚了。

新詩欣賞

什麼是好詩？我們不妨選擇一些好詩來共同欣賞。可是在我選詩的時候，却費了很多時間，原因是臺灣出版的詩刊和詩集雖然不少，但眞的選的時候却又很難找出適於作範例的作品。以下所選的好詩，也很有限，不妨逐一分析。

頭顱半島

王祿松

細草般的短髮們
坐在頭顱上，仰燈光做日浴。
眼睛，姊妹花般拉着手
在書本上悠悠地踏青。

鼻子呢，獵狗般地嗅着。
而且伸長到六七尺以外去捕獵靈感。
張向夜的藍海的
耳朵像兩隻不凍的港口，
迎着海一樣的窗外
聽草蟲的波聲浪語。
而嘴巴是座地下倉庫藏着許多歌。
——在這頭顱的半島上。

這是一首好詩，作者的想像力很強，語彙也很豐富，用字非常準確。以頭而言，在一般人看來是沒有什麼詩意的，但在詩人看來，卻詩意盎然，而且具體地表現了出來。

先說題目，如只用「頭顱」兩字，詩意就不夠濃郁，而且缺少美感，在主詞「頭顱」底下加上「半島」兩字，這就生動活潑多了。

第一行「細草般的短髮們」，如果僅以「短」字形容「髮」，那只是一個空洞的概念，再加上「細草般的」形容詞這就具體多了。因為草是實體，而形容頭髮又必須用「細」才恰當。

第二行也好，第三四行更佳。

眼睛，姊妹花般拉着手
在書本上悠悠地踏青。

以「姊妹花」形容兩隻眼睛，本已很妙，再用「拉着手」來形容「姊妹花」就更妙了。接着是「在書本上悠悠地踏青」，以書本作草地，而以眼睛悠悠地「踏青」，這就比「看」具體生動而有神韻多了。

其他如以「兩隻不凍的港口」形容耳朵，以「地下倉庫」形容嘴巴，都很新穎而不落俗套。總之，這是一首純正而不走偏鋒的好詩。

小窗・藍天・海

沙　牧

不要遮住我小樓的眼睛呀！
你，夜的巨大的黑影。
穿藍裙子的海知道，我有多麼深的鄉愁和戀情。
每晚，我總要佇立窗口凝視良久。

然後我才上床，依枕讀我喜愛的詩集，
直到倦極時，在似蟬翼般透明的朦朧中，
讓濤聲的溫柔的手指拍我入夢。

彩色的貝殼爲我的藍色鋪路。
星星爲我燃亮照明的小燈。
我夢我光着身子在海邊碎金的沙灘上打滾兒的童年。
夢我童年的小愛人。
以及故鄉明媚的春天和飄雪的冬。

我的小小的窗口開向藍天和海，
晝有微小的陽光殷勤造訪，
夜來有吹着流浪口哨的海上微微的風。

是呀！我該承認這夢境似的生活是幸福的，

而我的鄉愁和戀情啊，卻更深重。

這是一首純淨的抒情詩，有顯明的意象，優美的情感和優美的韻律。

第一行「不要遮住我小樓的眼睛！」就好，作者不直接說明「小窗」，而以「小樓的眼睛」來代替，這一變換就詩意盎然而意象明顯了。

海是藍的，而作者不這麼說，因爲這麼說是散文的，而不是詩的！改成「穿藍裙子的海」，這就是詩的了，這不是比「海是藍的」美多了而又意象鮮明嗎？

再如：「吹着流浪口哨的海上微微的風」，這種句子不僅有一種潛在的韻律美，而以「吹着流浪口哨的」來形容「海上微微的風」，也極新穎具體而生動，從這句詩裡可以使人聯想到一個在海邊輕輕地吹着口哨的流浪人了。

所以這是一首純淨的生動的優美抒情詩。

當潮退走

沙　牧

當潮退去，沙灘拉住海的衣角哭着
那不知駛向何處去的斜斜的小帆也逝去
啊，海面上浮滿了我心的碎片

當潮退遠，沙灘的眼淚也流盡
海天的剪刀剪斷了我凝空的視線
不！那不是海的聲音，是我沉重的嘆息

「當潮退走，沙灘拉住海的衣角哭着」，這一句非常好，好在把「沙灘」和「海」都人格化了，「沙灘」「拉住」「海的衣角」，這是多麼生動具體？而後面又用「哭着」來形容那潮濕的沙灘和殘餘的海水，這一句詩裏就包含了很多的意象了。我以為如把哭着改為「哭泣」就更好些。

第二段第二行「海天的剪刀剪斷了我凝空的視線」，也很新穎，作者以合攏的剪刀形容海天一線，亦見巧思。而用「剪斷」代替遮阻這類字眼，就更生動具體了。

這首詩短小而精鍊，也是好詩。作者不是一個名詩人，但本文所選的他兩首詩，卻不愧為傑作。

三月

蓉子

雨的三月　半寂靜地帶
貝殼們猶在睡
春色似淡淡的酒

夢，猶未實現
一隻白色天鵝正蜷臥
在白色翅被下……

三月是未嫁的少女
一群素約小腰身的雨
偶然——
從屏風後偷窺這世界
　　竟

怦然心許

唯三月幽夢如烟
有太多待揭的謎

從一室反光的玻璃
縱透明卻甚麼都看不清
那未映的紅袖　未濃的春草
究竟是殘酷的眞實？
還是繁花密葉的預期！

這也是一首純淨的抒情詩。作者把三月比作情竇初開的少女，又把三月和雨相連，因爲雨是無色的，且有淡淡的寒意，象徵尚未着色的初春，而初春的夢尚未實現，蓓蕾亦未開放，所以幽夢如烟……。這是作者寫作這首詩的大意。

作者把三月比作未嫁的少女，以「素約小腰身」來形容三月的雨，很有詩意，也很具體。

這首詩的優點是表現了「早春」和「少女」的朦朧情緒，也可以看出作者感情的纖細。

庭園感覺

夏菁

這裡有一片和平
理了髮的朝鮮草
讓路於撐着紅傘的
日本社鵑夫人。
美國這花旗松濶少
以及俄國的黑松哥兒們
都頻頻招着
性感的法國梧桐。

最雅典的要算
中國銀杏樹
在一旁，只輕輕地
揮着摺扇

這裡，很像
　聯合國的一角風景。

這是一首描寫植物的詩，但作者賦予這些植物以人的感情，人的生命。如「杜鵑花」，作者以「撐着紅傘的日本杜鵑夫人」來形容，這就非常生動具體，由於紅傘兩字，我們就可以知道作者所寫的是紅色的杜鵑。但爲什麼又要用「日本杜鵑夫人」呢？因爲臺灣的杜鵑和櫻花，多來自日本，所以有它的屬性。其他的花旗松、黑松、梧桐、杏銀，之所以加上國名，不但是表明它們的屬性，這樣一形容，也更生動具體。所以這也是一首好詩。

沉悶的感覺

蕙　芷

玻璃窗外的小榕樹打瞌睡，建築物

沉思，公鷄縮着脖子做夢……。

窗內風景靈的山水感不出涼快

劍山的劍蘭收斂了笑靨。

花猫守住隅角深睡……

我指不出藍天的藍，白雲的白

以及太抽象詩的精華。

這首詩的題目是「沉悶的感覺」，是表現一種沉悶的情緒，情緒是抽象的名詞，是看不見摸不着的。要表現這種抽象的東西，必須用具體的事物及其動態，才能使抽象變爲具體，使看不見的變成可以看見，詩的意象就是這樣產生的。

作者以什麼來表現沉悶呢？他是以「小榕樹」，「建築物」，「公鷄」，「花猫」……這些動物植物來表現的。但是光是這些動物植物能否表現呢？仍然不能。何以不能？因爲沒有動態。「小榕樹打瞌睡」，「建築物沉思」，「公鷄縮着脖子做夢」，「花猫……深睡」，加上了「打瞌睡」，「沉思」，「做夢」，「深睡」，這些適當的動詞和形容詞，才表現出它們的動態，才能表現出「沉悶的感覺」。所以才指不出「藍天的藍」，「白雲的白」，以及「太抽象詩的精華」。因爲在沉悶的狀態當中，人的思想意識是不十分清明透澈的，辨別事物的能力自然降低了。

這首詩的作者是一個新人，但他的表現能力很强，沒有走入岐途，是一個很可喜的現象。

歲月

魯　蛟

一個小規模的運動會
在我的臉上開始了。

鬍鬚和縐紋
是兩個優秀的運動員
他們以百米的速度
跑起馬拉松來了！

於我稀疏的髮林中
還有揮舞着白手巾的

加油的拉拉隊呢！

這首詩是寫歲月，但無一「老」字，作者以優秀的運動員來形容鬍鬚和縐紋，以白手巾形容白髮，立意很新，不落俗套。是一首好詩

五十歲的歌手

紀弦

錦瑟無端五十絃，一絃一柱思華年

——李商隱——

五十鍵急急如狂的敲碎
空谷裡冷冷不絕的回聲

也許有點兒吧矜持
總之帶幾分的蒼涼

不是爲了誰教彼女多相思淚
而是由於我乃此世之異邦人

我常喊着一個沒有人回答的名字
也不曉得何處才是我眞正的故鄉

但我寧願忘了天上的榮華
把我的歌獻給大地之詩神

唉我聽見了潮似的encore
那麼讓我換個調子歇一會兒再唱

這首詩是表現一個中年人的「哀樂」心情，作者有其獨特的風格，這首詩還算「平易近人」，不是作者所標榜的那種難以捉摸的「現代詩」。作者本人有其成就，但學他的人多半失敗。這倒不是什麼主義問題，而是氣質問題。

路

楊喚

車的輪，馬的蹄，閃爍的號角，狩獵的旗。

不疲憊的意志是向前的。
爲什麼要抱怨那無罪的鞋子呢？
你呀！熄了的火把，涸池裡的魚。

期待

楊喚

每一顆銀亮的雨點是一個跳動的字，
那狂燃起來的閃電是一行行動人的標題。
從夜的襤褸裡醒來，把夢的黑貓叱開，
聽滾響的雷爲我報告晴朗的消息。

獵

楊喚

山林裡有帶槍的獵者，
貓頭鷹且不要狂聲獰笑。

沙漠裡有汲水的少女，
駝鈴啊，請不要訴說你的寂寞和憂鬱。

楊喚的詩有一最大優點，就是意象新穎而顯明，這是很多詩人辦不到的。他用字非常簡約，動詞，名詞，形容詞運用得非常恰當，上面這三首詩幾無一字浪費。他的情感純真，不矯揉做作，思想深刻而不膚淺，具有創作才能，而又不標新立異，他是不屬於任何主義任何派別而又能獨立存在的極少數詩人之一。他死了多年，他的詩在今天仍然是最好的詩，他的「詩的噴泉」十首，將是不朽的傑作。

虹

覃子豪

虹是海上的長橋
無數的船像落葉般地
在橋下飄過
我眞厭倦在海上流落
要踏上長橋
去覓歸路

看不見橋的起點
也看不見橋的盡頭
踏上長橋
何處是路？
心中憑添了
煩惱與憂愁

這首詩表現出一種空虛悵惘彷徨的情緒，是純粹的抒情詩。作者把虹當作海上的長橋，而又把船當作無數的落葉般在橋下飄過，自然給予人一種美感。這是作者四十年間的作品，實在比後來的許多作品簡鍊充實而富有詩意。

上面選了有關自由中國的一些新詩之後，再順便談談印度詩哲泰戈爾的「漂島集」和奈都夫人的詩。

印度這兩位詩人的詩都是糜文開先生翻譯的，是值得研讀的好詩。

先談泰戈爾的「漂島集」，據糜先生在序言中說：「泰翁這本詩集，可說是雋品中的雋品。」當我看完了泰翁的另幾本詩集如「受貽集」，「採果集」，「橫波集」之後，深深同意譯者的說法。

在「漂鳥集」三二六首詩中，有些是前後互相關聯，有些是個別存在，但全集中幾乎沒有一首是超過四行的，都是些短句，而且有很多是格言，即使是詩，也充滿了人生哲理。這個集子的這一特徵，是我們首先應該瞭解的。正因爲如此，我們不妨把他這些短句分作兩方面來探討，一是屬於詩的短句，一是屬於格言的句子。

屬於詩的句子，我舉幾個例子如下：

正像「黃昏」在靜寂的林中，
「憂愁」在我的心裡已平靜下來。

——一〇

女人，當你走着料理家事時，你的手脚都在唱歌，像一條山溪在卵石中歌唱一般。

——三八

今晨我坐在我的窗口，世界像一個過路人在那裡停留片刻，向我點點頭又走開了。
世界衝越過纏綿的心弦彈着憂鬱的音樂。

——四四

青草尋求牠陸地上的擁擠，
樹木尋求着牠天空中的幽靜。
——七八

雲謙卑地站在天之一隅，
黎明用光彩作王冠來給牠戴上。
——一〇〇

以上所選的六首詩的短句中，我們可以看出泰翁的卓越的表現技巧來。這種表現技巧決不是普通詩人所能辦到的，泰翁之所以享有國際盛譽，這種表現技巧應該是很重要的因素。這幾首詩沒有一首不是意境清新形象生動的，每一個名詞，動詞，形容詞的運用都是千錘百鍊準確有致的。如第十六首「今晨我坐在我的窗口，世界像一個過路人在這裡停留片刻，向我點點頭又走開了。」這裡面所用的「窗口」，「世界」，「過路人」，「點點頭」，是多麼的準確恰當？生動活潑。他坐在窗口，把世界比作一個過路人，在這裡停留片刻，又點點頭走開了。這一「點」眞是畫龍「點」睛，形象具體生動活潑極了，這和我們的「光陰者如白駒之過隙」眞有異曲同工之妙。但站在詩的觀點來看，這一首詩是更富有藝術價值的。

再如第七十八首「青草尋求着牠陸地上的擁擠，樹木尋求着牠天空中的幽靜」，這就分出了平面和立體，而這首詩裡面名詞動詞形容詞的聯合運用之妙，眞是無以復加，多一字固不可以，少一字也難成完璧，此大詩人之所以爲大詩人也。其他各首亦無一不是佳構，而且首首都給我們一新耳目。

屬於詩的句子如此，屬於格言的句子又如何呢？爲了便於探討，仍然需要舉例。

當我們十二分謙遜之時便是我們接近偉大之時

——五七

「偉大」不怕與「渺小」同行。

只有中間才遠離別人。

——一五六

過分接近可能殺死，保持距離或許成功。

——一九七

如果人是畜牲，人比畜牲更壞。

——一四八

眼睛不會用眼力來傲人，却以戴眼鏡來傲人。

——二五六

讓死的有不朽的名，但活的要有不朽的愛。

——二八〇

以上所擧都是格言，但這些格言不但其本身有顚撲不破的眞理，在文句的構造上也是藝術化了的，絕對不同於一般貧血，蒼白的標語口號，因此我們仍然可以把這類的格言當作詩看。

這個集子裡面雖是一些短句，沒有四行以上的形式完整的詩可資借鏡，但僅僅這些短句也足夠我們的詩人一生受用了。從這個集子裡面，我們不僅可以看出泰翁是一個偉大的詩人，同時也是一個偉大的哲學家，他之被尊爲「詩哲」是一點也不偶然的。他的作品不僅可以啓發我們的表現技巧，也可以醫療我們的詩人們思想上的貧乏。

印度的另一位詩人奈都夫人的詩，也可以作爲我們的借鏡。奈都夫人晚生於泰戈爾十八年，後死八年，她寫了「金城」，「時之鳥」，「折翼」三本詩集之後就停止了創作。他的作品沒有泰戈爾多，寫作範圍沒有泰戈爾廣，她的詩的風格和泰戈爾也完全不同。她的詩熱情磅礴，但不粗糙，氣象宏偉但不獷野，字句凝鍊但無斧鑿痕跡，其最大優點是形象生動意境清新，她的「孤獨」一詩可作代表。

哦，愛啊，孤獨地我尋覓在那開花的空林，

尋覓在那歡快的光亮而熟悉的小徑，
尋覓在那美麗晨光中的石榴院，
尋覓在那靜夜中的安恬而繁茂的果園。

哦，愛啊，孤獨地我衝向那閃光的波濤，
衝向那生命的淡之變幻浪潮，
衝向那希望的大海，慾念的急流，
衝向惑人明目的河口。

可是沒有憐憫的風或安慰的星，
帶給我從你寓處送來的甜蜜的信……
在什麼笑或淚的預定時間，
我才能得到慰藉於撫觸你的容顏！

從這首詩裡我們可以發現奈都夫人的高超技巧，她對於動詞，形容詞，名詞的運用是那麼熟練而準確，因此產生了活潑的形象和清新的意境。

新詩最大的困難是形象的創造和意境的創造，而形象和意境又是決定新詩成敗的兩大關鍵。

新詩作者的忠言

十年以前，言曦先生曾經寫了幾篇評論新詩的大作，引起了新詩人的「圍剿」；十年之後，言曦先生又語重心長地寫了「評新詩」長文。一位與詩人無利害之爭的人，不惜再三進言忠告，實在是出於一片愛心，絕非出於意氣。

我沒有時間去引經據典大談理論，我只提供幾點創作上的拙見，以供新詩人參考。

第一、善用中國文字的優點和特性。新詩不同於傳統詩的只是形式和內容，表現的工具都是中國方塊字，如果用英文、法文，或其他外國文字寫新詩，那就不是中國詩，而是外國詩了。現在的新詩人雖然沒有用外國文字寫中國詩，但句法結構卻十分洋化，思想、意象也力求洋化，因而在詩句上似通非通，在意識形態上又完全洋化。一首失去中國文字的優點和特性而意識形態又不能使中國讀者接受的新詩，怎麼會有前途？怎麼能怪讀者水準太低，不懂欣賞？這樣的新詩不但李金髮不懂，不才如我，更只能瞎猜，乃至望而卻步，敬而遠之。

中國文字是單音節的方塊字，又分四聲，有平有仄，用之於詩，是最好不過了，我們爲什麼要捨己之長，用人之短呢？西洋文字是多音節的，因此英國詩人往往爲了音節的和諧，不惜省去某一單字的某一音節，我們就不必這麼作了。中國文字的特別宜於寫詩，在絕律詩和詞中表現得尤其盡善盡美。試舉杜荀鶴「時世行」爲例：

夫因兵亂守蓬茅　麻苧裙衫鬢髮焦
桑柘廢來猶納稅　田園荒盡尚徵苗
時挑野菜和根煮　旋斫生柴帶葉燒
任是深山最深處　也應無計避征徭

一首五十六個字的詩，只借一個婦人便把當時的社會形態和內涵全部表現出來，要談文學手法的經濟，用字的精確，音節的和諧，意象的完整，除了用中國文字寫的中國詩外，我們又從那裏去找？

因爲律詩和絕句發展到了極致，所以中國詩人在創作方法上不得不求變，以圖超越前人，所以才有詞的產生。詞是長短句的組合，因此比詩更富有彈性，更富有節奏美，更富有韻味。這種演變，帶來了進步。也是文學繼承的好處。反觀新詩，因爲是橫的移植，而一些新詩作者，又極力反對傳統，反對縱的繼承，想用西洋語法和思想觀念來寫新詩，但又不得不用中國文字，這種衝突矛盾始終未能調和，又由於某些新詩人的標新立異，岔路愈走愈遠，因此造成了文字結構和意識形態的大紊亂，其結果是不進反退，中國人不能接受，西洋人也不認爲是親生子女，新詩變成了文學上的混血種孤兒，但又沒有混血種的優點，這是新詩的最大損失。補救之道，最好是多運用中國文字的優點和特性。

第二、善用中國文學傳統。詩是中國文學的主要支柱，三百篇以來，代有佳作，取之不盡，用之不竭。新詩之所以求變，其原因之一是打破格律的限制；其原因之二，是要將新的思想觀念和事物容納進去。兩個原因只有一個目的：突破。文學上的突破不是那麼簡單，現在的新詩只作到形式上的突破，沒有作到藝術上的突破，對於整個中國詩而言，是破壞多於建設。創作上的自由發揮到了極限，藝術上的成就實在很少。此中原因，是新詩人沒有好好接受中國詩的傳統，年紀越輕，隔閡越大。不能承先，如何啓後？文學不是從半天雲裏掉下來的，也不能從外國搬過來。文學必須有其文化背景，有其民族屬性。新詩人一心想成爲國際詩人，其志不小，可是却忘記了自己身在何處？因此得不償失。

詞對詩是一種突破，但詞人就是詩人，詞人不是單獨存在的；但今天多的是單獨發展的新詩人，這種單獨衝進，勇氣固然可嘉，但不免產生唐．吉訶德的悲哀。

第三、不要否定詩的節奏韻律。這個問題本來是屬於前二者的範圍，不是單獨存在的問題。我所以要特別提出來，是因爲新詩人特別輕視節奏和韻律，否定新詩的音樂性。新詩人認爲新詩早已脫離音樂而獨立，彷彿音節和諧就是韻文。但韻文是韻文，詩是詩，二者韻似而質異，正如中國人穿了西裝，在血統上、體貌上仍然不是西洋人。稍有文學欣賞能力的人，一落眼就知道那是詩？那是韻文？不待細辨。亦正是小說和故事一樣，小說是小說，故事是故事，小說不能沒有故事，但故事不是小說。眞正的小說家，創作時決不排斥故事，只有少數犯了「現代病」的人，才反對故事，甚至反對主題。

中國傳統詩詞，並不因爲講究音節韻律，而失去詩詞的價值，英國十四行詩也不因爲講究格律就否定了它們是詩。是不是詩，固然在於實質，而不在於形式，但音節韻律對詩的功用特別顯著，它是美化詩的功臣，何必故意棄而不用？這不是和自己過不去嗎？

小說家和散文家根本不必考慮音節和韻律問題，但他們寫的是小說和散文，不是詩。小說和散文可以假借的東西詩人往往用不到，詩人大可以利用的東西詩人卻自己放棄了，是不是很可惜？

五六十年來，新詩在創作方法上的論爭很多，但由於新詩人不大接受客觀的意見，而本身又一直徬徨歧路，有些人甚至自相矛盾，無論在創作上和理論上讀者都不難發現，過去他們自己所堅持的，今天卻大加反對，這雖然勉強可以解釋是一種「進步」，但卻顯得「立場不穩」。本來「變」不是太壞的事，但新詩人找不到一條創作的正路，對新詩的前途卻是很大的隱憂。因此愛詩的人有時就難免講幾句眞話，即使新詩人不把我看作同類，最少我對新詩沒有半點惡意。

新詩問題固然很多，新詩是不是完全沒有前途呢？那又不然。我寫這篇短文的目的，不是想擴大論爭，我沒有打筆墨官司的興趣，我是誠懇的希望新詩人虛心接受客觀的意見，努力創作，事實勝於雄辯，只有作品才是最好的證人。

江山代有才人出，希望新詩人個個能憑作品各領風騷五百年。

原載六十七年九月二十五日中國時報

(一九七八)

詩的基本問題

四十年左右，少數自大陸來臺的詩人，點燃了詩的火把，那時是新詩的全盛時期，寫詩的人雖然不多，但新詩却朝氣勃勃。不幸以後詩壇內鬨，由領導權之爭奪而造成兩個派系，各自招兵買馬，我即悄然引退。所謂「現代派」，也就是在這種情形之下產生的。接着是藍星詩社的成立，雙方都是老朋友，我不願作左右袒，也未參加任何一方，但不能不說明這一件事實。

我悄然引退之初，還保持閱讀的興趣，不旋踵間新詩「走火入魔」，我連拜讀的勇氣也喪失了。

詩人站在高高的山峯上，讀者匍匐在山脚下，詩也和我們芸芸衆生脫節了。

但就詩壇這個小天地來講，現代詩是走了上風，原來是反對現代詩人的某詩人，在一場論戰中，却以現代詩的發言人自居，真正提倡現代詩的詩人，都在一旁觀戰，讀者愈弄愈糊塗，稍微瞭解內情的人都知道這是一件「妙不可言」的事。但那場論戰的結果，外行人是被罵得抬不起頭來，現代詩也更走下坡，發言人自己也調頭轉向了。

以現代詩人自命的作者們，十之七八不會寫我們傳統的詩詞，甚至連四聲和平仄都不懂，也很少能直接閱讀西洋詩，對於哲學上文學上的淵源流派，知道得也並不太清楚，心理學上的許多問題，瞭解也很有限。而有些作者甚至除詩以外，其餘的均不屑一顧。只是盲目地跟着所謂先進們的屁股後面跑，以爲時髦。其實他們的先進已經落後了幾十年。這豈不是黃鼠狼變猫，變死不高？

在文學各部門中，詩的語言文字是最講究最精鍊的。新詩揚棄了中國傳統詩的許多優點，但它沒有辦法揚棄中國文字，而又無法用西洋文字寫中國詩，這是一個死結。單音節的方塊字和多音節的蟹行文，根本無法揉合在一起。黎東方先生譯的「將進酒」，雖頗傳神，但還是兩回事，比將進酒意境更高更含蓄的詩那就更難譯了。將西洋詩譯成中國詩，走樣的更多。因爲詩比小說更難譯，甚至無法譯。精通中外文者尚且如此難以突破文字障礙，而讀一再輾轉翻譯過來的西洋詩的中國詩人，居然以洋派詩人自居，以方塊字模倣人家的作法，再加作者對本國文字的駕馭能力尚有問題，請問中國人如何能懂這種現代詩？

中國現代詩人非常鄙薄韻文詩，對於舊詩全盤否定，對於有韻脚的新詩更嗤之以鼻。這充分表現出「反傳統」精神。但是一國文字有一國文字的特性，中國方塊字有它特殊的優點，它能以最少的字表現最多的意象和最深的含義，尤其宜於寫詩。十四行詩雖然格律謹嚴，但很難與中國的律詩絕句相提並論，五言絕句只用二十個方塊字，古人就寫出了許多傳誦千古的不朽傑作，這不是中國文字本身具有特殊的優點怎能辦到？我的淺見或許無人承認，喝足了洋水的胡適先生，該不會比現代詩人落伍？有一年五四文藝節，他公開講過中國文字是全世界最優美的文字這句話，是文藝界人士親耳聽到的，他的話總該有點參考價值？然而不幸的是，我們具有現代狂和月亮是外國的圓的詩人卻一味洋化，彷彿不如此就不時髦，就趕不上現代。（正如我們以寫性生活爲時髦的新潮派的小說作者一樣，自以爲是新技巧，殊不知勞倫斯的「查泰萊夫人的情人」在一九二八至一九二九年間就已轟動歐美文壇。我們的笑笑生的「金瓶梅詞話」在明朝萬曆年間即已問世，究竟誰新誰舊？即以「性技巧」而言，勞倫斯和笑笑生也是老前輩。）而現代詩中還有一種奇怪的現象，即字體大大小小，顛顛倒倒，使人看了就容易引起錯亂，但作者認爲這是新。可是遠在抗戰時期，鷗外鷗，陽太陽就常寫這種「詩」，且早已證明其失敗，今天的這種作者怎麼配稱爲「新」？無論如何巧辯，也難令人置信，因爲還有許多當年寫詩的活人。

現代詩人既然强調詩早就脫離了音樂而獨立，應該用散文寫詩，怎麼又去附庸於圖畫？如果憑文字本身不能寫出詩來，那只能證明作者的低能，而不是作者走在時代的前面。

中國新詩既已一刀割斷了與傳統詩的關係，否定了我們自己的優點，詩人們把讀者又看得太低，單音節的方塊字和多音節的蟹行文雖然硬扯硬拉還是靠不攏。思潮方面雖然自以爲新，實在落後了一大段路，如此上不巴天，下不沾地，橫的關係又扯不上，這豈不是自取滅亡？何忍把責任加在讀者身上？

儘管新詩反對舊的格律詩，但舊詩並不是不可以存在，最少它還保留着中國文字的傳統優點，只是所有好的詞彙已被古人用盡，現代詩人容易落入前人的窠臼，而又不能把新的思想新的詞彙運用進去，因此舊詩缺少新生命，未作更進一步的發展。新詩只有幾十年的短暫歷史，雖然借來了自由的形式，但是問題嚴重，幾十年來的搖擺不定，正是一個最好的說明。因此，今天的詩壇，特別需要大思想家和大天才。惟有大思想家才能推陳出新，化腐朽爲神奇；惟有大天才才能巧妙地駕馭文字，點石成金。中國詩的重建與發展，必須有這樣的大手筆，而不是形式的新舊問題。形式不能決定詩，不幸我們兜了幾十年的圈子，嚴格地說，仍然是形式之爭，皮相之見，而沒有眞正留下多少詩。詩與任何主義流派無關，屈原李杜是存在主義者還是現代派？誰能指出來？誰又能否定他們的作品是詩？

最後我還要特別說明，這篇短文只是提出一些基本問題，卑之無甚高論，更不是針對任何人的大作討論。恕我站在詩壇門外，說了幾句不中聽的話。

小說的人物描寫

一、前言

什麼是小說，或者說小說有那些要素？這雖然不是本文所必須談的問題，但亦不妨順便一提。

有人認爲小說有五個要素，有人認爲小說有三個要素，但以我個人的淺見，五個似乎多一點，三個又似乎少一點，四個則比較恰當。

那麼小說有那四大要素呢？即：主題、人物、故事、結構。至於第五個要素「觀點」，可以附屬於第一個要素主題，因爲主題就是表現人物觀點亦即作家觀點的。

任何形式的作品，都有主題和結構，散文如此，詩亦如此。所以只要有主題和結構，就可以構成一篇文章和一首抒情詩（敍事詩也有人物故事），或是一篇寫景的散文。但是小說不然，它必須加上兩樣特殊的東西，那就是人物和故事。沒有人物和故事就不成其爲小說，這就是小說不同於其他文藝作品的地方，也就是小說的最大特色。

　　但是故事和人物的關係又如何呢？嚴格地講，故事是附麗於人物的，沒有人物，便不可能發生故事。以人而言，戀愛結婚是事：以狗而言，打架是事，所以事是隨人物而產生的。如果某人不戀愛結婚，某人還是人；如果某狗不打架，牠還是狗。如果我們寫人出家做和尚，不寫他戀愛結婚，可以；如果我們不寫某狗打架，而寫牠咬人，也可以。但是除掉「人」，就不可能發生戀愛結婚或出家做和尙這些「事」；除掉「狗」，也不可能發生打架或咬人這些事。其理甚淺，可是有些人還弄不清楚故事和人物的關係，甚至爲「故事重要還是人物重要？」而爭得面紅耳赤，這就無怪乎一般讀者以爲看故事就是看小說了。因爲有些人以爲寫故事就是寫小說，所以挖空心思寫故事，寫得天花亂墜，曲折離奇，纏綿悱惻，可是故事完了「小說」也就完了，讀者看完了也就算了。它根本無法在讀者心裡生根。這是什麼原因呢？就是作者沒有寫出一個活生生的人物。紅樓夢之不朽，唐吉珂德之不朽，並不是故事的不朽，而是人物的不朽。如果沒有賈寶玉，林黛玉，薛寶釵，王熙鳳……和唐•吉珂德，這兩本書照樣不會流傳下來。「老人與海」也就更無價值了。所以探本窮源，小說之所以爲小說，主要的關鍵在人物。人物成功，小說成功；人物失敗，小說失敗。

說明了這一前提之後，就可以說到人物描寫了。

二、怎樣描寫人物

寫人物眞不是一件簡單的事，人物對於小說家是一個最大的難題，一個最大的考驗。平時要多做準備工作，執筆時要運用許多手法，考慮許多問題，一個疏忽就留下一漏洞，一處敗筆。固然世界上還找不出一本十全十美的小說，但作者總以求全爲妥。正因爲如此，我不得不儘我所知的多列幾個項目，再根據這些項目提供一點淺見。

一、觀察

寫小說不能完全憑直覺，作爲一個小說家需要豐富的人生經驗和多方面的知識，尤其是對於人的瞭解，應該透徹。探尋宇宙的奧秘，那是科學家的事，但是探尋人的奧秘却是小說家的事。而在所有動物之中，人又是最複雜最難瞭解的動物。所以瞭解「人」是小說家最重要的一門學問。

那麼怎樣瞭解人呢？第一步工作應該是觀察，這是寫人物的最重要的準備工作。

每一個人都有機會接觸別人，一個人一生所接觸的人簡直多得無法統計，但是除了至親好友之外，別的人無異「過眼煙雲」，毫無印象。這是一般人的情形。但是一個小說家却應該多留心一點，凡是自己所接觸到的人，一定要留心觀察。有些人有很好的記性，張三李四的姓名甚至電話號碼，他很快地就可以記住，而且很久不會忘記；但這只是事務頭腦，副官交際人才，而不是一個小說家的頭腦。因爲電話號碼和姓名對於寫小說並不重要，小說家是可以隨意杜撰的，但是那個人的言談舉止和特性特徵，對於小說家却非常重要，必須注意觀察，甚至把他保藏起來，當時也許用不着，將來寫作時可能大有用處。一部小說，同時出現幾百人那就是很大的巨著了，而普通的長篇則不過幾十人或者幾個人，但是每人所接觸的人至少應以千計，在這些人當中提鍊幾個重要人物應該不是太難的事，假如平時注意觀察，那就可以「手到擒來」了。

或者有人說小說人物可以虛構，爲什麼要下這麼大的功夫呢？但是我們必須瞭解，虛構的人物也是從人類社會產生的，我們可以寫黑人，白人，乃至各種有色人種；瞎子、跛子、矮子，都可以寫，但是我們不能寫其他星球的人，不能寫三頭六臂的人，除非大家都見過，而確有其人，否則就是閉門造車。武俠「小說」作者可以把一個人寫成一提丹田眞氣就一躍數丈，一去無影無踪，甚至有「縮身術」，把一個昂藏的七尺之軀瞬息之間便縮成一個矮冬瓜，假如我們還有一點理智的話，就知道這是作者自欺欺人，鬼話連篇！因爲人的體能在動物當中是很差的，楊傳廣巳經是一個很了不起的運動員，雖然苦練了這麼多年，但我敢斷言他的百米無法進入十秒以內，他的跳高也難達兩公尺五以上的成績。如果武俠「小說家」所云，那我們只要請那些武俠去參加世運會，那還不是我們漢家兒女的天下？所有的世運錦標還不被我們一口袋統回來？那楊傳廣便毫不足貴，我們中國人也不會老是在世運會裡扛鴨蛋了。

至於國術固有其奧妙之處，輕功氣功也有其事，但另有一套訓練方法，不可倖致。以前臺港澳國術家精英在三軍球場舉行大比賽，所謂少林、太極、白鶴、形意、八卦……各種拳脚招式全部施展出來，眞是使出「渾身解數」，但他們並沒有武俠「小說」作者所說的那麼「離譜」。即以通技擊的平生不肖生而言，他所寫的武俠似乎也沒有今日武俠「小說」作者所寫的這麼「神通廣大」，七俠五義裡似乎也沒有「千里傳音」這一「絕技」，而今日的武俠小說作者卻寫出來了。甚至穿插些黃色情節，以加強引誘刺激，此種武俠「小說」作者不僅不顧事實，不顧情理，也實在太缺乏道德感和責任心了。而一個眞正的小說家是不敢這樣欺騙讀者，引誘讀者，而這樣不負責任的。因此，他必須多費一點功夫去觀察平凡的人，研究大家所親眼目擊的人。這種人物寫了出來才會像人，才有人味，讀者也才會有親切感。

二、類型

如果我們注意觀察人物，就會知道社會上的人物不是一個模子裡倒出來的，他們是各有各的屬性，各有各的類型。在從前，大致可以分爲農、工、商、學、兵、這幾大類，但是現在卻更複雜，即以「學」來講，學理工的和學文學的，就大異其趣，同時學西洋文學的和學中國文學的，也不盡相同，其他的就不必例擧了。

由於社會的日趨複雜，分工越來越細密，所以人物類型也越來越多，這就是由於教育和職業的屬性所造成的。

如以性格來分，則有勇敢的、豪放的、忠誠的、怯懦的、虛僞的、奸險的、外表忠厚而內藏奸詐的……這種種人物，在現實社會裡很多，在書本中也很容易找到。

如以外型來分，有魁梧奇偉的，有氣宇軒昂的，有濃眉惡眼的，有眉清目秀的，有駝背的，有跛腿的，有瞎眼的……可以說全世界幾乎找不出一個外表完全相同的人。

因此無論從職業的屬性來分，或從人物的性格來分，或是從外型來分，人物的類型眞是五花八門，不一而足。也正因爲人物類型多，所以小說的天地是寬廣的，小說家才不致於擱筆。

三、背景

要澈底瞭解一個人物，必須尋求這個人物的背景。人物的背景又可以分爲先天的和後天的，屬於先天的最重要是遺傳。（我之所謂遺傳不是上一代如何下一代也如何這個意思）遺傳爲什麼重要？因爲遺傳關係一個人的氣質，而氣質對於一個人的一生影響又特別大。俗話說「江山易改，本性難移」，就是這個道理。而小說家對於小說人物所必須把握的也就是氣質，要轉變小說人物的氣質，又決不是三言兩語可以交代淸楚，這裡面所包含的問題太多，因此就不能不注意後天因素。屬於後天的，是家庭教育、學校教育、社會教育、以及本身的職業性質。這些先天的和後天的背景，就是決定一個人一生的重大因素。

假如一個人的先天稟賦是勇敢的，可是他是一個無父無母的孤兒，從小過着流浪生活，在黑社會中長大，沒有受過良好的家庭教育、學校教育、社會教育，又無固定工作，整天和流氓爲伍，那他必然會成爲一個好勇鬬狠之徒，爲了爭取生存，或是滿足其他慾望，他便視白刀子進紅刀子出爲常事。由於勇敢，他可能成爲黑社會的龍頭，頂兒尖兒的人物，娼門酒家的保鏢，一個坐地分贓的「坐山虎」。要是在大陸，自然會成爲綠林英雄，雄視一方，使商旅裹足，官軍畏懼。但是他登峯造極也不過如此。如果運氣不佳，可能很早就伏法了。同樣的一個人，如果他一直受着良好的家庭教育、學校教育，再進軍校受嚴格的軍事教育和深造教育，那他可能成爲捍衛國家的大將，見危授命，臨死不懼的岳武穆了。這是就人物個性直線發展而言。順其道而行，必然會有這兩種結果。

就我個人而言，民國二十七年（一九三八）日軍攻馬當要塞，故鄉九江失守，屏障我省會南昌，輟我學業，轉徙到武昌考取軍校，又經前個月畢業而未重業，研究新聞，畢業後又因新聞工作費為從文學創作為終身志業，這真是一大轉變。

假如反其道而行，那結果便不一樣了。

又如某人天性喜愛文學藝術，而他又一直受着文學藝術的教育薰陶，那他必然會順利地成爲文學家和藝術家。但是如果受環境影響，逼得他非學工學商學理甚至學軍事不可，那他一定不能發揮這方面的長處，甚至終生痛苦。惟上焉者才能改弦易轍，仍然發揮他文學藝術方面的天才，終於卓然成家。又如李後主是個世襲帝王，但他不是一個熱衷於政治權力的人，而是一個喜愛文學藝術的人，所以把江山丟掉了。國破家亡時他還「揮淚對宮娥」呢。以政治的眼光來看，李後主是一個最倒楣最沒有出息的帝王；可是以文學的眼光來看，他却是一個震鑠古今的大詞人。他的詞章在中國文學史上放射着萬丈光芒，我們現在讀到他那些悽惋悱惻的詞章，仍然低徊不已。以他在文學上的成就而言，他又可以雄視歷史上的任何帝王了。

作爲一個小說家，他必須瞭解人物背景和許多錯綜複雜的關係。這樣他在運用處理人物的時候，才能表現深度，才能發揮更高的效果。

四、形相

人物的類型固然很多，人物的形相也不一致。以體型來分，有高有矮，有胖有瘦；以面型來分，有圓的、長的、方的、三角的；眉有濃淡，嘴有大小，鼻有高低，耳有大小厚薄，眼睛驟看似乎都差不多，其實分別極大。如以形相學來分類，五官的部位名目說法就很繁多。羅貫中寫關羽就用了丹鳳眼，臥蠶眉來形容，這就是形相學上的專門名詞。以鼻而言，中國人的所謂「通天鼻」，「懸膽鼻」，就是西洋人所謂的「希臘鼻」。假如我們寫鼻子僅僅只寫一個「鼻」字，那是多麼籠統含糊？如果寫某人是「通天鼻」，這就比較具體了。（所謂「通天鼻」，即三根隆起，與準頭天庭成一直線，直沖而上，照中國人的看法應屬帝王之相，照西洋人的說法是精力充沛，特別富有創造能力，中西說法雖有出入，其理相通。凡是具有此種鼻子的人（黃種人中國人較少），如圓滿豐潤，這人不但身體健康，精力充沛，能力亦特別強，且氣質高貴，卓爾不凡，決非下流之輩）。寫小說如果能夠運用形相學的專門名詞，可以給讀者一個概念，因爲那是由來已久的名詞，大家比較容易瞭解接受，作者也省掉許多不必要的筆墨，不借用形相學上的專門名詞，自然可以，但是作者要多費點筆墨。形相學不但對於一個領袖人物非常重要，對於一個小說家尤其重要，正如心理學一樣，是處理人物的重要知識。

有些崇拜意識流小說的作者，盲目地反傳統，反典型，而以心理描寫爲能事，完全否定形相的描寫，還未免失之於偏。一個人的形相和他的心性是不可分的，所謂有諸內必形諸外，形相與心理是有連帶關係的。

形相是一個人的外表，寫小說當然不是畫人相，更不是所謂痲衣相法的翻版，但是要想寫出一個活生生的人，適當的形相描寫是不可以揚棄的，這種描寫只會使人物更完整更突出，而無損於人物的完整突出。大手筆三筆兩筆就可以勾勒出一個人物的輪廓，低能的人才會費去許多篇章冗長地描寫。文學藝術的運用之妙存乎一心，形相描寫亦復如此。

用最少的筆墨勾勒出完整突出的形相，非常必要；完全否定形相的描寫，那是作者自己的損失。

五、心理

大致說來，形相是靜態的，一個成人除了遭遇意外事故，他的五官四肢是很少變形的，只會隨着歲月的增長而自然地逐漸地消瘦下去或臃腫起來。至於心理意識則是動態的，它是隨時在動的，瞬息萬變，一個人的心靈世界是非常遼濶的，一個不滿方丈的監牢，可以囚禁一個人的身體，但他的思想意識却可以飛越高山橫渡海洋，他愛想什麼就想什麼，無法限制也無法拘束。小說家之描寫人物心理，就是要適當地把握住這種心理狀態。

由於佛洛伊德的影響，近代小說家多注重人物心理描寫，「意識流小說」，即其一例。

「意識流小說」之反傳統，反典型，反結構，而順着人物的意識的流動，信筆所至，甚至不加標點符號，這就超出了小說的規範，破壞了小說的藝術性了。

小說不是一匹野馬，它應行其所當行，止其所當止，心理描寫不過是小說的表現方法之一、是手段而不是目的，是環節而不是全體。小說家應該懂得人類心理，但他不是心理學家；小說家也應該懂哲學，科學，醫學……但他不是哲學家、科學家、醫生……小說家是小說家，大可不必附庸風雅，自炫淵博，尤其不可以做別人的尾巴。因爲哲學有哲學的範疇，科學有科學的範疇，醫學有醫學的範疇，小說也有小說的範疇，把科學、哲學、醫學的整套理論搬進小說，作爲它們的實驗和辯論場地，那是他們侵犯了小說，那是喧賓奪主，心理學在小說裡面的過度擴張，同樣地侵犯了小說的主權。小說有小說的獨立地位，小說家更應有小說家的獨立思想，一個缺少獨立思考，獨立判斷能力，而輕易附和盲從的小說家，決非傑出的小說家，也絕對寫不出傑出的作品。

前面說過，心理描寫不過是小說的表現方法之一，適應小說的某種需要而作適當的心理描寫是必要的，爲皈依某種心理學而通過小說形式描寫某種心理，那是喧賓奪主，而其所存在的充其量不過是小說的外衣而已！一個空的鳥籠，決不能使人承認它裡面有鳥；如果鳥籠裡放了一隻貓，那更不倫不類而使人啼笑皆非了。

有適當的心理描寫的小說是好小說，心理學在小說裡面的過度擴張，對於小說本身卻是一種戕害，一種謀殺。

六、語言

詩有詩的語言，小說也有小說的語言。小說雖然是用散文寫的，但小說和散文不同，除了小說所不可缺少的故事和人物之外，語言也有關係。而小說語言的最大特點是表現於人物的對話。

平時我們常聽見人說，某人見人說人話，見鬼說鬼話。而一個小說家描寫人物的時候，就必須「人說人話，鬼說鬼話」。不僅要人說人話，而且要外國人說外國話，中國人說中國話。而還裡所謂外國話中國話，是指語法，是指說話的方式和習慣，乃至口話，不是文字。即使同是中國人，說話也不一樣，古人和今人不一樣，南方人和北方人也有差別。即使同是一個地區的人，由於教育程度的不同，職業的屬性不同，說話也不一樣。一個大學教授和一個工人，農夫，說話就大不相同，大學教授使用的是高級知識份子的語言，所以吐屬文雅；一個沒有受多少教育甚至文盲的工人農人，他們所使用的是他們那一階層的語言，這種語言是質樸的，沒有經過提鍊的，甚至不合文法的，所以他們說的話就粗俗樸實多了。至於軍人和老百姓的語言，也不盡同，因爲軍人說話會不知不覺地引用軍事術語，尤其是他們彼此之間講笑話時引用得特別多。這完全是由於職業的屬性關係。可是有些作品裡面，就會常常發現不倫不類的話語，中國人說洋話的就特別多。譬喻兩個道道地地的正談戀愛的中國青年男女，男的對女的文謅謅地說：

語

「親愛的，讓我替妳穿上大衣吧？我有服務的榮幸嗎？」

這實在不像中國人說話，這是作者自己作洋文章。甚至比這更洋化的對話還多的是。有一次我拜讀過一位青年作家的原稿，對話的洋化，簡直不忍卒讀，比看直譯過來的外國作品更難受。所以中國人寫中國小說，不僅要運用中國文字，還要運用中國語言。尤其是常用的口語。

小說對話最要緊的是要切合人物的身份性格，對話是描寫人物的手段之一，通過對話，讀者可以瞭解人物身份和性格。諸葛亮和張飛是兩種典型人物，所以他們兩人的說話完全不同。薛蟠和賈寶玉的說話就更有天壤之別，假如他們的吐屬一般無二，讀者就分別不出誰是賈寶玉？誰是薛蟠了。

我們都知道紅樓夢是一部好小說。這部書實在是中國人的光榮，在大家都愛讀「洋貨」的今日，我獨偏愛這部「土貨」。「紅樓夢」究竟好在什麼地方？拙作「紅樓夢的寫作技巧」（商務版）裡有詳細的分析，本文自然無法細談，但它有一個任何人都無法否認的優點，就是人物描寫的成功。而人物描寫的成功又得力於對話，「紅樓夢」裡每一個人的說話都充分代表了他的身份和性格，絲毫不亂，維妙維肖。

「老天！老天！你有多少精華靈秀，生出這些人上之人來……」（薛寶琴、李紋、李綺等到大觀園後賈寶玉高興地說。）

「你放心，別說這樣話，我便爲這些人死了，也是甘心情願的。」（寶玉被父親苦打後，黛玉探病，問他從此可都改了罷，他長嘆一聲說。）

「下雨了，快避雨去吧！」（寶玉在大觀園看齡官在地上畫字沉思，大雨驟至，自己淋得水雞似的，倒不覺得，反而這樣對齡官說。）

「女兒是水做的骨肉，男人是泥做的骨肉，我見了女兒便清爽，見了男人便覺濁臭逼人」。

從以上這些話中，我們就可以看出寶玉的「癡」和他對男女的看法。其他表現寶玉的性格和身份的話語很多很多，有些是他自己說的，有些是別人說的，恕不一一例舉。

「也虧的你，倒聽他（指紫鵑）的話！我平日和你說的全當耳邊風，怎麼他說了你就依，比聖旨還要快呢？（寶釵怕冷酒於五臟有害，叫寶玉不要吃，黛玉藉雪雁送手爐的機會指桑罵槐說。）

這麼簡簡單單的幾句話，便把黛玉的小心眼和妒忌完全表現了出來。

「姐姐也自己保重些兒，就是哭出兩缸淚來，也醫不好棒瘡！」（寶釵因寶玉挨打與薛蟠吵架，整整哭了一夜，翌晨回家，路遇黛玉，黛玉這樣說。）

上面這三句話，黛玉說得多靈巧？又有多損？正如兩面開口的刀，面面傷人而又不着痕跡。這就充分表現了黛玉的性格！

十幾歲時讀「紅樓夢」是一種境界，二十幾歲時讀「紅樓夢」又是一種境界，三十四十讀「紅樓夢」又是一種境界。「紅樓夢」之可貴就是使你百看不厭，意境日新，其所以如此，完全是由於人物的成功，對話的美妙而且入木三分。看過「紅樓夢」的讀者只要看了黛玉那三句話，就是不寫明是黛玉說的，一定也會猜得着，決不會誤認為是寶釵說的。這就可以看出語言對於人物的作用了。

學問可以從書本尋求，語言必須向社會吸收，平時多聽別人的談話，三教九流的話都聽，日用語彙自然豐富起來，這對於人物描寫是大有幫助的。

七、動作

主題、人物、故事、結構是構成小說的四大要素；形相、心理、語言，動作却是表現人物的四大基礎。心理是內在的，意識是潛伏的，在表面上很不容易看出來；語言、形相和動作却是可以聽可以看的。透過語言、形相和動作，便可以發現人物的思想意識了。

意識流小說之所以沉悶，就是作者忽視了人物的語言和動作，作者的敘述多，人物的表現少，作者冗長的敘述，或藉人物內心的獨白，對於讀者正好起一種催眠作用，甚至造成讀者意識的紊亂，而不知作者所云。如……已過十五分鐘一個多麼神秘的時間我想在中國人們才剛起床正在梳他們的髮辮準備過這一天不久修女們就敲擊祈禱鐘了她們沒有人進來打擾她們的睡眠除了一兩位值夜班的奇特的牧師鄰居的鬧鐘嘵啷嘵啷響得嚇人如果能讓我睡着就好了一二三四五他們設計的那些星星一樣的花是些什麼花啊郎巴德的墻紙還要更好些他送的圍裙就像這樣只有一點兒相像我只穿過兩次最好把燈捻小我再試一下明天早晨我才能起來我要到芬得拉斯店旁的郎貝店中叫他們給我送花來放在花瓶中萬一他明天要把他再帶來家裡呢我是說今天未必星期五是不好的日子……

以上是意識流小說家喬伊斯在「尤利西斯」裡寫勃羅姆太太毛萊內心的獨白，以表現勃羅姆太太的紊亂概念和情慾意識，連標點符號也去掉了，這樣即使能表現勃羅姆太太情慾意識的紊亂，同時也造成讀者意識的紊亂。

假如作者不是一個意識流的小說家，而分階段和層次地用些自相矛盾的話語和幾個連續的錯亂的動作表現出來，那效果就强多了。（因爲獨白是靜態的，概念的；行動是動態的，具體的。靜態的描寫和概念的獨白，決沒有動態的具體的表現來得生動、深刻、具體。不僅小說如此，詩亦如此。）如再加上適當的標點符號，就更能表現勃羅姆太太的紊亂的情慾意識，但却不致於造成讀者意識的紊亂。

水滸一百零八位英雄好漢，個個寫得生動突出，個個都成了型，爲什麼會如此？就是依靠語言和動作。

武松是我們熟知的英雄人物，但是作者怎樣表現武松？他一開始就寫「景陽崗打虎」，那段文字把武松完全表現出來。武松「怎樣」英雄？那段文字寫得「有聲有色」，其所以如此，就是作者充分地運用了人物的語言和動作。

喬伊斯以意識的流動來寫勃羅姆太太的紊亂情慾，如和笑笑生寫潘金蓮的情慾，兩相對照，那眞是相形見拙。爲什麼？因爲笑笑生不僅描寫心理，還運用了語言和動作，而不僅是運用內心的獨白。

我們中國人都承認「紅樓夢」和「水滸」是好小說，但沒有誰承認他是意識流小說。「紅樓夢」的好是好在語言妙到毫顛，水滸的好，語言是一個因素，動作更是一個因素。

人物不停地動作，不僅可以打破沉悶的氣氛，人物的一個習慣性的小動作就可以表現他的心理個性。所以動作對於人物描寫是很有價值的。

八、性格

無論心理也好，語言也好，動作也好，都是描寫人物的手段，而這些手段不是用於描寫形相，而是用於表現性格的。

形相是具體的，看得見的，所以比較易於着筆；性格是抽象的，所以比較難於捉摸。雖然一個人生經驗豐富的小說家，可以從一個人的形相斷定他的性格，但是寫人物時却必須把人物的性格具體地表現出來。小說家創造人物的最大難題，就是人物性格的塑造。要解決這個難題，必須從心理，語言，動作三方面同時着手，三者互相配合，互相運用，人物性格自然會烘托出來。

「哦，是寶兄弟喲！怪不得地。他肚子裡的故典本來多麼，就是可惜一件：該用典的時候兒，他就偏忘了，有今兒記得的，前兒夜裡的芭蕉詩就該記得呀！眼面前兒的倒想不起來。別人冷的不得了，他只是出汗。這會兒偏又有記性了！」這是寶釵譏笑寶玉的話，從這些話裡，同時表現了兩個人，一是表現了寶玉，同時也表現了寶釵自己。我們如果將寶釵的這些話和黛玉下面的話對比：

「姐姐也自己保重些兒，就是哭出兩缸淚來，也醫不好棒瘡！」就可以看出她們兩人不同的性格來。寶釵雖然譏笑寶玉，可是她的話仍不失溫柔敦厚，使聽的人受得了；黛玉的話驟聽似乎是一句關心的好話，可是話裡却有兩缸醋，一把刀，使聽的人眞不好受。

「好好的一個清白淨潔的女子，也學的釣名沽譽，入了國賊祿蠹之流」。（寶玉說寶釵史湘

雲）

上面的話代表了寶玉的人生觀，更充分地表現了寶玉的性格。

心理描寫和動作的運用也有同樣的效果。譬喻寫一個抗戰時代的膽怯怕死的人，突然聽見緊急警報和轟炸機嗡嗡的聲音，便馬上駭得面如死灰，牙齒打顫，腿子發軟，跑幾步又跌倒，同時哭叫起來。這裡面就包括了這個人物的心理狀態和動作。也就表現了這個人物的怯弱了。

心理，語言，動作的密切配合，連環運用，對於人物性格的塑造，是會產生特殊的效果的。

九、對比

處理兩個以上的人物，對比的手法是很需要的。在社會上有勇敢的人，也有怯懦的人；有正直的人，也有奸詐的人；有誠實的人，也有虛偽的人。在小說中出現的當然也不完全是同一性型的人，尤其是大部頭的長篇，像紅樓夢有四百四十八個人，水滸有一百零八個英雄好漢，不用對比的手法是不行的。以紅樓夢的寶玉、寶釵、黛玉的三角關係來講，寶釵和黛玉就是一個明顯的對比。她們兩人的外型和性格完全不同，而這兩個不同性格的人又同住在大觀園裡，又同以寶玉為中心，且常常同時出現，而這兩個人又同時扣緊讀者的心絃。作者個別描寫她們固然造成了明顯的印象，同時描寫他們，更造成了尖銳的對比。而作者又常常利用書中其他的人物對她們兩人的批評，在讀者心中造成兩個明顯的印象。

「林丫頭那孩子倒罷了，只是心重些，所以身子就不大很結實了。要賭靈性兒，也和寶丫頭不差什麼，要說寬厚待人裡頭，却不像寶姐姐有耽待，有儘讓了。」（賈母的批評）

「怨不得別人都全說寶丫頭好，會做人，很大方。如今看來，果然不錯。她哥哥能帶了多少東西來，她挨門兒送到，並不遺漏一處，也不露出誰薄誰厚，連我這樣無時運的他都想到了。要是林丫頭，他把我們娘兒們正眼也不瞧，那裡還肯送我們東西！」（趙姨娘的批評）

「要是寶姑娘聽了，還罷了，那林姑娘嘴裡愛尅薄人，心裡又細，她一聽見了，倘或走漏了，怎麼樣呢？」（小紅的話）

「不是那麼不敢出氣兒，是怕這氣兒大了吹倒了林姑娘；氣兒暖了吹化了薛姑娘！」（興兒的話）

以上的話都是作者利用其他人物的嘴，把林黛玉薛寶釵對比出來，這一對比，就比出了兩人完全不同的性格。這比單獨寫某人如何如何，效果又强多了。

一個作家如果要想他筆下的人物生動突出，就必須運用對比手法，尤其是處理主要人物的時候。

十、差異

俗語說「人心不同各如其面」，世界上沒有兩個完全相同的人物，即使是孿生兄弟，也不會完全相同。我們所說的某人和某人一模一樣，那也僅僅是形相上的大同，但大同之中必有小異，只是我們沒有仔細觀察，所以才沒有發現這個小異。一個作家在處理人物的時候，決不可籠統，如果他筆下的人物都差不多，或是一本書裡的人物都差不多，那就是膚淺。

如果僅僅是寫某一個人物，這一個人物是獨立存在，不會發生異同問題；如果同時寫很多人物，這些人物就不能個個一樣，必須個個不同，張三是張三，李四是李四，如果張三和李四混淆不清，那就是作者的低能。

一個小說家的最大能耐是同時處理幾十個甚至幾百個人物，而又沒有一個相同，這件事說起來很簡單，作起來卻非常吃力，沒有極高的才華，敏銳的觀察力和幾十年的寫作修養是很難辦到的。但是我們的前輩作家羅貫中辦到了，施耐菴辦到了，曹雪芹辦到了。

三國上那麼多的人物，我們就找不出兩個相同的人物來；蜀魏吳那麼多的大將，不但蜀魏吳三國大將之間互不相同，即以西蜀的大將而言，關羽、張飛、趙雲、黃忠，又有那一個相同？他們的武功，都不相上下，可是他們的性格是那麼顯明突出，一點也不模糊。

水滸一百零八個英雄好漢，幾乎都是大碗喝酒，大塊吃肉，而又都有一身好武功的人物，這同一類型人物擠在一本書裡，不說別的，在忠義堂安排座位都成問題，但是作者舉重若輕，把這許多英雄好漢一個個處理好了。使我們看來武松是武松，李逵是李逵，魯智深是魯智深，一點也不含糊。論武功他們是半斤八兩，論形相却不一樣，性格更大有出入。武松的特質是勇敢，血性，信義。李逵的特質是莽撞而有孝思。李逵的莽撞表現在江州劫法場，和武松景陽崗打虎一樣地令人叫絕；而李逵的孝思是在宋江回去探望父親，公孫勝也回去探望母親，大家送走公孫勝回來，李逵却在關下放聲大哭，宋江問他：

「兄弟，你爲何煩惱？」

李逵哭道：

「干鳥氣麼？這個也去取爺，那個也去望娘，偏俺鐵牛是土掘坑裡鑽出來的？」

粗人粗話，表現出了最純眞的人性。（這比劉邦不知道可愛幾百倍了！）這和武松的殺西門慶，殺嫂祭兄的手足之情，就處理手法上來講，眞是異曲同工。

魯智深是個花和尚，他的特質是粗魯，却有義氣和幽默感。

魯智深的幽默感是表現在找鎮關西鄭屠打架的事件上。他不是走去就打，而是先向鎮關西買肉，慢慢激怒鄭屠，然後把他打死。

另一件事是冒充新娘，脫得赤條條鬧足了新郎（桃花山强盜）的玩笑，再把新郎打得抱頭鼠竄。這不但表現了花和尚的幽默，也表現了花和尚的義氣。

以上三個英雄好漢，各自表現了他們的「英雄本色」，但不一律，但不八股，而有很大的差異。所以武松不妨礙李逵，李逵也不妨礙魯智深。也正因爲如此，一百零八個好漢才有一百零八個型，才不是一個模子裡倒出來的。

「紅樓夢」的人物更多，總共有四百四十八個，連小丫頭寫得都極生動，但上自賈母下至小厮却沒有一個相同。賈寶玉是賈寶玉，賈環是賈環，林黛玉是林黛玉，薛寶釵是薛寶釵，探春是探春，迎春是迎春，史湘雲是史湘雲，王熙鳳是王熙鳳……性格完全不同。曹雪芹描寫人物的功夫已經到了不用「來將通名」，只要聽對方講話的聲音和口氣就知道他是誰了。讀者決不會把林黛玉誤爲薛寶釵，把王熙鳳誤爲尤三姐，自然更不會把賈寶玉誤爲薛蟠，這就是曹雪芹的不可及之處。

十一、主客

不論中國小說也好，外國小說也好，舊小說也好，新小說也好，小說中的人物一定有主客之分，書中主要人物是主，陪襯人物是客，小說家寫小說的整個目的和所有的方法和手段，都是爲了表現主要人物，陪襯人物只是主要人物的襯托，藉收牡丹綠葉之效。為了便於說明，再以「紅樓夢」為例。（恕我不引用外國作品）「紅樓夢」的人物雖然多到四百四十八位，寫得十分生動凸出的人物也很多，上自賈母下至丫頭小廝，都寫得栩栩如生，非常有趣。即以最不討人歡喜的趙姨娘來說，這種人物在「紅樓夢」當中也是一絕！她沒有地位、沒有知識，不識大體，可是她代表了那個時代當中女人的一面，連探春都不以母親視之，這點就值得讀者同情的。

劉姥姥是一個鄉下老婆子，她攀龍附鳳地進了大觀園之後，也佔了不少篇幅，別人把她當作笑料，可是她卻是一個老世故，心裡一點也不含糊，她能夠讓別人儘情取樂，就是一份了不起的功夫。

丫頭們如鴛鴦，晴雯，紫鵑……等等，也沒有一個寫得不好，沒有一個不是有血有肉的人，她們也佔了很多篇幅。

探春史湘雲這些小姐們，地位自然更在趙姨娘劉姥姥和丫頭們之上，她們佔的篇幅更多，幾乎隨時在讀者面前出現，極有身份地位，和賈寶玉林黛玉薛寶釵等同吃同坐同玩，沒有誰輕視她們。

賈母是大觀園的「老佛爺」。王熙鳳更是大觀園的「權臣」，真是炙手可熱，兩府人士都要仰她鼻意，她玩弄別人於股掌之上，嘴利、心狠、手辣，是出了名的「鳳辣子」。

以上的這些人物表面看來都很重要，但是眞正重要的只有三個人。這三個人就是寶玉、黛玉、寶釵。比起這三個人，連王熙鳳也不過是一片綠葉而已。

我們若再將寶玉、黛玉、寶釵三人分析研究，紅樓夢的眞正主人翁其實只有寶玉和黛玉兩人，連寶釵也不過是黛玉的陪襯。後來寶釵雖與寶玉結婚，但寶玉自黛玉死後，即心無所屬，如泥人木偶，認爲一切皆空，最後一走了之。

所以「紅樓夢」雖然有那麼多的人物，那麼熱鬧的場面，但只有賈寶玉和林黛玉是主，寶釵也只能勉強算上一角，其他的人物都是賓，都是陪襯。寫小說人物賓主一定要分，主可壓賓，但賓不可奪主。不管小說家動員多少人物？佈置多大的場面？用什麼表現方法？但他的目的只有一個：一切都是爲了主要人物。

十二、典型

意識流的小說作家反對典型，我們有極少數的作家也反對典型，他們認爲典型落伍了，愛怎麼寫就怎麼寫。不但不要典型，甚至不要故事結構。似乎這樣一來才算時髦，才算新，甚至有人把自己的小說標榜爲「新潮派」，喬伊斯的攸利西斯是一九二二年出版，卡繆的存在主義作品「異鄉人」是一九四二年發表，拾人牙慧，不能算新。

以小說而言，在西洋有所謂古典主義，浪漫主義，自然主義，寫實主義之類的名詞，乃至於「意識流」、「存在主義」。但是中國過去沒有這些玩意，水滸，紅樓夢的作者並沒有標榜什麼主義，後人也很難替他們加上一頂帽子。五四以後雖然產生了不少新小說家，但也沒有產生出什麼主義什麼派來。今天似乎很難有人建立一個什麼主義什麼派？但這並不是一件壞事，因爲文學上的什麼主義什麼派並不是「自封」的，而是讀者和後人給他們按上的。其實這對於一個作家本身來講，是毫無意義的事。

什麼事對於作家本身的關係最大？那就是把作品寫好，這是最高要求。只要把作品寫好，什麼主義什麼派都沒有太大的關係，俗語說「條條大路通羅馬」，只要能到羅馬，你走你的陽關大道，他過他的獨木小橋，都無傷大雅。

但是要想把作品寫好，可也有點規範和原則，小說自亦不能例外。

小說的規範和原則是什麼？這又得談到小說的要素了。

前文已經說過的要素有四：主題、人物、故事和結構。任何文章都得有主題，有結構，小說却多了人物和故事，這就是它的特異之處。這四者之中，缺少了一樣都不可能成爲小說，尤其是人物，而寫人物的最終目的是什麼？是希望這個人物成型，也就是所謂典型。

可是有些小說家却反對典型，甚至反對故事結構，他們要寫「眞實的心理」，「眞實的人生」，希望他們的小說更符合現實的眞實。所以他們赤裸裸地描寫男女的情慾，讓人物的意識自然流動，忽然天南，忽然地北，不管他對主題，人物故事是否有密切關係？是否破壞了結構？結果讀者還沒有看完就暈頭轉向了。簡直如墮五里霧中，越看越糊塗。

這類的小說姑且不問讀者的反應如何？即使作者眞能寫得非常眞實，和現實一模一樣，那麼其在藝術上的成就剛好相反。因爲眞實並不等於藝術。如果眞實就是藝術，那就根本沒有藝術家了。這樣第二手的小說家就更是多餘的了。那我們可以不要畫，只要照相機，也毋須小說，只要醫生的診斷報告書，法官的起訴書和筆錄，速記員和書記就可以代替所有的小說家了。因爲照相速記比畫比寫更「眞實」。

無論創作方法怎樣「新」，但新不過太空船，新不過人造衛星。可是太空船和人造衛星，也有一定的軌道，它們就是遵循預定的軌道飛行。地球如果出軌，那會有怎樣的事情發生？一切禍亂之源就是不守規則，不安本分。小說更不可以亂來，它必須通過作者的理性和藝術眼光，作有秩序地安排和組合，才能成爲文藝作品。張三和李四在什麼地方相遇，在什麼地方發生衝突，都要周密的計劃安排，如果張三和李四隨時隨地打架吵嘴，那就是胡鬧。如果把小說比作一匹馬，作者就是騎馬的人，韁繩控制在作者手裡，不能讓牠亂跑；如果把小說比作一隻船，作者就是掌舵的人，方向是由掌舵的人決定，不能由船決定。野馬才會亂跑，無舵之舟才會隨波逐流。

人造衛星是有軌道的，小說也有了它的軌道，而創造典型人物，應是小說家創作的終極目標。

所謂典型，並不是一般人所看慣了的平劇臉譜。我們不能因爲看厭了那些臉譜而反對典型。典型是需要創造的，不是因襲的，施耐菴創造了武松、李逵、宋江這許多典型；曹雪芹却創造了賈寶玉，林黛玉等另一批新的典型。我們不但不能因爲別人創造了那麼多的典型，而否定典型。恰好相反，我們應該創造更多更新的典型，這樣才能賦予作品新的生命。

三、結論

小說是文藝，不是科學，不是哲學，也不是心理學。小說家固應具備各方面的知識，但科學、哲學、心理學，或其他各種學術在小說裡面的過度擴張，對於小說都是一種戕害。小說家可以運用各種學識，但不能讓其他學識借小說而寄生。小說固如汪洋大海，可以兼收並蓄，但亦應保持其本身的純淨。大海可以容納百川，但百川被大海融化於無形，所以海才不失其爲海。小說亦應如是。

小說的要素有四，但其重點在於人物，小說家運用一切方法的最高目的就是表現人物，創造典型人物。而人物之所以能成爲典型，就是由於小說家創造的成功，一個低能的小說家是創造不出成功的人物的，只有傑出的小說家才能辦到。小說的生命，小說家的生命，不繫於傳奇的故事，而繫於典型的人物，曹雪芹施耐菴等之所以不朽者在此；西萬提斯之所以不朽者在此……小說中有不朽的人物，然後才有不朽的小說。否則雖著作等身，仍如過眼煙雲，時間的風輕輕一吹，便很快地化爲烏有了。

「朱夜選集」序

遠在十多年前，我在中央日報副刊讀到朱夜的短篇小說「衍約」、「燭影搖紅」之後，曾寫了一篇「朱夜的小說」予以評介。那時的中副創造了短篇小說的黃金時代，海內外作家的短篇傑作大多是在中副發表的。朱夜也是當時的中副作者之一。

可惜以後由於時移勢變，很多報紙副刊改變了風格，文藝創作轉變了方向，意識流、存在主義的作品盛行，以嘔吐爲時髦，而成熟的中國風味的純文學創作越來越少，很多有成就的小說家紛紛擱筆。朱夜也是擱筆的小說家之一，他轉向電影和電視發展，以解決生活問題。

前幾年他又遠赴巴拉圭謀生，但仍未忘情於創作，他希望賺了錢之後再專心創作，這是當前很多作家都有的想法，也是作家們面臨的窘境。

今年初他就來信請我替他的選集寫序，當時因爲事忙，也沒有看到原稿；加上我向不敢替人寫序，自己出書也不請人寫序，所以拖了下來。最近他來信舊事重提，我也看到了全部大樣，花了兩三個禮拜時間，才讀完五百八十二頁原稿。對於一位有才氣、有個性，而在生活中打滾的苦難作家，我不得不講幾句眞心話。

這本選集一共收了十九個短篇，共約三十六萬多字。

這本選集，表現了作者的創作風格，對他個人而言，確實具有代表性。雖然每一篇我都讀得很仔細，但在這篇序文裏不能一篇篇分析，那樣就非三五萬字不可，出版社不希望文字太長，因此我只能把我的看法歸納爲下列幾點：

一、十九個短篇之中，除了「黑色太陽」、「畫廊的獨白」、「律師之子」等少數幾篇外，絕大多數是中國鄉土的而又帶着一點傳奇意味。這大概由於作者是職業作家，爲了便於發表，不得不加點傳奇。但他處理這類題材的手法相當巧妙，篇篇都烘托出了中國文化氣息。如「馬賊」、「黑帖」、「跑江湖的」等篇是。而「彴約」、「舞臺一角」等篇，更是正統的中國文學作品。

二、朱夜是一位十分重視寫作技巧的作家，在布局結構方面頗具匠心，他善用伏筆，往往要等到故事結束讀者才會恍然大悟，這是他創作上的一大特色。他的作品沒有一篇是平舖直敍的。

三、善於運用倒裝句法。十之八九的作品都表現了這一特點。本來日常語言當中不但常用倒裝句子，甚至講反話，這樣反而使語言更加生動。但他的倒裝句法純粹是中國式的，沒有一點洋化，所以不會使讀者格格不入，反而增加了語言的韻味。

四、人道精神，作者表現人道精神的最具代表性的短篇是「慈母湖畔」。這篇小說的故事是敍述一位老獵人揹着孩子去獵貂，獵人殺了小貂，傷了母貂，而母貂却救了獵人的孩子。因此獵人說：

「狼獵我的孩子，你把他救下來，我獵了你的孩子，只是牠已經死了……

「還是賣掉這枝獵槍，還是回科布多，還是試圖去改行吧！」

全篇沒有一點說教的八股意味，完全用素描手法表現出來。作者的每篇作品都不強調主題，而主題自在其中。這需要相當的寫作素養才能辦到。

從這本選集看來，我更敢肯定我十幾年前的看法：朱夜是一位很有才華的作家。可惜那篇很有代表性的作品「燭影搖紅」沒有收集在這本選集裏面。

我們很多很有成就、很有才華的作家幾乎都停筆了，最少是在半休眠狀態。其中最大的原因不是江郎才盡，而是寫作不能維持生活，尤其是那些有才華、有抱負的作家，更不願仰他人鼻息而寫他們所不願寫的商品文學。這是中國文學的一大損失。一個作家的成長沒有二三十年的時間是不行的。既然成長了，而又不得不擱筆，作家本身的痛苦那更是局外人所難體會的。

但願朱夜眞能在國外發了財再專心寫作。同時希望國內處在半休眠狀態下的作家也有同樣的幸運，然後再揮彩筆，描繪這個驚心動魄的時代，而又多苦多難、多彩多姿的人生。

民國六十七年十二月八日臺北

原載六十七年（一九七八）十二月二十一日中央日報

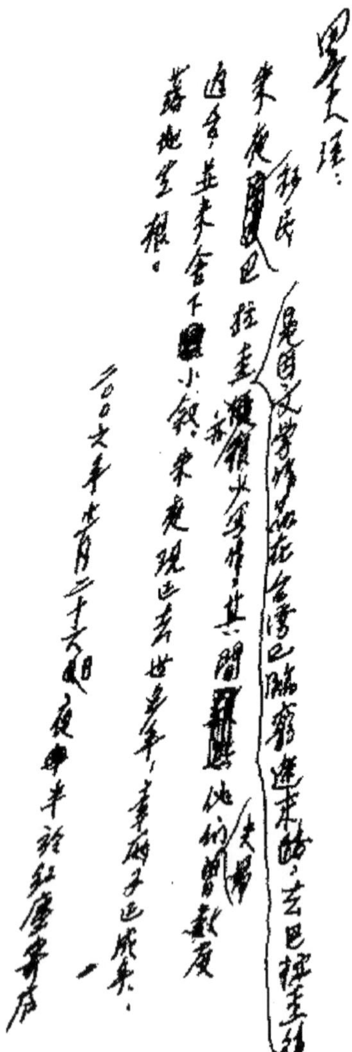

中國風格的詩

讀古丁詩集「星的故事」

「五四」以來的中國新詩，走了許多崎嶇的道路，遭遇了不少頓挫，甚至誤入歧途，因而未能正常發展壯大起來；其間雖也出過幾位相當有成就的傑出詩人，但仍未能舖成一條康莊大道，而逆流反而變成了主流，這是令人十分惋惜的事。究其原因，新詩原爲從西洋移植而來，作者受西洋詩影響，遠較小說家爲深。在創作上只求形式的突破，與思想意識形態的更新，因而反中國文化傳統的傾向十分強烈。如果作者本身先受了中國詩學的薰陶，駕馭中國文字的能力甚高，則能產生形式與內容俱新，而又與中國文化絲絲入扣的好作品；如果作者既未接受中國文化，又不了解中國傳統詩詞的優點，同時也不了解西洋文化與西洋語文的特性，而只一心求變求新，其所產生的作品，必然晦澀、怪誕、詭異，甚至連他自己也不懂而使讀者嘔吐。這是「五四」以來最大的一股逆流，爲時最久，引起讀者的反感和新詩的正常發展也最大。所幸，近來稍稍好轉，尤其是卡特背信與我斷交以後，美國對我的政治衝擊，似乎也影響了文學崇洋媚外的態勢，但願此一衝擊，能換來文學的自尊，對自己文化的重新體認與眞正的「回歸」。

我很高興能得讀到詩人古丁六十四年出版的「星的故事」。也許是我脫離詩壇已久，也許是堅持民族文化立場的古丁是少數中的少數，在逆流變成主流中幾乎「滅頂」，因此我遲到現在才聽到他的心聲——一種眞正的詩人、哲學家的逆耳之聲。老子所謂「信言不美」也。作者在「星的故事」自序裏就說過下面這些不入耳的話：

「我認爲中國現代詩的最大缺點是忽視自己的民族傳統文化，過份模仿西洋現代詩的技巧和作風，尤其所模仿的都是本世紀初的西洋現代主義和超現實主義，再加上後來的存在主義，使中國的新詩由晦澀、怪異、頹廢而走入了死巷，招致許多惡評及讀者唾棄。古今中外，以晦澀、怪異、頹廢取勝的詩固然也有，但從來沒有我們當代的新詩，竟以此爲主流。

我由於一開始就看出這種缺點，始終站在這個主流之外，自行摸索，在我的筆下很少去談現代主義、超現實主義和存在主義，我以爲詩人求新是必須的，因此我頗強調創造的精神，但模仿不能算是創新，尤其反對中國的傳統而去因襲西方的傳統，不但無新可言，而且自相矛盾。

詩是民族的心聲，構成民族心聲的條件是地理環境，文化傳統，和我們所生活的時代。三者缺一，都不能構成可以代表民族的詩。詩如果不是自己民族的心聲，根本就沒有存在的價值。……」

這是古丁先生的眞知灼見。古丁先生自民國三十六年開始寫詩，四十三年正式發表作品，寫詩的歷史超過了三十年，而且辦過葡萄園詩刊，現在還在辦「秋水詩刊」，他對詩的執着，和對中國文化立場的堅持，不忮不求，令人敬佩。而他對詩的貢獻，除了提供了他的眞知灼見，表現了敢言的勇氣，與獨立創作的精神之外，更向讀者提供很多表揚中國文化傳統、詩學傳統的具有中國風格的好詩，眞正治理論與創作於一爐。

「星的故事」裡一共收集了六十六首詩，每一首詩都能令人咀嚼、深思，十分含蓄而又能儘，充分表現了詩的語言藝術。爲了節省篇幅，我只隨便引兩首詩與讀者共賞。

春的原野

以綠色的草原作地氈
以芬芳的花蕾設宴
春的舞會開始了

鳥的歌，風的笛
和流水之淙淙
合組成一大自然的交響樂，奏於原野

蝶舞着，樹娘們扭着纖腰
蜜蜂如饞嘴的小王子
邊舞邊探花中的杯，啜飲瓊汁

燕子翩然而降
踏着華爾茲的舞步
如年青的貴族，與鴿子夫人周旋着

祇有蠢的鵝，笨的鴨子
被摒於舞會之外

氣惱地在自己的池塘裡，兜着小小的圈子

雲和松

我之蕭索
只為守住一塊貧瘠的土地
遂年復一年地仍是一棵矮松
一棵矮松，只好
閒望着山勢北來，水勢東去
倏忽是古，倏忽是今
興興廢廢

而雲已直上
雲是不閒的
倏忽向東倏忽向西
逢迎着風的動向

視地上的芳草人物，山色水聲
不算什麼

在「春的原野」中，古丁先生表現了詩的形象美，產生了感性和媚力；在「雲與松」中，作者又表現了意境美，他以松自況，以雲陪襯，這是一首「夫子自道」的詩，是新詩發展史的重要一章。唯其如松堅定不移，所以才有不凡的表現。

古丁先生完全以中國的思想意識形態寫中國新詩，而他駕馭中國文字的能力又是第一流的，因此他能寫出人人能懂的富有中國風格的新詩。

他不是站在半天雲裏，高唱西洋歌曲，鄙視大衆的詩人；他是站在中國的泥土上，行吟復行吟，擁抱中國文化，擁抱自己的同胞的中國詩人。

墨人博士著作書目（校正版）

書目	類別	出版者	出版時間
一、自由的火焰 ⎫ 與《山之禮讚》合併	詩集	自印（左營）	民國三十九年（一九五〇）
二、哀祖國 ⎭ 易名《墨人新詩集》	詩集	大江出版社（臺北）	民國四十一年（一九五二）
三、最後的選擇	短篇小說	百成書店（高雄）	民國四十二年（一九五三）
四、閃爍的星辰	長篇小說	大業書店（高雄）	民國四十二年（一九五三）
五、黑森林	長篇小說	香港亞洲社	民國四十四年（一九五五）
六、魔障	長篇小說	暢流半月刊（臺北）	民國四十七年（一九五八）
七、孤島長虹（全集中易名爲富國島）	長篇小說	文壇社（臺北）	民國四十八年（一九五九）
八、古樹春藤	中篇小說	九龍東方社	民國五十一年（一九六二）
九、花嫁	短篇小說	九龍東方社	民國五十三年（一九六四）
一〇、水仙花	短篇小說	長城出版社（高雄）	民國五十三年（一九六四）
一一、白夢蘭	短篇小說	長城出版社（高雄）	民國五十三年（一九六四）
一二、颱風之夜	短篇小說	長城出版社（高雄）	民國五十三年（一九六四）

一三、白雪青山	長篇小說	長城出版社（高雄）	民國五十四年（一九六五）
一四、春梅小史	長篇小說	長城出版社（高雄）	民國五十四年（一九六五）
一五、洛陽花似錦	長篇小說	長城出版社（高雄）	民國五十四年（一九六五）
一六、東風無力百花殘	長篇小說	長城出版社（高雄）	民國五十四年（一九六五）
一七、合家歡	長篇小說	臺灣省新聞處（臺中）	民國五十四年（一九六五）
一八、紅樓夢的寫作技巧	文學理論	臺灣商務印書館（臺北）	民國五十五年（一九六六）
一九、塞外	短篇小說	臺灣商務印書館（臺北）	民國五十五年（一九六六）
二〇、碎心記	長篇小說	小說創作社（臺北）	民國五十六年（一九六七）
二一、蠶姑	長篇小說	小說創作社（臺北）	民國五十七年（一九六八）
二二、鱗爪集	散　文	水牛出版社（臺北）	民國五十七年（一九六八）
二三、青雲路	短篇小說	臺灣商務印書館（臺北）	民國五十八年（一九六九）
二四、變性記	短篇小說	臺灣商務印書館（臺北）	民國五十八年（一九六九）
二五、龍鳳傳	長篇小說	幼獅書店（臺北）	民國五十九年（一九七〇）
二六、火樹銀花	長篇小說	立志出版社（臺北）	民國五十九年（一九七〇）
二七、浮生集	散　文	聞道出版社（臺南）	民國六十一年（一九七二）
二八、墨人詩選	詩　集	臺灣中華書局（臺北）	民國六十一年（一九七二）
二九、鳳凰谷	長篇小說	臺灣中華書局（臺北）	民國六十一年（一九七二）

三〇、墨人短篇小說選	短篇小說	臺灣中華書局（臺北）	民國六十一年（一九七二）
三一、斷腸人	短篇小說	臺灣學生書局（臺北）	民國六十一年（一九七二）
三二、詩人革命家胡漢民傳	傳記小說	近代中國社（臺北）	民國六十七年（一九七八）
三三、心猿	長篇小說	學人文化公司（臺北）	民國六十八年（一九七九）
三四、山之禮讚	詩　　集	秋水詩刊（臺北）	民國六十九年（一九八〇）
三五、心在山林	散　　文	中華日報社（臺北）	民國六十九年（一九八〇）
三六、墨人散文集	散　　文	學人文化公司（臺中）	民國六十九年（一九八〇）
三七、山中人語	散　　文	臺灣商務印書館（臺北）	民國七十二年（一九八三）
三八、花市	散　　文	江山出版社（臺北）	民國七十四年（一九八五）
三九、三更燈火五更雞	散　　文	江山出版社（臺北）	民國七十四年（一九八五）
四〇、墨人絕律詩集	詩　　集	臺灣商務印書館（臺北）	民國七十六年（一九八七）
四一、全唐詩尋幽探微	文學理論	臺灣商務印書館（臺北）	民國七十六年（一九八七）
四二、第二春	短篇小說	采風出版社（臺北）	民國七十七年（一九八八）
四三、全唐宋詞尋幽探微	文學理論	臺灣商務印書館（臺北）	民國七十八年（一九八九）
四四、小園昨夜又東風	散　　文	黎明文化公司（臺北）	民國八　十年（一九九一）
四五、紅塵（上、中、下三卷）	長篇小說	臺灣新生報社（臺北）	民國八　十年（一九九一）
四六、大陸文學之旅	散　　文	文史哲出版社（臺北）	民國八十一年（一九九二）

四七、紅塵續集	長篇小說	臺灣新生報社（臺北）	民國八十二年（一九九三）
四八、墨人半世紀詩選	詩選	文史哲出版社（臺北）	民國八十四年（一九九五）
四九、張本紅樓夢（上下兩巨冊）	修訂批註	湖南出版社（長沙）	民國八十五年（一九九六）
五〇、紅塵心語	散文	圓明出版社（臺北）	民國八十五年（一九九六）
五一、年年作客伴寒窗	散文	中天出版社（臺北）	民國八十六年（一九九七）
五二、全宋詩尋幽探微	文學理論	文史哲出版社（臺北）	民國八十九年（二〇〇〇）
五三、墨人詩詞詩話	詩詞・理論	詩藝文出版社（臺北）	民國八十九年（二〇〇〇）
五四、娑婆世界（定本）	長篇小說	昭明出版社（臺北）	民國八十八年（一九九九）
五五、白雪青山（定本）	長篇小說	昭明出版社（臺北）	民國八十九年（二〇〇〇）
五六、滾滾長江（定本）	長篇小說	昭明出版社（臺北）	民國八十九年（二〇〇〇）
五七、春梅小史（定本）	長篇小說	昭明出版社（臺北）	民國八十九年（二〇〇〇）
五八、紫燕（定本）	長篇小說	昭明出版社（臺北）	民國九十年（二〇〇一）
五九、紅樓夢的寫作技巧（定本）	文學理論	昭明出版社（臺北）	民國九十年（二〇〇一）
六〇、紅塵六卷（定本）	長篇小說	昭明出版社（臺北）	民國九十年（二〇〇一）
六一、紅塵法文本	巴黎友豐（you fong）書局出版		二〇〇四年初版

附註：

▲北京中國文聯出版社二〇〇三年出版　大陸教授羅龍炎・王雅清合著《紅塵》論專書

▲臺北市昭明出版社出版墨人一系列代表作，長篇小說《娑婆世界》、一百九十多萬字的空前大長篇《紅塵》（中法文本共出五版）暨《白雪青山》（兩岸共出六版）、《滾滾長紅》、《春梅小史》、《紫燕》，短篇小說集、文學理論《紅樓夢的寫作技巧》（兩岸共出十四版）等書。臺灣中華書局出版的《墨人自選集》共五大冊，收入長篇小說《白雪青山》、《靈姑》、《鳳凰谷》、《江水悠悠》（為《東風無力百花殘》易名）、《短篇小說・詩選》合集。《哀祖國》及《合家歡》皆由高雄大業書店再版。臺北詩藝文出版社出版的《墨人詩詞詩話》創作理論兼備，為「五四」以來詩人、作家所未有者。

▲臺灣商務印書館於民國七十三年七月出版先留英後留美哲學博士程石泉、宋瑞等數十人的評論專集《論墨人及其作品》上、下兩冊。

▲《白雪青山》於民國七十八年（一九八九）由臺北大地出版社第三版。

▲臺北中國詩歌藝術學會於一九九五年五月出版《十三家論文》論《墨人半世紀詩選》。

▲《紅塵》於民國七十九年（一九九〇）五月由大陸黃河文化出版社出版前五十四章（香港登記、深圳市印行）。大陸因未有書號未公開發行僅供墨人「大陸文學之旅」時與會作家座談時參考。

▲北京中國文聯出版公司於一九九二年十二月出版長篇小說《春梅小史》（易名《也無風雨也無晴》）；一九九三年四月出版《紅樓夢的寫作技巧》。

▲北京中國社會科學出版社於一九九四年出版散文集《浮生小趣》。

▲北京群眾出版社於一九九五年一月出版散文集《小園昨夜又東風》；一九九五年十月京華出版社出

版長篇小說《白雪青山》大陸版，第一版三千冊，一九九七年八月再版一萬冊。

▲長沙湖南出版社於一九九六年一月初出版墨人費時十多年精心修訂批註的《張本紅樓夢》，分上下兩大冊精裝一萬一千套，立即銷完，因未經墨人親校，難免疏失，墨人未同意再版。

Mo Jen's Works

1950 *The Flames of Freedom* (poems)《自由的火焰》

1952 *Lament for My Mother Country* (poems)《哀祖國》

1953 *Glittering Stars* (novel)《閃爍的星辰》

The Last Choice (short stories)《最後的選擇》

1955 *Black Forest* (novel)《黑森林》

The Hindrance (novel)《魔障》

The Rainbow and An Isolated Island (novel)《孤島長虹》(全集中易名爲富國島)

1963 *The spring Ivy and Old Tree* (novelette)《古樹春藤》

1964 *Narcissus* (novelette)《水仙花》

A Typhonic Night (novelette)《颱風之夜》

Ms.Pei Mong-lan (novelette) 《白夢蘭》
The Joy of the Whole Family (novel) 《合家歡》
Flower Marriage (novelette) 《花嫁》
1965 *White Snow and Green Mountain* (novel) 《白雪青山》
The Short Story of Miss Chung Mei (novel) 《春梅小史》
The Powerless Spring Breeze and Faded Flowers (novel) 《東風無力百花殘》(《江水悠悠》)
Flower Blossom in Loyang (novel) 《洛陽花似錦》
1966 *The Writing Technique of the Dream of Red Chamber* (literature theory) 《紅樓夢的寫作技巧》
Out of The Wild Frontier (novelette) 《塞外》
1967 *A Heart-broken Story* (novel) 《碎心記》
1968 *Miss Clever* (novel) 《靈姑》
Trifle (prose) 《鱗爪集》
1969 *The Road to Promotion* (novelette) 《青雲路》
1970 *A Sex-change Story* (novelette) 《變性記》
The Biography of the Dragon and the Phoenix (novel) 《龍鳳傳》
1971 *A Brilliantly lighted Garden* (novel) 《火樹銀花》
1972 *My Floating Life* (prose) 《浮生記》

Selection of Mo Jen's Poems《墨人詩選》

A Heart-broken Woman（novelette）《斷腸人》

Phoenix Valley（novel）《鳳凰谷》

Mo Jen's Works（five volumes）《墨人自選集》

Selection of Mo Jen's short stores《墨人短篇小說選》

1978 *Hu Han-ming, the Poet and Revolutionist*（novel）《詩人革命家胡漢民》

1979 *The Mokey in the Heart*（i.e. The Purple Swallow renamed）《心猿》

1980 *The Hermit*（prose）《心在山林》

A Collection of Mo Jen's Prose（prose）《墨人散文集》

A Praise to Mountains（poems）《山之禮讚》

1983 *Mountaineer's Remarks*（prose）《山中人語》

1985 *My Candle Burns at Both Ends*（prose）《三更燈火五更雞》

Flower Market（prose）《花市》

1986 *A Mundane World*（novel, four volumes, over 1.9 million words）《紅塵》

1987 *Remarks on All Poems of the Tang Dynasty*（theory）《全唐詩尋幽探微》

1988 *Remarks On All Tsyr*（prose poem）*of the Tang and Sung Dynasties*（theory）《全唐宋詞尋幽探微》

1991 *The Breeze That Came From The East Last Night in My Little garden Again*（prose）《小園昨夜又東風》

1992 *Travel for Literature in Mainland China*（prose）《大陸文學之旅》

1995 *Selection of Mo Jen's Poems, 1992-1994*《墨人半世紀詩選》

1996 *I'll look upon the World*《紅塵心語》

Chang Edition of the Dream of Red Chamber《張本紅樓夢》（修訂批註）

1997 *Cherish thy guests and the Muses*《年年作伴寒窗》

1999 *Saha Shih Gai*《娑婆世界》

1999 *Remarks on All Poems of the sung Dynasties*《全宋詩尋幽探尋》

1999 *Mo Jen's Classical Poems and Prose Poems*《墨人詩詞詩話》

2004 *Poussiere Rouge*《紅塵》法文譯本

墨人博士創作年表（二〇〇五年增訂）

年度	年齡	發表出版作品及重要文學紀錄摘要
民國二十八年己卯（一九三九）	十九歲	在東南戰區《前線日報》發表〈臨川新貌〉。淪陷區著名的上海《大美晚報》隨即轉載。
民國二十九年庚辰（一九四〇）	二十歲	在《前線日報》發表〈希望〉、〈路〉等新詩作品。
民國三十年辛巳（一九四一）	二十一歲	在《前線日報》發表〈辭夏伯陽〉書評等文。
民國三十一年壬午（一九四二）	二十二歲	在各大報發表〈苦難的行列〉、〈贛州禮讚〉〈長詩〉、〈老船夫〉、〈盲歌者〉、〈自己的輓歌〉、〈抹去那怯弱的眼淚吧〉、〈生命之歌〉、〈快割鳥〉、〈鶺鴒與雲雀〉等詩及散文多篇。
民國三十二年癸未（一九四三）	二十三歲	在各大報發表長詩〈鋤奸隊長〉、〈搜索連長〉、〈遙寄〉、〈寫在第七個七七〉、〈父親〉、〈受難的女神〉、〈城市的夜〉及〈火把〉、〈擊柝者〉、〈橋〉、〈古鐘〉、〈汽笛〉、〈山居〉、〈沙灘〉、〈夜行者〉、〈孤芳〉、〈蚊蟲〉、〈蒼蠅〉、〈園圃〉、〈陽光〉、〈深秋〉、〈贈某詩人兼寫自己〉、〈哀亡命詩人〉、〈自供〉、〈自壓詩抄〉、〈哀歌〉、〈生活〉、〈給偶像崇拜者〉、〈戰書〉、〈燈下獨白〉、〈夜歸〉、〈失眠之夜〉、〈悼〉、〈殘英〉、〈黃昏曲〉、〈補綴〉、〈復活的季節〉、〈擬戀歌〉、〈晨雀〉、〈春耕〉、〈天空的搏鬥〉等長短抒情詩。另發表散文及短篇小說多篇。

民國三十三年甲申（一九四四）	二十四歲	發表〈山城草〉五首及〈沒有褲子穿的女人〉、〈襤褸的孩子〉、〈駝鈴〉、〈無聲的哭泣〉、〈長夜草〉、〈春夜〉、〈擬某女演員〉、〈蛙聲〉、〈麥笛〉等詩及散文多篇。
民國三十四年乙酉（一九四五）	二十五歲	發表〈最後的勝利〉及〈煉獄裏的聲音〉、〈神女〉、〈問〉等長詩與散文多篇。
民國三十五年丙戌（一九四六）	二十六歲	發表〈夢〉、〈春天不在這裡〉等詩及散文多篇。
民國三十六年丁亥（一九四七）	二十七歲	發表〈冬天的歌〉、〈流浪者之歌〉、〈手杖、煙斗〉及長詩〈上海抒情〉等與散文多篇。
民國三十七年戊子（一九四八）	二十八歲	主編軍中雜誌，撰寫時論，均不署名。
民國三十八年己丑（一九四九）	二十九歲	七月渡海抵臺、發表〈呈獻〉、〈滿妹〉、及長詩〈自由的火燄〉、〈人類的盲音〉等及散文多篇。
民國三十九年庚寅（一九五〇）	三十歲	發表〈站起來，捏死他！〉、〈滾出去，馬立克！〉、〈英國人〉、〈海洋頌〉等詩。出版《自由的火燄》詩集。
民國四十年辛卯（一九五一）	三十一歲	發表〈春晨獨步〉、〈炫與殉〉、〈悼三閭大夫屈原〉、〈詩聯隊〉、〈心獵之歌〉、〈子夜獨唱〉、〈真理，愛情〉、〈友情的花朵〉、〈啊，西風啊！〉、〈歲暮吟〉、〈師生〉、〈往事〉、〈天書〉、〈歷程〉、〈雨天〉、〈火車飛馳在海岸線上〉、〈帶路者〉、〈送第一艦隊出征〉等詩、及〈哀祖國〉長詩。
民國四十一年壬辰（一九五二）	三十二歲	發表〈未完成的想像〉、〈鄉上吟〉、〈窗下吟〉、〈白髮吟〉、〈秋夜輕吟〉、〈秋訊〉、〈渴念、追求〉、〈寂寞、孤獨〉、〈冬眠〉、〈我想把你忘記〉、〈想念〉、〈成人的悲歌〉、〈訴〉、〈詩人〉、〈詩〉、〈貝絲〉、「春天的懷念」五首、〈和風〉、〈夜雨〉、〈臺灣海峽的霧〉等及散文、短篇小說多篇。出版《哀祖國》詩集。

民國四十二年癸巳（一九五三）	三十三歲	發表〈寄台北詩人〉等詩及散文短篇小說多篇。高雄百成書店出版短篇小說集《最後的選擇》，收入〈華玲〉、〈生死戀〉、〈梅蘭馨〉、〈敵人的故事〉、〈最後的選擇〉、〈蔣復成〉、〈姚醫生〉等七篇。大業書店出版長篇小說《閃爍的星晨》一、二兩冊。
民國四十三年甲午（一九五四）	三十四歲	發表〈霽葉〉、〈海鷗〉、〈鳳凰木〉、〈流螢〉、〈鵝鑾鼻〉、〈海邊的城〉、〈長夏小唱〉及散文、短篇小說多篇。
民國四十四年乙未（一九五五）	三十五歲	發表〈雙〉、〈F-86〉、〈靈GK〉等詩及散文、短篇小說多篇。香港亞洲出版社出版長篇小說《黑森林》，並獲中華文獎會國父誕辰長篇小說第二獎（第一獎從缺）。
民國四十五年丙申（一九五六）	三十六歲	發表〈四月〉等詩及散文、短篇小說多篇。
民國四十六年丁酉（一九五七）	三十七歲	發表〈月亮〉、〈九月之旅〉、〈雨和花〉等詩及長篇小說《魔障》。
民國四十七年戊戌（一九五八）	三十八歲	暢流半月刊雜誌社出版長篇連載小說《魔障》。
民國四十八年己亥（一九五九）	三十九歲	發表短篇小說、散文多篇。文壇雜誌社出版長篇小說《孤島長虹》（全集中易名為《富國島》）。
民國四十九年庚子（一九六〇）	四十歲	發表〈橫貫小唱〉等詩及散文、短篇小說多篇。
民國五十年辛丑（一九六一）	四十一歲	發表〈熱帶魚〉、〈豎琴〉、〈水仙〉等詩及短篇小說甚多。奧國維也納納富出版公司編選的《世界最佳小說選》選入短篇說〈馬腳〉，同時入選者有諾貝爾文學獎得主威廉福克納、拉革克菲斯特等世界各國名作家作品。

民國五十一年壬寅（一九六二）	四十二歲	發表〈青鳥〉、〈兩腳獸〉、〈晚會〉、〈祈禱〉等詩及短篇小說甚多。奧國維也納納富出版公司又將短篇小說《小黃》（以江州司馬筆名撰寫者）選入《世界最佳小說選》、同時入選者有諾貝爾獎得主蕭洛霍夫、郭沫若及世界各國名作家作品。
民國五十二年癸卯（一九六三）	四十三歲	香港九龍東方文學出版社出版中篇小說《古樹春藤》。發表短篇小說、散文甚多。
民國五十三年甲辰（一九六四）	四十四歲	香港九龍東方文學社出版短篇小說集《花嫁》、收入〈教師節〉、〈劉二爹〉、〈二媽〉、〈異鄉人〉、〈花嫁〉、〈扶桑花〉、〈南海屠鮫〉、〈南山曲〉、〈古寺心聲〉、〈誘惑〉、〈隱情〉、〈美珠〉、〈新苗〉、〈心聲淚影〉等十四篇。高雄長城出版社出版中短篇小說集《水仙花》、收入〈水仙花〉、〈銀杏表嫂〉、〈圓房記〉、〈江湖兒女〉、〈天鵝〉、〈賭徒〉、〈搶親〉、〈黃龍〉、〈飄雪歸人〉、〈花子老爺〉、〈靈霞寺的居士〉、〈人與樹〉、〈過客〉、〈阿婆〉、〈馬腳〉、〈小黃〉等十六篇。高雄長城出版社出版中短篇小說集《白夢蘭》。收入〈情敵〉、〈空手〉、〈師生〉、〈斷夢〉、〈黃昏曲〉、〈白夢蘭〉、〈平安夜〉、〈凱塞琳、萊蒙托夫與我〉、〈陽春白雪〉、〈亂世佳人〉、〈傷心之旅〉、〈白衣清淚〉、〈護士與病人〉、〈如夢記〉、〈除夕〉等十五篇。　高雄長城出版社出版《中華日報》連載的二十五萬字長篇小說《白雲青山》。　發表短篇小說、散文甚多。
民國五十四年乙巳（一九六五）	四十五歲	高雄長城出版社出版連載長篇小說《洛陽花似錦》、《春梅小史》、《東風無力百花殘》三部。　發表短篇小說、散文甚多。省政府新聞處出版長篇小說《合家歡》。
民國五十五年丙午（一九六六）	四十六歲	是年五月赴馬尼拉華僑文教講習會講授「紅樓夢的寫作技巧」及新詩課程一個月。商務印書館出版文學理論專著《紅樓夢的寫作技巧》、全書共十五萬字。商務印書館出版中短篇小說集《塞外》。收入〈塞外〉、〈瞎子〉、〈百合花〉、〈天山風雲〉、〈白金龍〉、〈白狼〉、〈秋爾紫鵑〉、〈齊萬秋的衣缽〉、〈半路夫妻〉、〈百鳥聲喧〉、〈風竹與野馬〉、〈美人計〉、〈夜襲〉、〈花燭劫〉等十四篇。

民國五十六年丁未（一九六七）	四十七歲	發表短篇小說、散文甚多。小說創作社出版連載長篇小說《碎心記》。
民國五十七年戊申（一九六八）	四十八歲	小說創作社出版《中華日報》連載長篇小說《蠶姑》。水牛出版社出版散文集《鱗爪集》，收入〈家鄉的魚〉、〈家鄉的鳥〉、〈雪天的懷念〉、〈秋山紅葉〉、〈學問與創作之間〉等散文七十六篇、舊詩三首。
民國五十八年己酉（一九六九）	四十九歲	商務印書館出版中短篇小說集《青雲路》。收入〈世家子弟〉、〈青雲路〉、〈空棺記〉、〈久香〉等四篇。
民國五十九年庚戌（一九七〇）	五十歲	商務印書館出版中短篇小說集《變性記》。收入〈變性記〉、〈孀客〉、〈歲寒圖〉、〈泥龍〉、〈祖孫父子〉、〈秋風落葉〉、〈老夫老妻〉、〈恩愛夫妻〉、〈布販與偷雞賊〉、〈芳鄰〉、〈沙漠王子〉、〈沙漠之狼〉、〈世界通先生〉、〈寶珠的祕密〉、〈奇緣〉等十五篇。幼獅文化事業公司出版長篇小說《龍鳳傳》。臺北立志出版社出版長篇《火樹銀花》出版全集時易名《同是天涯淪落人》。
民國六十年辛亥（一九七一）	五十一歲	立志出版社出版長篇小說《火樹銀花》。發表散文多篇及在高雄《新聞報》連載長篇小說《紫燕》。
民國六十一年壬子（一九七二）	五十二歲	闢道出版社出版散文集《浮生集》。收入〈文藝的危機〉、〈貝克特高風〉、〈五十年華〉等散文十三篇、舊詩六首。學生書局出版短篇小說散文合集《斷腸人》。收入短篇小說〈斷腸人〉、〈薇薇〉、〈相見歡〉、〈滄桑記〉、〈恩怨〉、〈夜宴〉等七篇及散文〈文學系與文學創作〉、〈大學國文教學我見〉、〈作家之死〉等十五篇。　中華書局出版《墨人自選集》五大冊。包括長篇小說《白雪青山》、《蠶姑》、《鳳凰谷》、《江水悠悠》（《東風無力百花殘》易名）及《短篇小說、詩選》（精選短篇小說二十八篇、抒情詩一〇六首）、共二百五十萬字。
民國六十二年癸丑（一九七三）	五十三歲	發表散文多篇。列入英國劍橋國際傳記中心（International Biographical Centre Cambridge England）出版的《國際詩人名錄》（*International Who's Who in Poetry, 1973*）。

民國六十三年甲寅（一九七四）	五十四歲	出席第三屆世界詩人大會。 發表散文多篇。
民國六十四年乙卯（一九七五）	五十五歲	列入正中書局出版的《中華民國文藝史》（1975）。發表〈臺北的黃昏〉新詩一首及散文多篇。
民國六十五年丙辰（一九七六）	五十六歲	列入英國劍橋國際傳記中心出版的 *Men of Achievement. 1976* 發表〈歷史的會晤〉新詩及散文、短篇小說多篇。
民國六十六年丁巳（一九七七）	五十七歲	應 I.B.C 邀請於三月間赴義大利翡冷翠出席國際文藝交流大會（The 3rd I.B.C. International Congress on Arts and Communications）。會後環遊世界。發表〈羅馬之戀〉、〈羅馬之松〉、〈翡冷翠的女郎〉、〈翡冷翠之柳〉、〈塞納河〉等詩及羅馬掠影」、〈羅城記〉、〈威尼斯之旅〉、〈藝術之都翡冷翠〉、〈西雅奈與比薩斜塔〉、〈美國行〉、〈江戶、皇宮、御苑〉、〈環球心影〉等遊記。 在《中國時報》發表有關中國文化論文〈中國文化的三條根〉，在《新生報》發表〈文藝界的『洋』瘋癲〉等多篇。
民國六十七年戊午（一九七八）	五十八歲	近代中國社出版長篇傳記小說《詩人革命胡漢民傳》。 列入英國劍橋國際傳記中心出版的《國際名人辭典》（*Dictionary of International Biography.1978*）、《國際知識分子名錄》（*International Who's Who of Intellectual.1978*、《國際人名剪影》*International Register of Profiles*）、《國際社會名人錄》（*International Who's Who in Community Service*）、發表〈六月之荷〉詩一首。 在各報發表〈中國文化的宇宙觀〉、〈中國文化的真面目〉、〈文化、社會形態與當代文學創作（為亞洲文學會議而作）〉、〈人與宇宙自然法則〉等。 出席亞洲文學會議。　列入中華書局出版的《中華民國當代名人錄》（*Who's Who of R.O.C. 1978*）　列入行政院新聞局編印的一九七八年英文《中華民國年鑑名人錄》（*China Yearbook Who's Who*）。

民國六十八年己未（一九七九）	五十九歲	學人文化事業有限公司出版長篇小說《心猿》（《紫燕》易名）。發表短篇小說〈春〉、〈杏林之春〉、長詩〈哀吉米・卡特〉及〈山之禮讚〉五首。短篇〈客從故鄉來〉、〈人瑞〉。理論〈中國古典小說戲劇〉、〈抗戰文學的整理與再創作〉（《中央日報》）等多篇。
民國六十九年庚申（一九八〇）	六十歲	秋水詩刊社出版詩集《山之禮讚》，收集六十四年以後新詩四十四首及七言絕律詩十首。中華日報社出版散文集《心在山林》，收集〈花甲豐中過〉、〈老當益壯〉、及抒情寫景散文數十篇。臺中學人文化事業出版有限公司出版《墨人散文集》收集〈文化、社會形態與當代文學創作〉、〈人與宇宙自然法則〉、〈中國文化的三條根〉、〈宇宙爲心人爲本〉、〈文藝界的『洋』瘋癲〉等理論性散文數十篇。在《中央日報・副刊》發表〈紅樓夢研究的正確方向〉、《中華日報・副刊》發表〈人生六十樹常青〉、《青年戰士報・新文藝副刊》發表〈山中人語〉專欄文章〈山水之間〉、〈生命長短價值觀〉、〈寶刀未老〉、〈七進七出鬼門關〉、〈報人甘苦〉、〈杏壇生涯〉等。接受《大華晚報》採訪組副主任程榕寧兩次訪問，一爲談胡漢民生平，一爲談《易經》、《道德經》、命學，並發表〈醫學命學與人生〉專文。
民國七十年辛酉（一九八一）	六十一歲	繼續撰寫《山中人語》專欄。應臺中市《自由日報》特約撰寫《浮生小記》專欄。應行政院新聞局邀請參觀本省農漁畜牧事業單位，並在《中央日報》發表〈人在福中〉散文。接受臺灣廣播公司《成功之路》節目訪問，於四月廿七日晚八時半播出。在高雄《新聞報》發表〈撥亂反正說紅樓〉（六月十七、十八日）論文。
民國七十一年壬戌（一九八二）	六十二歲	九月赴漢城出席第二屆中韓作家會議，並在東京參加中日作家會議，曾暢遊南韓、北海道、大阪至東京名勝地區，歸後撰寫〈韓國掠影〉、〈秋遊北海道〉，發表於《中央日報》。列入中華民國名人傳記中心出版的《中華民國現代名人錄》。

		列入英國劍橋國際傳記中心出版的《傑出男女傳記》（*Men and Women of Distinction*）並附照片。 列入美國 MarQuis 公司出版的《世界名人錄》（*Who's Who in the World*）第六版。 接受義大利藝術大學授予的文學功績證書。
民國七十二年癸亥（一九八三）	六十三歲	商務印書館出版散文集《山中人語》，收集散文七十篇。
民國七十三年甲子（一九八四）	六十四歲	商務印書館出版《論墨人及其作品》上、下兩冊，包括評論文章六十餘篇。 列入義大利 Accademia Italia 出版英、法、德、義四種文字的《國際文學史》（*The History of International Literature*）及《百科全書：當代人物》（*The Encyclopadeia: Contemporary Personalities*）。 端午節（六月四日）開筆撰寫已構思準備十餘年的一百餘萬字的大長篇小說《紅塵》，年底完成初稿四十餘萬字。 十月在韓國漢城舉行的第四屆中韓作家會議，事忙未能出席，但提出一萬餘字的論文〈古典與現代〉一篇。
民國七十四年乙丑（一九八五）	六十五歲	由江山出版社出版《三更燈火五更雞》、《花市》散文集等兩本，前者收入散文、理論二十四篇，後者收入散文遊記二十七篇。 八月一日退休，專心寫作《紅塵》，於十二月底完成九十二章，告一段落，共一百二十萬字，超出《紅樓夢》十餘萬字，內有絕律詩（聯）三十一首。
民國七十五年丙寅（一九八六）	六十六歲	年初開始研讀《全唐詩》，撰寫《全唐詩尋幽探微》，十一月完成，共十二萬餘字，一面在《新聞報・西子灣》發表，並連同歷年所作絕律詩三十七首，定名為《墨人絕律詩集》，一併交與臺灣商務印書館簽約出版。 列入美國 A.B.I. 出版的 5000 Personalities of the World，英國 I.B.C. 出版的 *The International Authors and Writers Who's Who.*

民國七十六年丁卯（一九八七）	六十七歲	訪問考察東南亞地區、國家馬來西亞、新加坡、泰國、菲律賓、香港十七天、並出席多次座談會。 商務印書館出版《全唐詩尋幽探微》（附《墨人絕律詩集》）。 《紅塵》長篇小說於三月五日開始在（臺灣新生報）連載。 七月四、五日出席在臺北市召開的抗戰文學研討會。 八月一日出席在高雄市召開的第七屆中韓作家會議。
民國七十七年戊辰（一九八八）	六十八歲	元月二日完成《全唐宋詞尋幽探微》（附《墨人詩餘》）全書十六萬字。設於美國深受世界尊重的「國際大學基金會」（The Marguis Giuseppe Scicluna 1855-1907 International University Foundation）（Founded 1973）授予榮譽文學博士學位。
民國七十八年己巳（一九八九）	六十九歲	臺灣商務印書館出版《全唐宋詞尋幽探微》。 臺北大地出版社三版長篇小說《白雲青山》。 世界大學（World University）授予榮譽文學博士學位。
民國七十九年庚午（一九九〇）	七十歲	五月應大陸黃河文化實業公司邀請、作四十天文學之旅、與北京、上海、杭州、九江、武漢、西安、蘭州等地作家座談中華文化、文學創作、坦誠交換意見、獲得一致共識、真摯友情與尊敬、廣州電視臺並全程錄影、製作專輯播出、六月底返臺後即撰寫《大陸文學之旅》專著。 艾因斯坦國際學院基金會（Albert Einstein 1879-1955 International Academy Foundation）授予榮譽人文學博士學位。 榮列英國劍橋國際傳記中心出版的 IBC Book of Dedications. 占全書篇幅五頁、刊登照片五張、介紹五十年創作生涯、十分翔實、篇幅之大、爲全書冠、並禮聘爲 IBC 副總裁。
民國八十年辛未（一九九一）	七十一歲	二月臺新生報出版《紅塵》、二十五開本、上、中、下三鉅冊。黎明文化事業公司出版《小園昨夜又東風》散文集。 應香港廣大學院禮聘爲中國文學研究所客座指導教授。 《紅塵》榮獲新聞局著作金鼎獎及嘉新優良著作獎。

民國八十一年壬申（一九九二）	七十二歲	文史哲出版社出版《大陸文學之旅》。 應聘香港廣大學院中研所客座指導教授。 一月五日開筆寫《紅塵續集》，自九十三章起至一百二十章止，共四十萬字，六月十日完稿。《紅塵》全書共一百九十萬字。續集自十二月一日開始在《臺灣新生報．副刊》連載近年，雙破長篇鉅著及連載紀錄。中國廣播公司《中廣小說選播》節目，亦於十二月一日十四時三十分，在AM657千赫第一廣播網開始播出長篇鉅著《紅塵》上、中、下三冊，由戴愛華小姐導播，集該公司播音精英，通力合作，龍老夫人一角由播音元老白銀飾演，其餘人物均為一時之選，效果奇佳，前所未有。　北京「中國文聯出版公司」出版《也無風雨也無晴》。 墨人故鄉九江《師專學報》，於本年起開闢《墨人研究》專欄，與《陶淵明研究》、《黃山谷研究》、並稱三大專欄，甚受教育、學術界重視。
民國八十二年癸酉（一九九三）	七十三歲	十月下旬，偕《秋水》詩刊同仁涂靜怡、雪柔、麥穗、汪洋萍、風信子、林蔚穎等為慶祝《秋水》創刊二十周年，訪問哈爾濱、北京、西安三大都市，與當地詩人座談交流，水乳交融，兩岸詩人因而建立深厚友誼。十一月初，隻身訪問昆明、探親，昆明作協主席曉雪、八十多歲老作家李喬、小說家張昆華、《春城晚報》副總編輯熊廷武、副刊主編原因、理論家教授余斌、作家湯世傑、李錦華等集會歡迎，其中多為白族、彝族等少數民族作家，乃以雲南少數民族文化資源努力創作相勉，深獲共鳴。資深作家彭荊風，晚間並來下榻處暢談。 繼續應聘香港廣大學院中研所客座指導教授三年。 十二月新生報社出版《紅塵續集》，全書共四大冊，其實前後一貫，為一整體，該報為方便，乃以《續集》名之。一生心血得以完成，在輕、薄、短、小及商品文學獨占市場情況下，亦一大異數。北京「中國文聯出版公司」出版《紅樓夢的寫作技巧》。

民國八十三年甲戌（一九九四）	七十四歲	一月開始研讀自北京購回的《全宋詩》、擬續寫《全宋詩尋幽探微》。 四月十一日接受臺北復興廣播電臺《名人專訪》節目主持人裴雯小姐訪問：談一生寫作歷程及大長篇《紅塵》寫作經過。 臺北《世界論壇報》副社長兼副刊主編詩人評論家周伯乃先生、特自五月三十一日起一連三天出版特刊，慶祝七十晉五誕辰暨創作五十五周年，除刊出〈小傳〉、〈七五人生一首詩〉、〈中國新詩與傳統詩詞的整合〉、〈叩開生命之門〉三篇新作外、並刊出蒙古族女詩人作家薩仁圖婭的〈墨人：屈原風骨中華魂〉，及馬來西亞霹靂州立女子中學校長、詩詞家、散文作家彭士麟女士論《紅塵》與大陸作家作品比較的書信、墨人著作校長、詩詞家、散文作家彭士麟女士論《紅塵》與大陸作家作品比較的書信、墨人著作目錄、美國兩個榮譽文學博士、一個人文學博士照片三張、《紅塵》獲獎照片一張、及周伯乃〈無限的祝禱〉文等。 八月七日、中國時報系的《工商日報‧讀書版‧大書坊》刊出蓓齡的《紅塵》墨人專訪文章、並配合攝影記者何日昌拍攝的墨人及《紅塵》四冊照片。 大陸廣州暨南大學中文系教授兼臺港暨海外華文文學研究中心主任、評論家潘亞暾、費時月餘撰寫《紅塵續集》論文達一萬餘字的〈偉大史詩的歸結〉、於九月二十一至二十五日在臺北市《世界論壇報‧副刊》全文刊出、見解不凡、對《續集》的成功更使他大吃一驚、因此、更肯定《紅塵》的史詩價值、地位。 八月二十八日第十五屆世界詩人大會在臺北召開、儘提出〈中國新詩與傳統詩詞的整合〉論文一篇、並未出席、論文則由《中國詩刊》主編曾美霞女士代讀。
民國八十四年乙亥（一九九五）	七十五歲	一月、臺北文史哲出版社出版《墨人半世紀詩選》（一九四三——一九九四）。 一月十日應臺北廣播電臺《藝文夜話》主持人宋英小姐訪問、許導播秀玲決定十日開播《紅塵》全書四冊，每日廣播兩次。 中國詩歌藝術學會主辦、中國文藝協會協辦、於五月二十二日在臺北市中國文藝協會舉行《墨人半世紀詩選》學術研討會、與會詩人、評論家六十餘人、討論情況熱烈、並印發海峽兩岸評論家王常新、古繼堂、古遠清、李春生、楊允達、周伯乃等十三家論文專集。各家均推崇、肯定新舊詩兩方面的成就與半個多世紀的貢獻。

		英國劍橋國際傳記中心頒贈二十世紀文學傑出成就獎。 榮列一九九五年英國劍橋國際傳記中心出版的 The Definitive Book of the Deputy Directors General of the IBC，佔全書篇幅五頁，刊登照片五張，為全書之冠。
民國八十五年丙子（一九九六）	七十六歲	臺北圓明出版社出版涵蓋儒、釋、道三家思想的散文集《紅塵心語》。卷首有珍貴的文學照片十餘張。 臺北中國詩歌藝術學會出版《十三家論文》論《墨人半世紀詩選》。
民國八十六年丁丑（一九九七）	七十七歲	臺北中天出版社出版與《紅塵心語》為姊妹集的散文集《年年作客伴寒窗》，各篇亦均以五、七言詩作題，內中作者詩詞亦多，並附錄珍貴文學資料訪問記、特寫、著作目錄等十餘篇。出任「乾坤」詩刊顧問，並主編該刊古典詩詞。完成《墨人詩詞詩話》、《全宋詩辭幽探微》兩書全文。
民國八十七年戊寅（一九九八）	七十八歲	構思六年的以佛學精義結合修行心得化為文學創作的長篇小說《娑婆世界》，於三月二十八日開筆，十二月脫稿。共三十八章，五十多萬字。 英國劍橋國際傳記中心（IBC）出版《二十世紀傑出人物》以照片配合文字將墨人傳記刊卷首重要位置，並頒發獎狀。大陸中國國際經濟文化交流促進會、燕京國際文化藝術研究會等七大單位編纂出版的《世界華人文學藝術界名人錄》，中國國際交流出版社出版的《世界名人錄》，均為十六開巨型中文本。
民國八十八年己卯（一九九九）	七十九歲	本年為來臺五十周年、創作六十周年、中國習俗八十歲，昭明出版社出版長篇小說《娑婆世界》。 美國傳記學會（ABI）出版二十世紀《五百位有影響力的領袖》，以照片配合文字將墨人傳記刊於卷首重要位置並頒發獎狀。照片及詩詞五首編入中國《當代吟壇》巨著。　美國「世界智庫」與艾因斯坦國際學會基金會」聯合頒贈墨人傑出成就榮譽獎，以紀念千禧年，並榮列中國出版的《中華精英大全》。 美國傳記學會頒贈墨人「二十世紀成就獎」。

民國八十九年庚辰（二〇〇〇）	八十歲	臺北昭明出版社陸續出版定本長篇小說《白雪青山》、《滾滾長江》、《春梅小史》；文學理論《紅樓夢的寫作技巧》，連同民國八十八年出版的長篇小說《娑婆世界》，並列為墨人一系列代表作品，以慶祝墨人八十整壽。臺北詩藝文出版社出版《墨人詩詞詩話》。臺北文史哲出版社出版《全宋詩尋幽探微》。
民國九十年辛巳（二〇〇一）	八十一歲	臺北昭明出版社出版長篇小說定本《紅塵》全書六冊及長篇小說《紫燕》定本。
民國九十一年壬午（二〇〇二）	八十二歲	五月三日偕長子選翰赴上海訪友小住。英國劍橋國際傳記中心授予「終身成就獎」。
民國九十二年癸未（二〇〇三）	八十三歲	八月底偕夫人及在臺子女四人經上海轉往故鄉九江市掃墓探親並遊廬山。
民國九十三年甲申（二〇〇四）	八十四歲	準備出版全集（經臺北榮民總醫院檢查無任何疾病。）巴黎 you-Feng 書局出版臺灣典雅法文本《紅塵》。
民國九十四年乙酉（二〇〇五）	八十五歲	此後五年不遠行，以防交通意外，準備資料。計劃百歲前開筆撰寫新長篇小說。北京「中央出版社」出版《強國丰碑》，以著名文學家張萬熙為題刊出墨人傳略，為臺灣及海外華人作家唯一入選者。並先後接到北京電話、書函邀請寄送資料編入《一代名家》、《中華文化藝術名家名作世界傳播錄》。
民國九十五年丙戌（二〇〇六）至民國一百年（二〇一一）——	八十六歲至九十二歲——	重讀重校全集，已與臺北市文史哲出版社簽訂出版《墨人博士作品全集》合約，民國一百年年內可以出版。此為「五四」以來中國大陸與臺灣所未有者。